"十四五"职业教育国家规划教材

高等职业教育创新人才培养规划教材·连锁经营与管理

富媒体智能型教材

Liansuo Jingying Yuanli Yu Shiwu

连锁经营原理与实务

（第四版）

赵明晓　主　编

邱　云　李　为　副主编

U0809862

东北财经大学出版社
Dongbei University of Finance & Economics Press
大连

图书在版编目（CIP）数据

连锁经营原理与实务 / 赵明晓主编．—4版．—大连：东北财经大学出版社，2023.8（2025.3重印）

（高等职业教育创新人才培养规划教材·连锁经营与管理）

ISBN 978-7-5654-4945-1

Ⅰ．连…　Ⅱ．赵…　Ⅲ．连锁经营-高等职业教育-教材　Ⅳ．F717.6

中国国家版本馆CIP数据核字（2023）第156157号

东北财经大学出版社出版

（大连市黑石礁尖山街217号　邮政编码　116025）

网　址：http://www.dufep.cn

读者信箱：dufep@dufe.edu.cn

大连图腾彩色印刷有限公司印刷　东北财经大学出版社发行

幅面尺寸：185mm×260mm　字数：288千字　印张：13

2023年8月第4版　2025年3月第3次印刷

责任编辑：郭海雷　徐　群　石建华　王芃南　责任校对：刘贤恩

封面设计：原　皓　版式设计：原　皓

定价：38.00元

教学支持　售后服务　联系电话：（0411）84710309

版权所有　侵权必究　举报电话：（0411）84710523

如有印装质量问题，请联系营销部：（0411）84710711

第四版前言

2020年7月30日召开的中共中央政治局会议指出，要加快形成以国内大循环为主体、国内国际双循环相互促进的新发展格局，这是党中央基于国内外形势作出的重大战略部署，采用连锁经营模式的零售服务业再次迎来发展的利好机遇。2022年，党的二十大报告再次强调："我们要坚持以推动高质量发展为主题，把实施扩大内需战略同深化供给侧结构性改革有机结合起来，增强国内大循环内生动力和可靠性。"以国内大循环为主体，意味着着力打通国内生产、分配、流通、消费的各个环节，发挥中国超大规模市场优势，以满足国内需求作为经济发展的出发点和落脚点。

2020年2月，"连锁经营管理师"正式成为新职业，纳入国家职业分类大典目录。中国连锁经营协会与北森人才管理研究院联合发布的《2022中国连锁企业人才管理报告》指出，连锁企业人才管理主要面临四大问题：一是基层人才缺口大，吸引难，保留难；二是运营线管理人才梯队薄弱，缺乏有效的人才管理机制；三是人才供应跟不上业务转型升级的需要，组织设计和配套机制不完善；四是人力资源数字化转型滞后，难以支撑人才供应和人才决策的效能提升。人力资源和社会保障部2021年的测算显示，未来5年我国连锁经营管理人员的市场需求量在100万人以上。连锁从业人才的培养与供给刻不容缓。

高等职业教育连锁经营与管理专业国家级教学资源库项目于2017年顺利通过验收，福建、江苏、重庆等多省市将"连锁经营与管理专业"确立为"现代学徒制试点专业""省级示范专业"。随着互联网、大数据、人工智能等技术加速商业服务业变革，线下的实体零售店面和线上的电商平台一体化加强、产业升级等深刻影响了企业人才需求的变化。作为连锁经营与管理专业的核心课程教材，更要与时俱进，顺应产业升级的趋势，推动连锁经营管理人才标准化、规范化培养，为中国现代连锁经营的发展提供人才保障。

本教材于2020年、2023年分别获评"十三五"和"十四五"职业教育国家规划教材。为更好地提升教材质量，本次修订采用校企双主体联合修订模式，编写团队组成人员曾多次主持或参与完成"连锁经营与管理"专业标准修订，拥有丰富的"连锁经营与管理"从业或人才培养经验，对本专业的发展有更深刻的认识和更精准的把握。

本次教材的修订主要体现了以下变化：全面贯彻党的教育方针，落实立德树人根本任务；对接先进职业教育理念，遵循人才培养规律和学生认知特点，内容科学性、先进性强，知识传授与技术技能培养并重；产教融合深入、校企双元合作开发，内容反映新时代要求；响应国家信息化教学要求，增加了更多的富媒体教学资源；重视课程思政内容的有机融入，每章节增加“思政园地”模块。为增加教材的可读性，特别增加结构导图，增加对重难点知识点总结性的表格及辅助性图片、视频等，以丰富知识的表现形式。同时，为了能让初学者更好地了解连锁行业的优秀企业，产生专业自豪感，编者在资料选择上力图更多地展示近年来我国涌现出的优秀连锁企业，突出这些优秀企业的经营特色。

本教材共包括7章，从“零售与连锁经营”基础认知开始，过渡到“连锁企业业态”和“连锁经营模式”专业知识介绍，再衔接“连锁企业组织与职业发展”“连锁企业商品管理”“连锁企业运营管理”“连锁企业战略创新管理”企业管理知识讲解，循序渐进、层次分明。本教材既可作为高等职业院校、普通本科院校的教学用书，也可作为有志加入连锁行业的从业人员的入门学习资料。

本教材知识体系结构如图1所示：

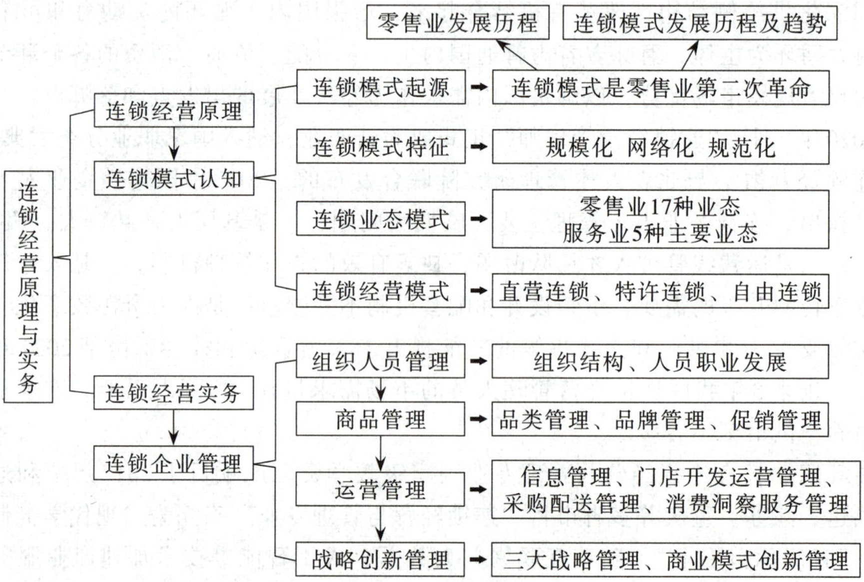

图1　本教材知识体系结构

本教材由大连职业技术学院赵明晓担任主编，重庆城市管理职业学院邱云和河南经贸职业学院李为担任副主编。具体分工如下：赵明晓老师负责全书体系的设计和第1章、第2章、第3章、第6章第4节、第7章以及所有章节“小资料”“精选案例”“知识拓展”栏目的编写；邱云老师负责第4章的编写；李为老师负责第5章和第6章第1、2、3节的编写。

本教材在编写过程中参考了大量的文献资料，借鉴和吸收了国内外众多学者的研究成果，在此对相关文献的作者表示诚挚的感谢。由于连锁经营与管理专业在我国正处于高速发展阶段，连锁企业的创新发展也在不断推进，又因编者水平有限，书中难免出现一些缺点和不足，恳请各界同仁、广大读者批评指正。

编　者

2023年5月

目　录

第1章

零售与连锁经营
——在商言道，经邦济世

微课：走进连锁

教学指导

学习目标：了解零售业的内涵和特点；熟知零售行业的5次变革；掌握零售业发展的趋势；掌握连锁经营的内涵；了解连锁经营在欧美和我国的发展；理解连锁经营的优势；掌握“互联网+”背景下连锁企业的发展特征。

技能要点：提高对零售业的认识水平；提高对连锁经营模式的认识水平。

本章结构：

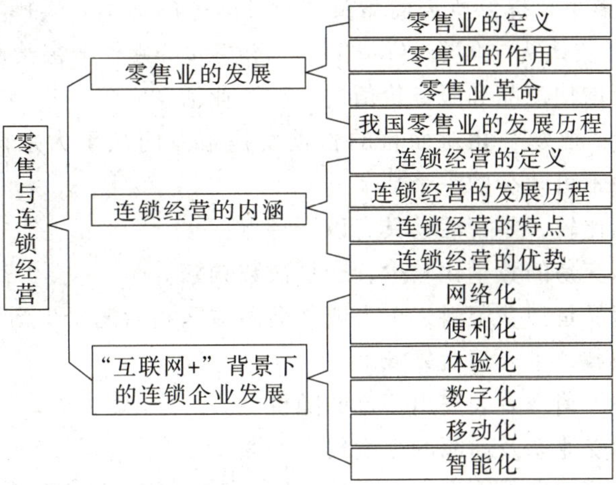

提高学生对行业企业的认识水平，是提升学生专业归属感和认同感的重要途径，这就要求学生充分认识零售业和连锁经营商业模式的内涵与特点。零售业是连接生产和消费的纽带，是拉动国民经济增长的重要力量。连锁经营模式给零售业规模化、标准化和网络化发展提供了一种全新的经营模式，带来了零售业发展方式的变革。

引例

2023年中国连锁百强榜单发布

2023年6月14日，在中国连锁经营协会（CCFA）发布的2022年中国连锁Top100榜单中，苏宁易购集团股份有限公司以2022年销售额1 113亿元，门店数量11 419家位居榜首，沃尔玛以1 093亿元紧随其后。居然之家以1 054亿元、永辉超市以979亿元、大润发以920亿元分别位居第三位、第四位、第五位。第六位到第十位分别是物美、华润万家、盒马鲜生、联华超市、王府井。

前三名企业销售额达千亿级。千亿以下、百亿以上的企业有42家，比上一年减少1家；百亿以下、50亿以上的企业有30家，比上一年减少3家；销售额同比增长的企业有48家，比上一年减少20家。其中，9家企业实现销售额、门店数量双位数双增长，分别是美宜佳、大参林、锅圈、酷动、来酷、健之佳、湖北黄商、明康汇、吉林新天地。

资料来源 中国连锁经营协会. 2022年中国连锁Top100发布［EB/OL］.［2023-06-14］. http：//www.ccfa.org.cn/portal/cn/xiangxi.jsp？id=444632&type=10003.

1.1 零售业的发展

1.1.1 零售业的定义

零售业是指从事零售活动的行业。“零售”一词源自法语动词“détail”，意思是“切碎（cut up）”，是指通过店铺或非店铺方式，以相对较小的数量，向最终消费者（包括个人和社会集团）提供所需商品及其附带服务的活动。美国零售专家麦克尔·利维和巴特·A.韦茨认为，零售（retail）是将产品和劳务出售给消费者，供其个人或家庭使用，从而增加产品和服务价值的一种商业活动。

“零售”是与“批发”相对而言的，批发是指专门从事大宗商品交易的商业活动，是商品流通中不可缺少的一个环节。

与批发活动相比较，零售活动具有以下特点：

（1）每笔商品交易的数量比较少，交易次数频繁。

（2）出售的商品是消费资料，个人或社会团体购买后用于生活消费，交易结束后商品便离开流通领域，进入消费领域。

（3）零售交易中消费者表现出一定的随机性。

（4）零售活动受业态及商圈的影响较大。

零售业伴随商业的发展而发展，它的发展与人们的生活有着密切的关系，它的每一次变革和进步，都带来了人们生活质量的提高，甚至引发了一种新的生活方式。

1.1.2 零售业的作用

零售业上接生产、下连消费，是国民经济的重要先导产业之一，直接影响和带动经济总量的增长与产业结构优化，关系到人民群众生活品质的高低。改革开放以来，零售业走过了具有跨越性和巨变性的发展历程，无论是在行业规模、发展速度，还是在业态创新、现代化水平提升以及对国民经济贡献等方面都发生了深刻变化。特别是近10年来，随着国家扩大内需、转变经济发展方式等系列政策的实施，供给侧结构性改革步伐的加快，数智化技术的广泛应用，我国批发和零售业发展迅速，对引导生产、促进消费和稳定就业起到了重要的作用。

1）零售业是促进国民经济增长的主要动力

投资、消费、出口，被称为拉动一个国家和地区经济增长的“三驾马车”，党的二十大报告指出：“着力扩大内需，增强消费对经济发展的基础性作用和投资对优化供给结构的关键作用。”

改革开放以来，我国经济增长一直处于高速发展状态，强劲的经济增长及人均国内生产总值的提高，提高了人们的生活水平，使人们消费能力持续上升。据艾媒智库数据中心统计，我国自1978年改革开放以来，消费支出一直是我国保持经济平稳运行的稳定器和压舱石，消费支出对国内生产总值增长贡献率未超过40%的只有5年，明显高于资本形成总额及货物和服务净出口对经济增长的贡献率，2021年我国最终消费支出对经济增长贡献率更是达到了65.4%。消费支出是经济增长的第一驱动力。

2）零售业是连接生产和消费的中介

零售业是连接生产与消费的中介，是国民经济各部门的桥梁和纽带，最终关系着所有部门和行业的运行。零售业既制约着生产的起点，又影响着生产的归宿——价值的实现。零售业可以把亿万人民的分散需求汇集成为巨大的消费需求，从而带动大规模的现代化生产，其最主要的作用就是主导供应链的上下游。零售业主导供应链的上下游，是指零售业在商品从生产商到顾客之间的链条移动过程中发挥主导作用。在上游密切加强与生产商的关系，强化实施对生产领域的控制；在下游以顾客为中心，引导顾客需求并做好顾客服务，以达到以销定产、以产定销、降低成本、扩大利润从而提高竞争力的目的。零售业担当主导角色源于市场环境的变化，消费者成了市场的主人。零售业最贴近消费者，在了解消费者需求状况方面相比生产商有着天然的优势。生产商也认识到零售业在流通领域中的地位日益重要，因而愿意和零售商合作，寻求自身运作成本的最小化。

3）零售业是居民的生活需求保障

零售业通过自身的商业活动在全社会范围内为广大消费者提供生活用品，与广大群众建立最广泛、最直接、最密切的经济联系，是一项社会性、全民性的经济活动。它的商品、服务以及网点分布涉及千家万户，是其他任何一个行业都无法比拟的。在3年的新型冠状病毒感染的防控中，大部分人足不出户、居家隔离，零售从业人员不分昼夜地工作，保障了基本民生供应。不管是零售业态的选择，还是零售形态的塑造，实际上都是在营造生活的市场环境，直接关系到市场的繁荣、居民生活的质量、消费观念的更新和消费方式的改变。没有现代零售业，就没有现代化的生活，也就难以构建和谐社会。

1.1.3　零售业革命

零售业革命是零售业发展过程中新旧形式换位变化及内在动力的扩张与延伸过

程。零售业革命是一个国家和地区社会发展、经济增长、技术与生活方式变革的必然产物。零售业革命不是一种零售形式对另一种零售形式的替代，而是新的零售形式对旧的零售形式的冲击。每次零售业革命所诞生的并取得支配地位的零售形式，都对当时的零售业和生活方式具有很强的冲击力，具有影响面大、持续时间长的显著特征，零售业革命包括零售业态革命和零售管理革命。有些零售业革命是以零售业态变革为主要标志，有些零售业革命则是以管理变革为主要标志。

零售业5次革命发展历程如图1-1所示。

百货商店 ➡ 连锁商店 ➡ 超级市场 ➡ 购物中心 ➡ 无店铺销售

图1-1 零售业5次革命发展历程

1）第一次零售业革命——百货商店的产生

零售业的第一次重大变革是以具有现代意义的百货商店的诞生为标志的。

世界上第一家百货商店诞生于1852年，是由阿里斯蒂德·布西科与其合伙人在法国巴黎创办的廉价商场（bon marche）。第一家百货商店诞生后，迅速被各国所效仿，如美国梅西百货店，德国尔拉海姆、黑尔曼和奇茨百货店，英国哈罗德百货店相继开业，在全球掀起了百货商店的高潮。

百货商店的诞生与第一次工业革命的爆发密切相关。第一次工业革命带来了丰富的商品和更加便利的交通运输条件，使得开设综合性商店成为可能；城市化进程的加快，8小时工作制的实行，使得人们购买力集中，购物休闲时间大大增加。这些条件带来了人们对百货商店这种新型业态的需求，并使其得以在最早爆发工业革命的国家和地区迅速扩展，并迅速取得主导地位。

百货商店与传统的店铺相比，具有很大的创新性，它在很多方面的创新奠定了现代零售业的基础。百货商店的创新性主要表现在：

（1）由单项经营变为综合经营。传统店铺多为单项经营，如布料店、鞋店、饰品店等，即使在一些杂货店，商品的品种也非常有限。而百货商店将多种商品汇集一店，实行综合经营和大量经营。百货商店的商品种类繁多，设置了若干不同的商品部，即把许多商品按商品类别分成部门，并由部门来负责组织进货和销售。部门化的管理和销售方式是百货商店与单体店的最大区别。

（2）由单纯购物场所变为休闲场所。传统店铺只限购物者进入，而百货商店欢迎顾客自由参观、购物，宽敞舒适的购物环境，琳琅满目的商品，一时被誉为“免费博物馆”，成为人们休闲娱乐的场所。

（3）由议价销售变为明码标价销售。传统店铺以讨价还价的方式进行销售，价格具有弹性，一客一价，因人而异，带有随意性、欺骗性。百货商店采取明码标价的固定价格策略，一视同仁，使得不会议价的消费者也能放心购物。

（4）由不退换商品变为自由退换商品。在传统店铺，顾客常常看到“售出商品概不退换”的提示。百货商店实行商品自由退换制度，只要是顾客不满意的商品一般都可以进行退换。

（5）由高价销售变为低价销售。传统店铺实行高价格、低周转的策略，而百货商店则采取低价格、高周转的策略。最早的百货商店——Bon Marche在法文中就是廉价的意思，这是百货商店在零售业迅速扩张的关键之处。当然到今天，百货商店经过百年的漫长生命历程，以及在与新兴业态不断竞争的态势下，已逐渐转移自己的市场定位，购物环境越来越舒适，附加服务越来越多，商品从日用品走向高档商品，价格也越来越高。

可见，百货商店规模大、品种全、设施好、定时定位、系列服务和明码标价的经营方式，改变了历史上传统小商贩摆摊设点或走街串巷、讨价还价、一物多价、没有固定时间和地点的经营方式，标志着零售经营由“贱买贵卖”“掠夺产销”的封建小商人经营转变为以大生产为基础的、依附于生产、实行等价交换的大商人经营。百货商店当之无愧地被称为零售业的第一次革命。

2）第二次零售业革命——连锁商店的出现

世界上最早的连锁商店产生于19世纪中叶。1859年，乔治·吉尔曼和乔治·哈特福德在纽约开办了大美国茶叶公司，由于价格较低、促销有力，形成廉价连锁系统，使店铺数量迅速增加，取得了极大成功。后来，伍尔沃兹兄弟开办了廉价杂货连锁店，巴尔的摩杂货批发公司、曼哈顿药品联合公司、辛辛那提杂货批发公司等连锁商店相继创建，连锁企业在美国得到迅速发展。同时，欧洲各国也先后产生了一大批连锁商店，形成了世界范围的连锁商店革命。

连锁商店革命的爆发，从根本上讲，也是工业革命的必然产物。从零售业发展角度来看，它是零售商之间竞争不断加剧、零售企业集中化程度提高的必然结果。

连锁商店一般是在同一总部的指导和管理下，经营同类商品，使用统一商号，采取统一采购配送，实现规模化经营。连锁商店的经营形式适应了社会化大生产的需要，既能够批量吞入商品，又能分散吐出，最佳地解决了产销之间的矛盾。连锁商店革命所带来的零售业创新，主要表现在零售组织方面：

（1）实现了统一管理和标准化运作。连锁商店经营方式实际上是工业标准化流水线作业方式在零售业的延续。由于实现了统一管理，强化了商品进销、价格、服务以及形象等方面的标准化，因此大大降低了成本，扩展了市场，产生了规模效应。

（2）创造了一种新的商业循环。通过大量开店，实现规模经营，压低进货价格，进而实现较低售价，再用较低售价取得竞争力，扩大市场份额和经营规模。连锁商店的最大优势就是规模效应。

（3）更加便利了消费者的购买。由于连锁商店主要经营的是大众化商品，店铺又多数开在交通便捷之地或居民社区附近，因此缩短了消费者购物的空间距离和所用时间，方便了人们的购买。

连锁商店经过百年的发展，不断完善并成熟起来。连锁商店已成为零售企业最主要的经营方式，逐渐形成正规连锁、自由连锁和特许连锁三种形式，所涉及的业态、业种也在不断增加。连锁商店革命的影响是巨大的，它不仅为大零售集团的形成创造了条件，推动了工农业生产的标准化，而且促进了社会服务业的发展和人们生活方式的变革。

3）第三次零售业革命——超级市场的诞生

一般认为，世界上第一家现代超市是一位名叫迈克尔·卡伦（Michael Cullen）的美国人开设的金·库仑（King Kullen）食品商场，20世纪30年代以后超级市场在美国得到发展。第二次世界大战以后，超级市场迅速在欧洲和日本等国家和地区蔓延，标志着世界性的超级市场革命的爆发。

超级市场革命与信息革命相连，也是第二次零售业革命的延续。超级市场出现后，借助连锁和IT技术的帮助，迅速扩张成了百货商店的最大挑战者，并逐渐扩大市场份额，如今成为了世界零售业的主导业态。超级市场革命所推动的零售创新主要表现在：

（1）自我服务。超级市场一改过去由营业员提供服务的状况，开创了开架销售、自我服务的销售方式。顾客成为商店的主人，直接接触商品，任意挑选，自主决策。这种销售方式不仅提升了顾客的地位，满足了顾客的消费心理，方便了顾客购买，而且大大节省了商店的人力成本，使得价格更加低廉，竞争力更强。

（2）一次满足。超级市场经营的食品和日用品品牌、品种齐全，能够满足人们居家生活各个方面的基本需求。因此，超级市场出现后，实现了家庭主妇一次性购足货物的愿望，即只要进入一家店铺，就能买全日常生活所需商品，不必分处采购。这样，节省了顾客的购物时间，适应了当时人们生活节奏加快的趋势。

（3）零售现代化。超级市场应用了现代电脑化的收银系统、订货系统、核算系统，科学地管理经营的各个环节，同时应用了现代化的物流技术，使流通速度和周转效率大为提高。因此，超级市场革命不仅是一场零售业革命，还是一场电脑技术在流通领域应用的革命。

（4）店址边缘化。在超级市场出现之前，传统店铺多是围绕城市中心设置。第二次世界大战以后，随着住宅向城郊发展，不少超级市场也远离城市中心，向城郊居民区渗透，冲破了传统城与市一体化的格局，创造了新的郊区商业格局。超级市场店址边缘化的成功，也带动了其他业态城郊化发展的热潮。

超级市场出现后，一直处于不断变化和完善过程之中，其演变轨迹呈现为：经营的商品由食品走向综合日用品，规模由小到大，服务也由一元走向多元。

超级市场革命本质上是一场售货方式的变革，它使开架销售流行，使整洁和舒适的购物环境得以普及，同时促进了商品包装的变革，对零售业的变革与发展具有深远的影响。

4）第四次零售业革命——购物中心的崛起

拓展阅读：百货与购物中心的起源

1920年，杰西·尼克尔斯在美国堪萨斯创建的乡村俱乐部广场，被认为是购物中心时代的开端，但购物中心的快速发展是在第二次世界大战以后，因此人们普遍认为购物中心革命是在20世纪50年代爆发的。

购物中心革命的起因是由于消费水平的提高，中产阶级离开城市中心区到郊区居住，家庭轿车的普及为他们的生活和购物提供了便利。同时，城市中心区地价昂贵且市场萧条，使零售商难以发展，因此郊区大型购物中心应运而生。

购物中心不是一种零售业态，它是若干零售商店聚集在一起经营的零售场所。美国国际购物中心协会认为，购物中心具有统一产权、统一组织体系、能使顾客一次购足、拥有足够数量的停车场、有更新或创造商圈的贡献等特征。

购物中心革命所带来的零售创新主要表现在：

(1) 综合购物功能。购物中心将百货商店、超级市场、各类专业店汇聚在一个建筑物内，集合几乎所有品牌、品种的高、中、低档商品，这种综合性的商品经营，使每一位顾客在其中均能买到所需商品，即实现真正意义上的“一次性购足”——不仅包括食品和日常用品的“一次性购足”，还包括选择性、耐用性商品和高级消费品的“一次性购足”。

(2) 创新生活服务功能。购物中心不仅是购物场所，还是生活化场所。它创新性地设置了很多餐饮、休闲、娱乐和运动设施，举办音乐、戏剧表演和艺术展览等文化活动，使人们享受全方位的生活乐趣。因此，购物中心也是顾客实现“一次性消费满足”的现代生活之城。

(3) 统一管理功能。购物中心对汇聚其中的各类店铺实行统一的物业管理，采取统一形象宣传和联合促销活动。这不仅克服了单体商店实行独立物业管理分散精力、因财力有限不能进行大规模宣传和促销的局限性，而且节省了大量广告促销的费用，对消费者的吸引力也相当大。

购物中心在发展中也出现了多种形式，如社区型、市区型和郊区型等购物中心，但影响最大的还是郊区型购物中心。购物中心的出现不仅创造了新的商业空间，促进了零售业的现代化，推动了城市外延的扩展，更为明显的是丰富了人们的生活，提升了人们的生活品质。

小资料1-1 2023年全球250家大零售商排行榜，中国15家公司上榜

德勤（Deloitte）发布《2023全球零售力量年度报告》。该报告基于对全球零售业2021财年（2021年7月1日至2022年6月30日）的财务业绩和运营进行排名，统计出全球250强零售榜单。沃尔玛仍然位居第一，京东升至第七位。

250家零售企业按区域分布，欧洲有90家，北美有79家，亚太有60家，拉美有11家，中东和非洲有10家。按国家和地区分布，美国有71家，日本有27家，英国有19家，德国有17家，法国有12家，加拿大有8家，韩国有6家，澳大利亚、西班牙、俄罗斯、墨西哥、南非各有5家，荷兰、巴西各有4家，土耳其、阿联酋、智利各有2家，以色列有1家。

中国共有15家零售企业上榜。其中，7家进入前100强。上榜企业中京东排在全球零售商第7名，年零售营收约1 263.87亿美元。京东集团定位于“以供应链为基础的技术与服务企业”，目前其业务涉及零售、科技、物流、技术服务等领域，京东零售拥有超1 000万SKU的自营商品，致力于为用户打造极致购物体验。阿里巴巴新零售以406.45亿美元营收排在第29位。此外，上榜的中国企业还包括屈臣氏（54位）、

苏宁（58位）、唯品会（67位）、永辉超市（94位）、周大福（98位）、华润万家（119位）、统一超商（136位）、牛奶国际（140位）、物美科技（154位）、老凤祥（165位）、国美零售（167位）、全联实业（214位）、百联股份（227位）。

资料来源　佚名．2023全球250大零售商排行榜，中国15家公司上榜［EB/OL］．［2023-03-13］．http：//www.ccpitzj.gov.cn/art/2023/3/13/art_1229557691_38194.html.

5）第五次零售业革命——无店铺销售的流行

无店铺销售包括访问推销、邮政销售、电话销售、自动售货机销售、网络零售等。其中，网络零售的出现，被认为是最具代表性的无店铺销售方式，也是第五次零售业革命的主要标志。

网络零售诞生于1994年的美国，如维切葡萄酒公司的维杜勒葡萄园、领先旅游公司等率先采用网上销售方式。在这场零售业革命爆发时，最著名的当属杰弗瑞·贝索斯于1995年开设的亚马逊网上公司。之后随着互联网的发展，网络零售也在全球得到迅速发展。网络零售是信息革命带来的产物，是互联网应用于商业领域的直接结果。

网络零售把店铺销售和无店铺销售的优点结合在一起，使人们进入一个全新的购物境界。这次零售业革命的主要创新之处在于：

（1）交易过程高效化。在网络零售中，零售商无需店铺，无需库存；消费者也无须到店铺现场选购，只需根据网页上的商品目录和图片，轻轻按动鼠标实现购买。这种高效化的销售方式，既可以降低零售商的分销成本，又可以节省消费者购买商品的时间成本。

（2）销售过程互动性。在网络环境下，零售商可以以极低的成本在营销全过程中发布供应信息，并收集消费者的需求信息；消费者则有机会对从产品设计到定价及服务等一系列问题发表意见。这种互动的沟通方式提高了消费者的参与性，更重要的是它能使企业的营销决策有的放矢，从根本上提高了消费者的满意度。

（3）购物无空间限制。网络零售依赖于互联网，电脑屏幕就等于商店卖场，顾客与商店零距离，只要能够上网，就可以在全世界任何国家的网上商店漫游和购物。对零售商来讲，只要把商品目录和图片挂到网上商店，就有可能在瞬间进入全球所有网上消费者的视野，从而创造了低成本推销的最好形式。尤其是网络虚拟中心（Cyber Mall）的形成，能够把多家网上商店集合在一起，使顾客在网上实现“一次性购足”的愿望。

（4）营业无时间限制。网络零售从根本上打破了传统商店有固定营业时间的销售方式，顾客想购物的时间就是网上商店的营业时间。顾客可以在一天内，随时上网购物，营业时间由顾客掌控，而不是由商店掌控，体现了顾客的主动地位。

网络零售的发展对流通业的影响是深远的，它为零售商开辟了新的销售通路，扩大了市场空间，为消费者提供了时间成本低、购物更加便利的消费方式，因此仅用几年间就发展成为零售业的新宠。

综观上述五次大的零售业革命，它们爆发的时间与地点均与社会生产的发展程度及信息技术的发展状况息息相关。在五次大的零售业革命中，除百货商店革命出现在工业革命最早发源地——欧洲以外，其他四次均首发于美国，这与美国强大的经济及信息技术实力分不开。

1.1.4　我国零售业的发展历程

零售作为商品从流通领域进入到消费领域的最后一道环节，有其自身的内涵、特点和功能。我国改革开放以后，经济飞速发展，零售业也经历了开放、发展、创新的历程。

我国零售业的发展，如果以业态的发展为标志，可以划分为四个阶段：20世纪90年代中期以前以国有大型百货业态为主体的单一业态阶段；1996年以来以连锁超市为主的多业态并存阶段；2003年以后网上商店业态高速发展阶段；2012年至今互联网发展促成的全渠道和新零售阶段。

1）以国有大型百货业态为主体的单一业态阶段

从1978年党的十一届三中全会召开到20世纪80年代中期，是我国经济体制改革的起步阶段。这时大型商业零售业还没有成为我国流通规模扩张的主导型商业形态。1984年10月，党的十二届三中全会以后，以城市为重点的经济体制改革全面展开，全国形成了兴建大型商厦的热潮。不仅商业系统，许多国营单位、地方政府以及各行业部门也纷纷立项上马，仅从1986年到1990年，我国新建的大型零售商场数量就相当于前35年建设的总和。到了20世纪90年代初期，大型商场的发展速度更是惊人。

据有关资料统计，我国年销售额在1.2亿元以上的大型百货商场，1991年只有94家，1992年增加到150家，1993年达到291家，1994年和1995年分别达到488家和624家；年销售额在10亿元以上的大型百货商场，1992—1995年分别是2家、7家、10家、21家，仅5年时间大型商场的数量增加了5倍多。在这个阶段，百货商店在我国零售市场上得到了空前发展，成为绝对的霸主，也从根本上改变了消费者的生活方式。

2）以连锁超市为主体的多业态并存阶段

20世纪80年代中后期，超市在我国出现，其原始形态是大中型百货商场设立的自选商场或自选柜台以及城市小商品批发市场里的自选摊位。从其产生到20世纪90年代中期，超市在城市零售市场里并未占有重要地位。

自20世纪90年代开始，外资超市进入我国。1995年，家乐福在北京开设第一家门店；1996年，沃尔玛从深圳登陆，自此我国超市业态进入蓬勃发展期。中国连锁经营协会提供的资料显示，1998年以“超市”命名的年销售额超过1亿元的公司就有22家，它们共拥有门店1 530个，每家超市平均拥有门店69.55个，平均每个门店的年销售额为1 192万元；1999年，联华超市的销售额达到73亿元，利润达到5 333万元；2000年，超市和大型综合超市每平方米年销售额已经从1999年的21 053元增长到22 078元；2001年，连锁10强榜单中前四强均被超市业态霸占，分别是联华超市股份有限公司（上海）、华联超市股份有限公司（上海）、北京华联综合超市有限公司和上海农工商超市有限公司。

进入21世纪，传统大型综合百货商店经历了十几年的发展已经处于饱和和分化状态。此时，购物中心的出现以更强的综合经营能力和商圈辐射力来争夺市场。与百货商店相比，购物中心在经营上的专业分工的特点十分突出，经营项目更加多元化、专业化。由于经营体量较大能够提供一站式购买体验，集购物、娱乐、餐饮于一体，其集客能力比百货商店单一的形式更加强大。2003—2009年，购物中心销售额获得了3倍的增长，社会消费品零售总额的占比由0.3%提升至1%，其生命力和市场竞争力已经得到初步显现。

3）网络零售业态高速发展阶段

自第一家电子商务企业诞生以来，网上商店在零售业中的地位节节攀升。中国互联网络信息中心（CNNIC）在北京发布第51次《中国互联网络发展状况统计报告》，报告显示截至2022年12月，我国网络购物用户规模达8.45亿，较2021年12月增长319万，占网民整体的79.2%。国家统计局数据显示，2022年全国网上零售额为13.79万亿元，同比增长4%。其中，实物商品网上零售额为11.96万亿元，同比增长6.2%，占社会消费品零售总额的27.2%。

（1）1999—2002年是电子商务初创阶段。1999年5月，8848等B2C网站正式开通，标志着我国网上购物进入实际应用阶段。1999—2002年是电子商务的初步发展阶段，但其发展因为网民消费者和消费市场都不成熟，还处在困难期。

（2）2003—2006年是电子商务高速增长阶段。在这一阶段，当当、卓越、阿里巴巴、慧聪、淘宝等，这几个响当当的电商企业成了互联网江湖里的热点。这些生在网络、长在网络的企业，在短短的数年内崛起，和网游、SP企业（移动互联网应用服务企业）一起搅翻了整个通信和网络世界。这个阶段对电子商务来说最大的变化是：

① 大批的网民逐步接受了网络购物的生活方式，而且网购规模还在高速扩张。

② 众多的中小型企业从B2B电子商务中获得了订单，获得了销售机会的“网商”概念深入商家之心。

③ 电子商务基础环境不断成熟，物流、支付、诚信瓶颈得到基本解决。在B2B、B2C、C2C领域，有不少网络商家迅速成长，积累了大量的电子商务运营管理经验和资金。

④ 与电子商务发展相关的政策出台。支撑电子商务发展的一些基础设施和政策也在这一时期创建和颁布。阿里巴巴先后建立“淘宝网”“支付宝”。国家也出台了一些促进电子商务发展的重要措施，《国务院办公厅关于加快电子商务发展的若干意见》《电子商务发展“十一五”规划》等接连落地，从政策层面为电子商务发展指明了方向。

（3）2007年以后是电子商务纵深发展阶段。2007年以后电子商务最明显的特征就是，电子商务不仅仅是互联网企业的天下。数不清的传统企业和资金流入电子商务领域，使得电子商务世界变得异彩纷呈。B2B领域中阿里巴巴的上市，标志着电商企业的发展步入规范、稳步的发展阶段；淘宝的战略调整、百度的试水，意味着C2C市场不断优化和细分；当当网、红孩子、京东商城的火爆，不仅引爆了整个B2C领域，更让众多传统商家按捺不住纷纷跟进。

特别是2009年11月11日开始的“网购狂欢节”，消费数字节节攀升，互联网经济成为了“实体零售”的强劲竞争者。这段时期，我国电商企业逐步形成了具有中国特色的网络交易方式，网民数量和物流快递行业都快速增长，电子商务企业竞争激烈，平台化局面初步成型。

4）“互联网”发展促成的全渠道和新零售阶段

纯电商渠道思维运营的红利在成熟的市场环境下逐渐消失，融合线上线下，供应链的新零售成为零售商探索和未来发展的主流。

拓展阅读：中国电子商务20年发展的五个阶段六大时期

2012年提出的全渠道零售（omni-channel retailing），就是新零售的初级阶段。企业为了满足消费者任何时候、任何地点、任何方式购买的需求，采取实体渠道、电子商务渠道和移动电子商务渠道整合方式销售商品或服务，提供给顾客无差别的购买体验。

这一时期社交网络风生水起，移动4G风起云涌，互联网飞入千家万户，这让“寄生”在这些通信方式上工作和生活的庞大群体迅速形成，用户的购物消费场景也发生了巨大变化，商家接触消费者的地点越来越不固定，与消费者接触得也越来越频繁。最终，这种碎片化的购物趋势导致了一个全新的、多方位的B2C消费渠道的崛起——B2C全渠道零售。

2015年，阿里巴巴开始强调全渠道的概念，主张将线上线下相结合。随后在2016年云栖大会上，马云提出“电商即将消失，新零售即将来临”的观点让新零售被越来越多的人所关注。

新零售（new retailing），即个人、企业以互联网为依托，通过运用大数据、人工智能等先进技术手段，对商品的生产、流通与销售过程进行升级改造，进而重塑业态结构与生态圈，并对线上服务、线下体验以及现代物流进行深度融合的零售新模式。

新零售下我国零售业呈现六大发展特征：

（1）零售业主动适应市场变化。为应对快速变化的市场，商业正从产品渠道为王向消费者为王的发展思路转变，零售业将更具自我学习和自我适应的特征：一是商业发展的重心将从城市中心区域转向居民社区，满足社区消费者需求的服务业态将更加丰富，传统百货业态占比则逐渐降低；二是消费品市场将出现更多具有城市特色和区域特征的零售品牌，改变过去“千店一面、千店同品”的现象，零售业的发展将更加多元化，更接地气。

（2）科技、时尚与生活方式相融合。新零售企业将发挥传播科技、引领时尚、描绘生活的综合作用：一是零售商利用数字标牌、电子试衣间、智能定位、自助终端和VR展示等一系列智能应用，带给消费者智能化和场景化的购物新体验；二是产品功能将保持快速迭代，接触科技含量高的产品成为消费者获取知识、彰显个性的新途径；三是零售品牌将更清晰地向消费者传达品牌文化和品牌定位，商品陈列以生活方式展示为目的，单个门店中的商品品类更加丰富。

（3）高品质商品、服务与文化相融合。我国正从世界工厂转型为世界市场，消费品市场仍具有较大增长潜力，我国的品牌商和零售商将抓住国内市场的发展机遇，从三个方面树立消费者对本土品牌、本土零售企业的信心：一是坚定文化自信，深耕国内市场，创造出更多具有中国传统文化、符合中国人消费习惯的商品、服务和业态；二是净化市场环境，构建诚信零售体系，生产企业要提供信得过的产品，零售商应本着诚信经营的原则，公平对待消费者和供应商；三是回归工匠精神，重视国内消费者的实际需求，研究消费升级的特点，为消费品市场提供更多高质量、高性价比、体验型的商品和服务。

（4）线上线下进一步融合。随着移动互联网的快速普及，我国网民增速呈现放缓趋势，电商竞争的重点已从吸引流量转向挖掘客户消费潜力：一是提升商品和服务质量，降低差评率，提高用户忠诚度；二是积极布局线下，通过开设体验店、跨境电商体验馆、淘品牌集合店等实体展示店，让消费者直观感受品牌文化，提升品牌形象；三是通过并购、交叉持股等方式，将电商与实体店利益捆绑，线上线下融合进入双赢阶段。

（5）多种业态呈聚合式、生态化发展。商业环境继续朝着聚合式、生态化的方向发展：一是围绕社区消费需求，聚合百货、超市、便利店、家政服务、美容美发等一批丰富的零售和服务业态；二是围绕服务消费需求，大型商业综合体聚合教育、亲子、医疗、健身、旅游、商务等更加多样的服务业态，从商品购物中心逐渐转型为服务体验中心，为消费者提供一站式的服务体验；三是围绕零售巨头的业务需求，金融、物流、咨询等一批功能更加细分、专业性更强的生产服务型企业将呈生态化发展，提高大型零售企业的经营效率，提升居民消费质量。

（6）零售业社交化特征更加明显。信息时代下，商家和消费者所掌握的信息差距逐步缩小，以广告为主的单向传播方式效果不断衰减，口碑、信任成为零售品牌得到消费者认可的重要因素。因此，零售商将不断提高自身的社交属性：一是利用微信、微博、大众点评等主流社交平台，开展营销、会员、销售、支付等诸多环节的服务；二是通过与消费者保持高频次的互动，了解消费痛点，填补品牌短板；三是构建消费圈层，将有着同样兴趣爱好的消费者聚集在商家平台，帮助他们实现分享、沟通与讨论，提高消费者对品牌的社交心理依赖。

1.2 连锁经营的内涵

1.2.1 连锁经营的定义

所谓连锁经营，是指经营同类商品或服务的若干个门店，通过一定的联结纽带，按照一定的规则，组合成一个联合体，在整体规划下进行专业化分工，并在此基础上实施集中化管理和标准化运作，最终使复杂的商业活动简单化，以提高经营效益，谋取规模效益的一种经营方式。

随着经济全球化的发展，连锁经营模式越来越被重视，成为大型企业跨国、跨区扩张和发展的战略手段。连锁经营模式作为零售业的第二次革命，改变了世界零售业的经营观念和面貌，并经过多年的发展，连锁经营模式已在现代零售业和服务业中占据主导地位。连锁经营成为当今世界最富有活力、发展最迅速的一种经营方式。

1.2.2　连锁经营的发展历程

连锁经营是近代产业革命所带来的经济高速发展和社会化大生产的产物。在产业革命所带来的经济高速增长的推动下，连锁经营作为一种现代流通业新的企业组织形式和经营方式，最早产生于美国，由于它不受国家、地区、文化传统、民族、商业习惯、行业、零售业态等的限制，因此很快传遍了世界，在一切具备条件的地方和领域都产生了连锁经营。

1）美国连锁经营的发展

从全球范围来看，美国连锁经营的发展始终充当着“领头羊”的角色，迄今为止，美国仍是世界上最发达的连锁经营大国。连锁经营在美国的发展过程大致经历了五个阶段：

（1）萌芽期。1859年，美国诞生了世界上最早的一家连锁店，它就是由美国人乔治·吉尔曼和乔治·哈特福德在纽约创办的大美国茶叶公司，10年后该公司更名为大西洋和太平洋茶叶公司。当时美国基本上已完成了全国范围的铁路网和通信网络建设，为连锁经营的发展创造了良好的外在环境和必要条件。大美国茶叶公司可以与更远的供货商建立密切的业务联系，实行集中进货，以大批量的进货数量和品种获得较高的商品价格折扣，从而降低了进货成本；可以用新的运输工具和通信设施为其他地区的零售店集中配送；最终以较低的价格（低于其他同类茶叶公司1/3的价格）将商品提供给消费者，获得有利的竞争优势。

（2）传统连锁经营创立期。连锁经营机制的建立与健全使大美国茶叶公司赢得了对单个零售店的竞争优势。1865年，该公司已拥有25家门店，全部在百老汇大街和华尔街一带，并且专营茶叶。1880年，该公司发展到100家门店，1900年猛增到200家门店，年销售额达560万美元，经营品种扩大到咖啡、可可茶、糖和各种浓缩果汁等。由于大美国茶叶公司是以同一资本开办门店进行连锁经营，其形式后来被称为直营连锁。

1865年，美国南北战争结束，国内统一市场进一步形成，美国胜家缝纫机公司为了在全国进一步扩大产品的销量，在全美各地设置了有销售权的特约经销店，凭借其产品特许经营权，把一批商店组织起来，实行连锁经营，这就是世界第一家特许连锁店。

1887年，美国又有130多家独立的食品零售商自愿联合，共同投资开办了一个共同进货的食品批发公司，对参加者实行联购分销，成为美国的第一家自由连锁店。

在这一时期，美国相继于1879年由伍尔沃兹兄弟开办了廉价杂货连锁店，1887年开办了巴尔的摩杂货批发公司和曼哈顿药品联合公司，1898年开办了辛辛那提杂货批发公司等一批连锁店。1900年，全美连锁企业已发展到58家，完成了美国传统连锁经营的创立期。

（3）超级市场导入期。1930年8月在美国经济危机中，具有几十年食品经营经验的美国人迈克尔·卡伦在美国纽约长岛的牙买加镇开设了世界上第一家超级市场。以开架自选、价格低廉为特征的第一家超级市场诞生后，到1939年美国的超级市场已发展到5 000多家，总销售额占食品杂货类的20%以上，许多一般商店和大型商场都开设了超级市场。同时，连锁经营很快与超级市场相结合，形成并扩展为遍布美国各地区、各行业的连锁超级市场和连锁大型综合超市、连锁仓储式商场。连锁经营与超级市场如同一对孪生兄弟，携手并进，共同发展。因此，连锁经营与超级市场的结合，是这一时期美国连锁店发展最显著的特征。

（4）现代连锁期。20世纪50年代，美国战后经济的重建和繁荣、人口的增长以及城市人口向郊区的迁移，给连锁经营的发展带来了新的契机。此时，连锁集团下各公司的经营逐渐趋于规范化、统一化、标准化，不仅强调销售方式的统一，而且所有门店开始使用统一的公司名称和商标，严格执行总部的全套标准化管理制度，如统一进货、地点选择、店面设置、人员培训、广告促销、销售标准、融资等。1954年，麦当劳的真正缔造者克罗克得到了为麦当劳发展连锁店的权力，从此麦当劳呈现出高速、高效的发展势头，在全世界开展了一场商业革命。同时，自由连锁、特许连锁等形式在这段时期也有了一定的发展，连锁经营逐步进入成熟、规范的轨道。

（5）全面国际化连锁期。20世纪80年代，连锁经营进入了一个全面国际化连锁时期。相对于20世纪30年代以前的“传统连锁”和20世纪50年代流行的“现代速食连锁”，20世纪80年代的连锁业可以说是迈入了新的“连锁加盟时期”。其特点就是经营手法多样化，已不再局限于速食餐馆等少数特定行业，而扩充到非食品零售业、酒店业、不动产业、商业服务业等各个领域。在这一时期，服务业开始崭露头角，针对消费者和企业的各项需要应运而生的服务业，成为这一时期加盟连锁的生力军。

从20世纪90年代后期开始，连锁的国际化成为一大潮流。世界经济国际化的要求，带动了连锁业在世界范围的发展。通信手段的现代化、科技化的发展，无疑为连锁业的国际化发展注入了一针强心剂。美国的连锁企业在雄心勃勃地开拓海外市场的同时，注意协调国际化与本土化的关系，使美国的连锁业在国际化发展中逐步走向成熟。美国连锁企业的国际化不仅为世界各国带去商品，推动了商业经营的技术进步，而且在全球范围内传播消费文化，推动了世界文明的发展。

2）欧洲连锁经营的发展

欧洲连锁经营的发展比起美国毫不逊色，带有浓厚的欧洲文化、经济色彩，其中英国、德国和法国最具代表性。

（1）英国连锁经营的发展。1862年，伦敦建立起欧洲第一家连锁企业——无酵母面包公司。第二次世界大战以后，连锁商店在英国迅速发展起来，尤其是在20世纪60年代，连锁经营发展很快，整个零售商业结构是以连锁商店为主的。1977年，虽然独家零售商店有职工293万人，而连锁商店职工只有151.2万人，但连锁商店的销售额占到了零售业总额的2/3。到1984年，拥有10家以上门店的大型连锁企业有1 200家，其营业额占整个零售业的69%。

特易购（TESCO）公司成立于1932年，是英国最大的零售公司，主要以大卖场和超市为主，在2023年全球零售商百强排行榜中位居第14位。玛莎百货是英国最大的百货连锁商店，成立于1894年，其创始人米高·马格斯刚开始只是走街串巷摆小货摊，但他凭借自身丰富的阅历和对普通顾客的理解，探索出了一套发展业务的新方法，玛莎百货在2023年全球零售商百强排行榜中位居第80位。英国翠峰集团（Kingfisher Group）总部位于伦敦，是欧洲最大、世界领先的建材家居零售集团，在2023年全球零售商百强排行榜中位居第63位。

（2）德国连锁经营的发展。德国连锁系统风格独特，在世界连锁经营发展历史中占有重要地位，德国连锁企业规模越来越大。麦德龙是德国最大的零售连锁企业之一，全球现购自运领域的领导者，其经营业态有现购自运、百货店、电器专卖店、大卖场、超级商店等，在2023年全球零售商百强排行榜中位居第48位。

奥乐齐（ALDI）是德国最大的连锁超市，它的前身是1948年阿尔布莱希特兄弟接管其母亲在德国埃森市郊矿区开办的食品零售店。1962年，该店进行了改组，第一家以ALDI命名的食品超市在多特蒙德诞生。40年后，ALDI在国内外市场上迅速扩张，目前在全球包括美国、英国、法国、澳大利亚等19个国家开设门店。2005年，在全球富豪榜上阿尔布莱希特兄弟的排名仅次于比尔·盖茨和沃伦·巴菲特。在2023年全球零售商百强排行榜中位居第9位。ALDI在中国取名奥乐齐，2017年3月20日，ALDI旗舰店在天猫上线。

（3）法国连锁经营的发展。在法国，连锁经营从结构上来说有两大特色：一是中小型连锁店众多；二是大型连锁店在总营业额中占较大比重。

在法国，最知名的连锁企业分别是1961年诞生的欧尚和1963年成立的家乐福。欧尚在经营中首次将“自选、廉价、服务”三者融为一体。由此，欧尚成为世界超市经营先驱者之一。而家乐福在问世之初，就以一种新的零售业态——高级大型综合百货超市面对消费者，受到广泛的瞩目和青睐。在2023年全球零售商百强中欧尚位居第32位，家乐福在英国品牌评估机构——品牌金融发布的2023年全球零售品牌价值百强排行榜中位居第19位。

3）中国连锁经营的发展

连锁经营在我国的发展历程，大体可分为四个阶段：

（1）我国连锁经营发展的导入期。这一阶段为我国连锁经营发展的导入期，时间为20世纪90年代初期至中期。

我国出现最早的连锁企业是1986年由天津立达集团公司创办的天津立达国际商场。但由于百货店是当时零售商业的主导形式，其利润和成长性都非常好，因此连锁还只是个别现象，没有普遍意义。连锁经营在我国的真正发展是在20世纪90年代。1990年，广东省东莞市烟酒公司创办了美佳连锁超级商场；1991年上海市出现了第一家连锁企业——联华超市商业公司；1993年，上海另一家大型连锁企业华联超市公司的6家分店同时开业；1992年1月，北京西城区副食品公司创办了希福连锁店，到1994年分店发展到30家以上，年销售额达1.25亿元。随后，希福连锁店加盟“好邻居”，开创了我国连锁企业间的兼并先河。

1993年年初，粮食企业加快改革步伐，也开始了连锁经营的试点。当时北京市崇文区粮食局创办了“良苑”便利连锁店、上海市虹口区粮食局成立了“宏良”便利连锁经营公司、广州南市区粮食局成立了“八字店”等。截至1995年6月，粮食部门在国内12个大中城市开办的各种形式的连锁店达到1 166个，为粮食系统全面推广连锁经营做好了前期准备。

在餐饮行业，我国第一家快餐连锁企业是1991年由上海新亚集团创办的上海新亚快餐食品股份有限公司，它也是我国第一家上市的连锁企业。同期，一些名牌老店也加入连锁行列，如“全聚德”烤鸭店、“狗不理”包子店、“荣华鸡”快餐店等，国际上知名的连锁集团也大举进入中国市场，在北京、上海、广州等城市相继出现了“麦当劳”“肯德基”“必胜客”“马克西姆”等快餐连锁店。这些连锁店的出现及初期运作的极大成功，引起了我国各地特别是沿海开放城市的商业服务业对连锁经营模式的关注。

尽管在一些大城市不同的业态出现了一些有代表性的连锁企业，但是由于缺乏经验、缺少样板，这一阶段我国连锁经营的发展还是比较缓慢的，主要呈现以下特征：

第一，企业规模小，经营优势不显著。连锁经营具有效益“后发性”的特点，即初期投入大，随规模扩大效益递增。但如果达不到相应的规模，企业很可能亏损。1972年，美国连锁企业的最佳规模为50～100个店铺，而我国除“联华”“华联”“希福”等少数几家大企业外，连锁企业的平均店面规模不到10个店铺。以广州为例，全市共有25家连锁企业，店铺总量190个，每家企业平均拥有店铺7.6个，达不到国际上公认的14个店铺的平均水平。

第二，连锁业态形式比较单一。一般局限在便民连锁、超市连锁等与群众日常生活消费密切相关的商品经营上，而百货、专卖、服务等业态尚未形成规模。

第三，经营档次低，管理不规范。许多连锁企业由于受到资金和规模的限制，缺乏必要的设施配备，如商品配送中心、电子信息查询系统、电子结算系统等，因此它们主要是在连锁门面上做些文章。据不完全统计，1994年超市经营的商品实行条码化的不到40%。

第四，连锁企业尚未形成核心竞争力。连锁对我们来讲是一种新生事物，它的许多优越性很难在其成长初期充分发挥出来。比如，连锁分店在10个与100个之间，所拥有的规模优势显然是不同的。特别是许多企业走入连锁的行列是出于多种原因的，如企业改制的需要、主管部门的行政命令、争取政府的优惠政策等，这些都会影响连锁企业的运作与发展。

（2）我国连锁经营发展的成长期。我国连锁经营发展的第二阶段，即成长期，在时间上可以从1995年算起。

1995年3月，国务院在上海召开了全国部分省市连锁商业座谈会，时任国务院副总理李岚清到会作了重要讲话，讲话指出：连锁经营是我国流通领域的一场革命，发展连锁经营在我国社会主义市场经济体制下具有重要意义和广阔前景。1995年6月，原国内贸易部在成立全国连锁店指导小组的基础上，发布全国连锁经营发展规划，加大政府扶持力度和宏观指导。这标志着我国连锁经营的发展进入了一个新的阶段，这一时期，连锁经营的发展具有以下特点：

第一，在与百姓日常消费密切相关的零售业态，如超级市场、便民店，连锁经营已成为主导形式。1998年，超市、便利店、仓储商场的销售额为600亿元，占连锁企业交易额的60%以上，全国上千家连锁企业，数万个连锁网点，多数为超市和便民店这类连锁企业。

第二，作为零售企业机制转换的重要形式，全国粮食系统全面推广连锁经营，并取得了显著成效。以上海为例，1990—1992年，全市粮油销售亏损2 500余万元，国有粮食商业市场占有率仅为35%，到1995年6月，上海800家粮食零售网点已全部转为便民连锁店，商品销售额平均增长50%以上，为1992年的26倍，国有粮食商业市场占有率平均上升至90%。

第三，连锁业态类型增多，连锁业种扩大。连锁经营不仅出现在传统的餐饮业、零售业，还发展到许多新兴的业态形式上，如折扣店、专卖店等，有些很有声势。例如，连邦软件专卖店5年间在全国145个城市建有256家专卖店，1998年销售额达到了3.5亿元。连锁业种的扩大表现为由零售业、餐饮业扩大到服务业、修理业、咨询业、旅店业，并显示出方兴未艾的发展势头。

第四，连锁企业成长迅速，已由企业规模优势向产业规模优势转化。例如，上海的联华超市连锁企业已发展为分店在600家以上、年销售额70亿元的大型连锁集团；华联的店铺规模也在500家以上，销售额达40亿元。1999年，在我国零售业10强企业排名中，第一、三、五、八、九名都是连锁超市公司。

第五，连锁经营本身也向多样化发展。连锁经营有三种形式，即直营连锁、特许连锁和自由连锁。在我国连锁经营的发展初期，90%以上是直营连锁，但随着这种经营方式的日益推广，特许连锁发展迅速，显示出更大的灵活性和优越性。根据发达国家连锁经营发展的经验，特许连锁是最有发展潜力的形式，一般占到全部连锁企业的2/3以上。

（3）我国连锁经营的快速发展期。21世纪的前10年是我国连锁经营的快速发展期。

2001—2006年，连锁企业总销售规模年增幅超过30%，随着规模不断扩大、规范程度提高、业种增多、业态逐步完善，我国连锁商业呈现出持续高速增长、行业集中度加强、外资商业增速明显、购并兼并成为扩张的重要方式，以及向多行业、多业态方向发展的特征，我国连锁商业企业日趋走向成熟。

2008年和2009年受全球市场环境变化及金融危机的影响，我国连锁企业开店渐趋谨慎，整体增速趋稳，二三线城市连锁企业的发展开始赶超一线城市。以拉动内需、促进消费为新的经济增长点，成为国家“促消费、保增长”的关键力量。在这2年我国连锁企业发展速度趋稳，成为前几年连锁企业持续快速发展后的一个调整过程。

2010年，我国连锁企业又呈现快速增长态势。尽管开店数量下降，但是销售规模上升，连锁企业转型提升的步伐在加快。中国连锁经营协会发布的2010年中国连锁百强信息显示，2010年中国连锁百强销售规模达到1.66万亿元，同比增长21.2%，增幅高出社会消费品零售总额2.8个百分点。百强企业门店总数达到15万个，同比增长9.8%，呈现销售规模快速增长的特点，网上零售初具规模。同时，百强企业开始出现经营成本提高的最大困难。

2011年，拉动内需、促进消费的政策导向促使更多流通业扶持政策出台，包括

《国内贸易发展“十二五”规划》，这些政策的出台有力地推动了连锁企业更好、更快发展。

（4）我国连锁经营的转型升级创新发展期。2012年后，我国连锁企业一直在转型创新中发展。

一方面，连锁企业的实体店受国内外经济环境变化的影响，普遍出现明显的销售增长乏力，甚至负增长现象，同时人工和房租等成本继续大幅度上涨，企业利润空间不断被压缩，多家企业出现盈利预警，开店速度明显减缓，在资本市场上也频频跳水；另一方面，消费者的消费习惯正在悄然发生改变，便利、感性、参与性的消费需求越来越明显，实体店的消费市场整体偏弱、渠道竞争加剧、消费热点的缺乏导致传统连锁企业销售额增长压力较大的局面仍在继续。

与此同时，电子商务、全渠道、超级物种、无人便利店等利用互联网科技的连锁业态不断创新发展，连锁企业新兴零售模式得到快速发展和扩张，行业竞争格局不断变化，一批优秀的连锁企业在转型期抓住机遇，取得长足进步。那些突出特色，重视消费体验，营造消费场景的连锁企业较早地迎来了自己的春天。

【精选案例 1-1】 “盒马鲜生”与“超级物种”的新零售

2016年1月，阿里巴巴的自营生鲜类商超——盒马鲜生在上海开设第一家门店，这是一家只做“吃”这个大品类的全渠道体验店。整个门店完全按全渠道经营的理念来设计，完美实现了线上和线下的全渠道整合。不到半年，每天线上订单量就达到4 000份，目前已经超过线下订单量。盒马鲜生的每件商品都有电子标签，可通过APP扫码获取商品信息并在线上下单，无须按传统门店设计复杂的动线。同时，物流仓储作业前置到门店，和门店共享库存及物流基础设施，店内部署了自动化物流设备进行自动分拣，效率很高，基本能达到5公里内29分钟送达的及时配送承诺。

商品是王道。盒马鲜生的商品品类丰富，来自全球103个国家超过3 000种商品（其中80%是食品，20%是生鲜产品，后者未来可能提升到30%），包括肉类、水产、水果、蔬菜、南北干货、米面粮油、烘焙、熟食、烧烤以及日式料理等。

体验为王。盒马鲜生学习了意大利Eataly的做法，门店内设餐厅，其牛排、海鲜和熟食餐厅区占地200平方米左右，设置了五张四方桌子，顾客在店内选购了海鲜等食材后可以即买即烹，直接加工，现场制作，门店会提供厨房给顾客使用。这种做法深受顾客欢迎，提升了到店客流的转化率和线下体验，也带动了整个客流的高速增长。

电商系以阿里巴巴旗下的盒马鲜生（盒马集市）领跑，传统系则以永辉旗下的超级物种带动节奏。超级物种的诞生是永辉16年来不断孵化与进化的产物。为什么取名超级物种，永辉相关负责人的解释：超级物种就是“未来超市+餐饮”，让消费者更能寻味未来生活。超级物种融合了永辉目前孵化的8个产物：鲑鱼工坊、波龙工坊、盒牛工坊、麦子工坊、咏悦汇、生活厨房、健康生活有机馆、静候花开花艺馆。这种“未来超市+餐饮”的全新业态是互联网化和全球化的结果，是体验消费发展的必然选择，而永辉的全球商品供应链优势和生鲜管控水平使其业态蝶变成为必然。

资料来源 佚名. 新零售例子，看看它们是如何玩转新零售的？[EB/OL].［2021-12-25］. www.shop-x.cn/news/64.

1.2.3 连锁经营的特点

连锁经营其本质上是一种经营模式或者商业模式。连锁经营的实质是把现代化大生产的原理应用到传统商业中，改变传统商业中购销一体、柜台服务、单店核算、主要依赖经营者个人经验和技巧来决定销售的小商业模式，从而实现了在店名、店貌、商品方面的标准化，在商品购销、信息采集、管理规范、广告宣传和员工培训方面的统一化，把复杂的商业活动分解为像工业生产流水线那样相对简单的一个个环节，提高经营效率，实现规模效益。连锁经营的特征主要表现在规模化的经营方式、网络化的组织形式和规范化的管理方式三个方面。

1）核心内容——规模化的经营方式

连锁企业店面数量多、分布广，具有大批量销售、大批量采购的价格优势，迎合了消费的分散性和就近购物的消费习惯，增进了消费者与连锁企业之间的情感联系，有效解决了传统经营中追求规模效益与消费分散性之间的矛盾。

（1）采购的规模优势。采购权的集中使连锁门店在对外采购时变成集中采购，采购的数量大，总部可以以较强的议价能力与供应商讨价还价，获得低价进货的优势。同时，由于集中采购，较之单店独立采购可以减少采购人员、采购次数，降低采购的间接成本。比较典型的规模采购，如沃尔玛向可口可乐、宝洁的全球采购，使得沃尔玛在这两家公司商品的采购价格上低于竞争对手，从而取得竞争优势。

（2）物流的规模优势。在集中采购的基础上，连锁企业统一设置仓库比单店独立存储更节省仓储面积，总部可以根据各店的销售情况，实现合理库存；连锁企业总部还可以通过集中配送选择最有利的运输路线，充分利用交通运输工具，及时运送，以免门店商品库存过多或出现短缺现象。

（3）促销的规模优势。由于连锁门店遍布各个区域或者全国甚至全球，因此连锁企业总部可以利用电台、电视台、报刊、网络进行强大的宣传攻势，而广告费用可以分摊给各个门店，每家门店的平均广告费用并不高，但是对单个商店来说以一己之力进行广泛宣传是难以做到的。

（4）研发和培训的规模优势。连锁企业开发的软件、硬件技术可以在整个体系内推广，建立自己的专职培训部门，研发和培训费用均可以由多家门店承担，因而享有研发的规模优势。另外，单店的成功经验可以在整个连锁体系内推广，通过复制成功的经验，实现连锁企业高质量的快速扩张。

2）前提条件——网络化的组织形式

连锁经营既是一种经营方式，又是一种组织形式。连锁企业通过对上游企业的控制建立供货网络，通过门店扩张控制最终市场，并通过信息网络把二者有机地连接起来。

（1）销售网络化。首先，为实现连锁经营的盈亏平衡，必然要求构成销售网络的连锁门店数量达到一定的规模，否则连锁经营就无任何优势可言；其次，连锁企业的形象对吸引消费者具有极为重要的作用，而树立企业形象的基本途径则是通过门店的销售服务，门店越多，形象的影响力就越强；最后，门店数量越多，网点越多，销售量可能越大，对上游企业的吸引力也就越强，越能获得上游企业的支持，充分发挥组织结构的网络化优势从而实现盈利。

（2）供货网络化。构成供货网络的基本要素有统一采购、集货、加工、补货管理及配送，这些活动不仅能确保商品的质量和持续不断的商品供应，而且能创造利润。首先，集中统一进货能避免或减少分散采购时普遍存在的不经济行为，以降低进货成本；其次，以大规模的销售网络为交易条件，可以获得巨额的“通道利润”，如上架费、广告费、促消费、堆头费；再次，实行产销一体化或定牌监制，能在维持低销售的前提下实现高毛利与高利润；最后，通过提高供货网络的效率，能减少商品库存，加快商品周转，提高现金流量的利用效率，为连锁企业带来丰厚的利润。

（3）信息网络化。信息网络化是确保销售网络与供货网络协调与平衡的关键。供货网络的一切活动都必须以高效率的销售网络的信息反馈为导向，否则就会降低供货网络的效率，即以信息流指导商流与物流。管理大规模的供货网络和销售网络必须采用现代化的信息技术，否则就难以实现高效率的信息反馈。另外，原始的信息必须经过系统分析才能有效地发挥其应有的作用。

3）基本保证——规范化的管理方式

（1）简单化（simplification）。简单化意味着一个从繁到简的过程，彻底排除浪费部分、过分部分、不适部分，去掉不必要的环节，使各个环节包括财务、采购、物流、信息等工作尽量简化，提高工作效率。

（2）专业化（specialization）。连锁企业的专业化表现在总部和门店的分工上。总部负责企业战略管理、经营技巧研究、形象设计、门店开发、卖场布局、商品采购与配送、人员培训、营销策划、财务管理等管理研发活动；门店则根据总部的总体部署和统一安排，集中精力做好商品销售工作，负责商品陈列、客户服务等直接面对消费者的经营活动。此外，专业化还表现在各个部门、岗位、员工之间的职责分工上。连锁企业的这种专业化分工配合极具竞争力。

（3）标准化（standardization）。标准化在一定程度上是专业化与简单化的体现，因为连锁经营的特征之一就是可复制性，只有标准化的东西才有可能得到快速复制和推广。连锁企业具有企业识别系统、商品和服务、经营管理、经营理念四个层次的统一（如图1-2所示），在此前提下形成专业管理、集中规划的经营组织网络，利用协同效应的原理，使企业资金周转加快、议价能力加强、物流综合配套，从而取得规模效益，形成较强的市场竞争能力，促进企业的快速发展。

① 企业识别系统统一。企业识别系统是企业的外在形象，是指连锁企业展示给公众的直接印象，包括连锁企业的招牌、标志、商标、标准色、标准字、装潢、外观、卖场布局、商品陈列、包装材料、员工服装、识别卡等，它的作用在于不仅有利于识别，更重要的是消费者的认同，对企业产生深刻的印象。

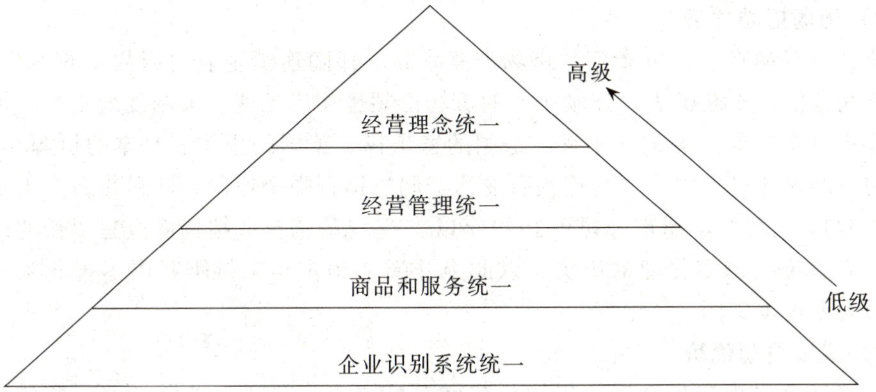

图1-2　连锁经营四个层次的统一

② 商品和服务统一。这是连锁企业经营内容的统一，是满足同一目标顾客的营销方式的统一，具体表现在：连锁企业各门店所经营的商品都是经过总部精心策划和挑选的，是按照消费者需求作出的最佳的商品组合，并不断更新换代，所提供的服务也是统一规划的，无论到任何地方任何一家门店，服务都是统一的、规范的，从而增强顾客的忠诚度。

③ 经营管理统一。这是企业内部管理模式的统一，是制度层面的统一。连锁企业必须在经营策略上实行集中管理，即由总部统一规划，制定规范化的经营管理标准，并下达给各门店认真执行，各门店必须遵从总部所颁布的规章制度，一切标准化、制度化、系统化。目前，对连锁企业而言，经营管理的统一性主要体现在连锁企业的营运手册上。许多连锁企业都开发了自己的营运手册，并据此构成了统一经营管理的连锁体系。

④ 经营理念统一。这是企业全体员工的观念与行为的统一，是文化层面的统一。连锁企业的理念是企业的经营宗旨、经营哲学、价值观念、企业定位和中长期战略的综合，是其全部经营管理活动的依据。无论连锁企业拥有多少门店，都必须持有共同的经营理念，只有经营理念真正统一，连锁企业才能将各门店锁在一起，无限发展，永续经营。

连锁经营四个层次的统一是由低向高相互衔接在一起的。只有店名和店貌的统一而没有服务和商品的统一，那就只有连锁企业的“形”，而无连锁企业的“神”；如果没有经营管理的统一，那就会门面虽相同，但各自为政，结果是无法做到商品和服务的统一，即使有统一也是短暂的。只有做到经营理念的统一，才会将企业的经营战略完全贯彻下去，形成企业的长期经营特色。

1.2.4　连锁经营的优势

1）规模扩张优势

企业在规模效益的驱动下不断追求规模扩张，而连锁经营模式则有利于迅速实现资本的大量集聚：一是采取投资自建、兼并、收购、租赁等形式大力发展直营店；二是采取发展加盟店的形式，在无须投资的情况下，在短时间内大幅度增加门店数量；三是通过协商达成合作契约，实行大范围的自愿连锁。

2）市场拓展优势

连锁经营网点多、分布广、市场占有率高。伴随连锁企业门店数量的不断增加，市场空间范围的不断扩大，连锁企业的市场份额也相应迅速、大幅度地集中。世界各国的零售巨头，如美国的沃尔玛、法国的家乐福、英国的乐购、日本的伊藤洋华堂、泰国的卜蜂莲花等，无一不是连锁企业，美国连锁百强企业的市场份额占全美年零售总额的1/3。上海联华超市公司于1999年以73亿元的销售业绩彻底改写了长期以来单体百货店称霸我国零售业的历史。以此为开端，10多年来雄踞我国零售业领先地位的均为大型连锁集团。

3）成本控制优势

连锁经营将规模化经营与集约化管理有机结合，有利于降低成本、提高经济效益。连锁企业在大规模经营的基础上统筹利用人、财、物、信息及技术等资源，分摊进货、销售、管理和财务成本，大大节约了各项费用。正如前面提到的规模采购、配送、促销等成本控制优势。连锁企业在经营理念、市场营销技术、服务技术、商品配置及陈列技术、业务流程及操作技术等方面的研发成果，可由众多门店共享，节约了管理成本。连锁企业的科学管理在促进高质量、高效率的同时，有效地减少了损失浪费。对同种业态、同类规模门店的调查显示，连锁企业的经营成本与传统企业相比，一般低10～12个百分点。

4）品牌成长优势

连锁经营高度集中的经营决策和高度统一的企业识别系统运作，有利于内强素质、外塑形象，提升企业品牌价值。连锁经营突出强调“四个统一”的运营模式，使所有门店的商号、门面及店堂设计、商品组合、商品价格、商品陈列、服务设施和服务项目、促销措施、广告宣传、服务规程和业务流程等严格保持一致，形成了统一的经营特色及风格，保证了统一的服务质量和经营管理水平，从而树立起鲜明、独特的企业形象，达到深入人心和深得人心的制胜效果。

同时，连锁经营的跨地域扩张也为扩大企业知名度和美誉度创造了有利契机。另外，连锁经营还十分有利于开发自有品牌。连锁企业可利用自身的企业品牌价值和声望优势开发定制产品品牌，并借助于自身跨地域扩张的市场优势迅速扩大销售，获得较高的利润。目前，声名显赫的大型连锁零售商都热衷于实施自有品牌战略，所开发的自有品牌的种类已从食品、杂品、日用品、厨房用品和服装扩展到小家电、电脑及配件等。

5）科技化和现代化优势

连锁经营就其实质而言，属于先进的经营方式和组织形式，它是流通方式现代化的主要标志之一，体现了现代流通业发展的必然趋势。连锁经营大大提高了流通业的组织化程度和产业集中度，造就出一个又一个在社会经济生活中产生重要影响的商业巨头，有效地改善了传统经营时代流通主体小、散、差，不适应现代化大市场、大流通的落后状态，为政府产业政策的制定及其指导作用的发挥，以及市场经济条件下商业企业竞争公平性、有序性的实现创造了基础条件，对于引导和促进流通业健康发展具有重大意义。

连锁经营的现代化取向还表现为对现代科学技术的迫切需求。就运行条件和运作手段来看，连锁经营必须依赖现代化的管理思想、方法和技术才能得以生存和发展，包括现代经营理念、现代管理原理、现代企业制度、标准化管理方法、计算机技术、网络技术、现代通信技术、现代物流技术、现代营销技术等；否则，根本无法保证机构庞大且门店分散的经营组织正常运转。其中，信息技术的引入则标志着连锁经营进入了高科技时代，率先实施信息化战略的沃尔玛正是借此实现了其全球零售业霸主的地位。今天的“新零售”也是智能化、信息化等先进技术在零售领域的应用体现。

6）商业贡献优势

（1）连锁经营促进了社会再生产的顺利运行。连锁经营是集中采购与分散销售相结合的运营模式，这种模式有效地化解了生产的集中化、大批量、少品种与消费的分散化、少数量、多品种之间的矛盾，真正起到了衔接生产和消费的作用。

（2）连锁经营促进了流通产业优化。一是连锁经营规模化与集约化相结合的本质特点，有利于协调平衡投入与产出之间、数量与质量之间、效率与效益之间的关系，有力地推动了流通产业经济增长方式的转变；二是连锁经营所形成的独特而显著的规模效应，大大提升了商品交换的功能和效率：拓宽了商品流通渠道，减少了流通环节，加快了流通速度，扩大了流通规模，节约了全社会的流通成本，提高了流通效能；三是连锁经营所具有的规模扩张和规模效益优势，大大增强了商品流通的组织化程度和产业集中度，从而为政府宏观决策和市场竞争向有序化发展提供了有力支持。

（3）连锁经营促进了生产企业发展。连锁企业商品采购的大订单引导和扶持了一大批生产企业。国内外许多生产企业正是依靠大型连锁企业的大额订单从小做大的，一旦失去了订单就会面临倒闭的风险，从而有力地证实了在买方市场条件下交换决定生产的新观点。

（4）连锁经营促进了消费水平提高。连锁经营的低成本带来的低价格给广大消费者带来了实惠，星罗棋布的连锁网点又为消费者就近购物提供了极大便利，到连锁超市和家电专业店购买食品、日常生活用品和家电商品已成为消费者的首选和习惯。

（5）连锁经营促进了劳动就业扩大和财政收入增长。连锁企业的快速扩张为社会提供了大量工作岗位，其中加盟连锁形式为自主创业提供了更多机会。大型连锁企业良好的经营业绩使其成为各地的纳税大户，为增加国家和地方的财政收入作出了突出贡献。

1.3 “互联网+”背景下的连锁企业发展

1.3.1 网络化

1）商务活动电子化发展

“互联网+”背景下的消费方式变革

连锁企业的发展是以商务活动电子化改造、信息处理效率提高为前提的。一是经营与配送网点网络化，扩大服务范围，提高配送速度，同时降低物流成本；二是连锁经营系统的计算机通信网络化，包括外部网、内部网和互联网。连锁企业的自动化主要是把先进的技术、设备和计算机管理系统相结合，运用计算机管理和控制各种作业全过程，实现信息的实时采集与追踪，并提高系统的管理和监控水平。

互联网背景下的电子商务的发展是以实体性物流配送体系的发展为依托的。电子商务与连锁经营的虚与实的完美结合，形成了一个立体、多维的网络系统，使网络的多种优势更加凸显，既有效解决了B2C的物流瓶颈问题，又改善了连锁经营的现状。

2）电子商务迅速发展

电子商务通过互联网开展商务活动，因其“便捷、实惠”而被广大消费者认可，加之网络金融和快递物流的支撑作用越来越强，大数据精准营销给商家带来巨大利润，使其逐渐演化为商务活动的首选。从8848国内首个电子商务网站正式成立（1999年5月）到2019年上半年电子商务百强企业的生产总值达5.82万亿元，占2019年上半年我国国内生产总值的12.92%，电子商务整体规模呈现不断攀升的态势，已逐渐成为我国经济发展的新引擎，也是数字经济的重要引擎。

3）O2O到全渠道发展

O2O即Online to Offline（线上到线下），是指将线下的商务机会与互联网结合，让互联网成为线下交易的平台，这个概念最早来源于美国。全渠道零售是企业采取实体渠道、电子商务渠道和移动电子商务渠道整合的方式销售商品或服务，提供给顾客无差别的购买体验。

在网络化发展的过程中，连锁企业尝试运用自媒体运营、移动支付、网上商城、体验式消费等方式拉开“互联网+”的大幕；几年内更多的企业完成了线上线下融合的全渠道发展模式，一家企业兼具电子商务平台品牌店、官方网上商城、线下实体店、移动端APP，线上与线下之间实现无障碍衔接，形成全渠道购物途径。

1.3.2 便利化

互联网的发展使得传统零售企业正承受着巨大的转型压力，但由于非标准化的产品与服务，加上线上企业难以触及的最后1公里阵地，使得到家服务、即时零售、社区商业等突出便利的服务模式，在这场碰撞中得到了更大的发展空间。

1）到家服务

到家服务，是指消费者线上下单支付，门店或前置仓配货，1小时内送货到家的服务。到家服务拓展了电商的经营范围。在年轻一代消费者越来越宅、懒、忙的情况下，到家服务可以满足消费者足不出户快速购物的需求，市场规模迅速扩张。

新思界产业研究中心发布的《2019—2023年中国到家业务市场可行性研究报告》显示，2016—2018年，我国到家服务市场规模年均复合增速超100%，呈现爆发式增长态势，2018年市场规模达到5 680亿元左右。预计未来我国到家服务市场仍将保持高速增长态势，但随着企业布局日益完善、行业竞争日益激烈、市场普及率不断提高，增速将逐步放缓。

到家服务模式中，餐饮外卖是主要形式，份额占比最大。我国餐饮外卖市场发展迅速，美团、饿了么处于垄断地位，随着市场日益饱和，行业发展增速逐步放缓。除餐饮外卖以外，我国消费者对生鲜、水果、鲜花、办公用品、药品等外卖服务以及家政、上门维修等到家服务的需求也在不断增大，到家服务提供的服务模式随之不断丰富。

到家服务最早是由互联网企业提出并推动发展的，是电商经营范围的延伸，主要布局企业有盒马鲜生、每日优鲜、叮咚买菜等。随着到家服务的消费群体不断增多、市场规模不断扩大，传统商超为提高竞争力，在到家服务领域布局速度加快。例如，大润发、沃尔玛、永辉超市等商超巨头均在发展到家服务，进一步扩大了我国到家服务的行业规模。

2）即时零售

即时零售是伴随着零售数字化和即时配送业务的快速崛起而诞生的。其最大特点是以实体门店为供应链、以即时履约配送体系为依托，为消费者提供更便利、更高效的到家业务，满足消费者的应急需求或常态下即时性需求的零售新业态。

“即时零售”主要有五个鲜明特征。一是时效性极强。从消费者线上下单到货品送达消费者手中的配送时间一般控制在1小时以内，多数场景下可以实现30分钟内完成履约，计时单位最高可以精准到分钟级，而传统电商的远场消费配送时效一般为3~5天，同城配送快则半日或次日达。二是服务半径在3~5公里。即时零售与餐饮外卖一样都是基于消费者的地理位置来匹配线下门店、商品和配送运力。消费者通过线上平台下单，平台根据消费者所在的地理位置，在3~5公里的半径内为客户匹配线下商家门店和商品。三是线上下单，线下履约。即时零售囊括了线上交易平台、线下实体零售商、品牌商、第三方（或商户自有）配送物流的完整零售体系。四是配送团队主要通过同城配送骑手进行，交通工具主要依靠电动两轮车送货，这和传统的电商快递小哥最后一公里的配送主要依赖电动三轮车有所区别。五是点对点服务。即时零售通常是点对点服务，配送员从商家取货直接送达消费者手中，没有中转环节。

3）社区商业

社区商业是城市商业的基础，因其根植于城市肌理，近距离对接消费者的衣、食、住、行、用，随着经济收入攀升、城市化进程加快、数字化技术赋能，越来越受到消费者信赖。2020年突如其来的新型冠状病毒感染，使社区商业提前进入数字化转型升级期，数字化、智能化、全渠道迅速让社区商业成为民生供应保障的主要力量。中国连锁经营协会会长裴亮在2019年中国全零售大会上指出：“未来十年，社区商业因其离消费者更近、更满足消费者刚需，以及和社区养老结合，将迎来发展的大好时机。”

历史上商品经营一直是社区商业的供给重点，到了2019年越来越多的生活服务项目进入社区，成为社区商业转型的主要方向。2019年8月27日，国务院办公厅印发了《关于加快发展流通促进商业消费的意见》，其中提到“优化社区便民服务设施，打造‘互联网+社区’公共服务平台”，社区商业向综合服务转型，便民成“最后100米”关注焦点。未来，提升社区居民生活的便利性，公益性和综合化运营将成为社区商业新的发展特征。

1.3.3 体验化

在“互联网+”背景下，消费者开始主导零售话语权，其关注点从单一交易转向全渠道体验。最初“体验化”消费是实体零售企业对抗“电子商务”的创新工具，并带来新一轮“连锁行业”的创新发展。在“互联网+”背景下，随着人们生活方式和消费形态的变化，各种极具创造力与感召力的新型渠道业态不断产生，快速创造终端竞争优势，并进一步彰显品牌活力。与此同时，在“得渠道者得天下”和“得用户者得天下”并行的今天，连锁企业越来越重视以消费者体验为中心进行渠道重构。

1）体验式营销理念已经建立

近年来“去零售化”成为实体商业地产创新的主要共识，商场缩小零售业态的卖场面积，增加餐饮、影院、滑冰场、儿童游乐场等体验业态。零售店铺也加快创新性变革，转向零售体验化经营，既坚持零售主体地位，又强化场景体验感与服务体验感，辅助导入部分相关性的体验功能业态。卖场环境除要保证卫生、明亮、关注细节、不留死角外，特性化装饰也必不可少。很多实体店内有店中店，各种主题购物区域成为门店的亮点，吸引了众多消费者的光顾。

2）体验的内容不断丰富

第一，文化体验化。商场文化可以通过文化的景观化、本土化、情景化、互动化等予以展现，并以虚拟技术、光影技术等现代化技术作为支持手段，让商场成为商业文化、商业历史、商业传统、商业地域价值体验的载体。

第二，主题体验化。以商品为纽带，以顾客需求为着眼点，打造主题体验馆（区）。例如，卖场的儿童区可以通过环境以及多样化娱乐设施，让儿童享受到丰富多彩的体验项目，从而增加与顾客的黏性。

第三，购物体验化。在销售商品的同时，依托商品和企业特色，开展更多的体验和互动，在商业休闲化项目上开创独特的体验式服务，实现竞争对手无法代替的独创性，进而体现出企业长期的特征化和消费价值。例如，通过互联网、光影产生的互动性、数字化、娱乐化等效应，实现活动与秀场的整合。

第四，休闲消费的体验化。休闲消费，是指在闲暇时间进行的休闲产品的消费活动，包括物质消费和精神消费，其特点是面对不同的消费群体，构建不同的休闲体验结构，与室内室外空间结合，有效整合细分结构，形成面向不同消费群体的体验化统筹。

3）体验感的零售技术不断升级

在VR/AR技术大行其道之后，线下零售企业也纷纷试水实体店虚拟体验服务，以增强与消费者的关联和互动。例如，周生生在Omni-Channel全渠道顾客体验内地首秀上，推出可供消费者实现虚拟试戴珠宝的智能体验服务。参与体验的消费者只要站在设备前，虚拟珠宝试戴设备Magic Mirror就能自动识别试戴者试戴部位的位置，只需轻触屏幕，心仪的项链就会立即“戴”在脖子上，这种极具视觉吸引力和互动性的设备能最大限度地模拟消费者真实的珠宝试戴效果。该设备最大的优势在于可以实时与社交平台进行联动，消费者可通过设备拍照和上传功能，以扫描二维码的形式，实时分享至社交平台并集赞或听取网友意见，带给消费者极好的消费体验。

1.3.4 数字化

经历了基于用户数量和销量的时代，目前“互联网+”背景下市场交易已是基于数据的时代，电子商务的竞争在很大程度上就是大数据的竞争。由于平台所产生的巨大信息量以及其所收集到的用户信息具有真实性、确定性和对应性，电子商务具有了利用大数据的天然优势。大数据的应用将贯穿整个“互联网+”背景下的企业业务流程，成为企业的核心竞争力。

1）大数据预测实现消费者的精准服务

对大数据进行分析的核心目的是预测顾客的下一步需求，基于海量数据结构化分析，通过各种算法进行预测并作出相应决策，进而创造更优的顾客体验、更多的交易、更多的业务创新，释放储存于数据之中的能量。

大数据预测的目的是更加精准地服务消费者，而这种精准的服务是建立在和消费者大量持续的互动基础之上的，一方面是让消费者产生更多、更好的数据，另一方面是令产品和服务可被持续优化和迭代，让消费者在海量信息选择中享受到和自己更加匹配的产品和服务，同时成为零售商提升利润、降低成本的重要方法。

2）大数据营销实现消费者的个性化体验

新时代下，零售商充分挖掘大数据的商业力量来提高商品的转化率。在“互联网+”背景下，用户的每一种行为都会留下大量的信息，通常各种类型的数据混杂在一起。针对这些数据，连锁企业先将数据结构化再进行大数据挖掘，从而提供“千人千面”的个性化购买建议和促销信息，提供全渠道的客户购买体验，激发他们的情感联结。

每一个零售企业，每天都掌握着每个供应商以及顾客的海量、真实的交易数据，零售企业可以根据这些大数据分析了解消费者购买的关注点，开发创新业务，进行商业模式、产品和服务的创新，打开消费新市场。

3）大数据驱动商业仿真辅助智能决策

大数据智能时代为我们带来决策和管理的新方式，零售企业的决策者需要习惯数据驱动的实验和测试，对任何重要项目进行小规模、系统的验证实验，使其制定出的决策更加可靠。比如，运用大数据仿真实验室的仿真模型来研究不同地区、不同消费社群的不同促销方案，比较哪种最有效，哪种投入回报最高。通过全真模拟供应链中的真实情景，事先预知各种决策可能产生的结果，提高决策的准确性。

4）大数据开发与共享实现数据服务

零售企业通过持续不断地推动数据开放和共享，建立各种社交媒体、跨界合作伙伴联盟，与自己现有的和潜在的供应商、第三方软件开发商、第三方卖家平台、银行等形成数据合作，确立科学的数据标准和应用程序调用接口，以保证数据的质量和可用性。比如“智能补货”的应用，不仅极大地减少了门店断货的现象，更关键的是可以大规模降低整体供应链的总库存水平，提高整个供应链条和零售生态系统的投资回报率，创造非常好的商业价值。另外，挖掘消费者数据价值、与广告商进行合作、精准广告投放与营销等，都是数据服务的缩影。

1.3.5 移动化

移动化，是指通过移动通信网络进行数据传输并且利用移动终端开展各种商业经营活动的一种新电子商务模式，移动商务下消费者使用手机、PDA等移动设备，随时随地浏览网上商务信息，开展消费活动。由于移动通信的实时性，移动商务用户可以通过移动通信终端在第一时间准确地与商家进行沟通，与商务信息数据中心进行交互，使用户摆脱固定的设备和网络环境的束缚，最大限度地驰骋于自由的商务空间。

智能手机的广泛使用、无处不在的移动网络和商家开发的方便快捷的APP，以及支付宝、微信移动支付工具的支持，让移动商务成为连锁企业必争之地。

与传统商务活动相比，移动商务具有以下特点：

1）更具开放性、包容性

移动商务因为接入方式无线化，使得任何人都更容易进入网络世界，从而使网络范围延伸更广阔、更开放，使网络虚拟功能更带有现实性，所以移动商务更具包容性。

2）具有无处不在、随时随地的特点

移动商务的最大特点是“自由”和“个性化”。传统商务已经使人们感受到了网络所带来的便利和快乐，但它的局限性在于必须有线接入，而移动商务则可以弥补传统商务的这种缺憾，可以让人们随时随地结账、订票或者购物，感受独特的商务体验。

3）用户规模大

与通过电脑（台式PC、笔记本电脑）平台开展的传统商务相比，移动商务拥有更为广泛的用户基础。无论是在大街上、餐厅里，还是地铁里，如今人们“勤奋”地刷着手机屏幕的景象随处可见。中国互联网络信息中心的数据显示，截至2022年6月，我国手机网民规模为10.47亿人，较2021年12月新增手机网民1 785万人，网民中使用手机上网的比例达到99.6%。手机成为网民上网不可或缺的设备。

4）营销更精准

移动商务有较好的身份认证基础。对传统商务而言，用户的消费信誉成为最大的问题，而移动商务的手机号码具有唯一性，手机SIM卡上存储的用户信息就具有这一优势。与传统营销相比，移动互联网的优势能够帮助企业低成本地进行营业推广、市场调查和舆论监控等活动，特别是在做精准广告投放的时候更具有精准度，包括人群定向、网站定向、关键词定向、行为定向等。移动互联网营销有成本低、服务个性化、受众范围广、传播效率高等特点，而APP、二维码等全新的营销方式更具有灵活性、互动性、目标受众准确的特点。

5）消费内容更丰富

利用移动终端，消费者除了上网、购物、看剧、听歌外，越来越多的人开始使用手机理财、缴费、叫外卖、骑单车。另外，移动互联网营销渠道多种多样，如微博营

销、SNS（Social Networking Services，社会性网络服务）营销、微信营销、应用商店及广告宣传等，都是企业可以选择的营销方式。

1.3.6 智能化

在“互联网+”背景下，连锁企业发生了翻天覆地的变化，特别是在门店设备上更加趋向于智能化、一体化。还记得那笨重又迟缓的POS机吗？还记得散装食品复杂的购买流程吗？还记得投入大量人力连夜调换纸质标签吗？这一切已经成为过去。

1）一体化的PC智能收银秤的应用已经越来越普遍

以前在水果店、零食店，顾客购买商品需要称重后再到收银台付款，过程长且体验差，现在有了PC智能秤，顾客可以随意挑选，一起称重结算，不仅方便了顾客，也提升了员工的工作效率。

2）自助消费在更多的消费场景中得到应用

2017年3月，日本罗森与松下电器联合推出了全自动收银台技术，消费者可以凭借智能购物篮完成自助结账。此外，自助贩卖机、自助迷你KTV、自助橙汁机、自助娃娃机、自助照相机等一系列自助设备得到了更多使用，这类零售业态的共同特点是，通过微信或者支付宝，消费者可以根据机器的提示完全实现自助消费，操作便捷。

3）无人便利店将智能化应用推向高潮

2017年上半年以“缤果盒子”等无人便利店为代表的第五代便利店站在了风口浪尖。所谓无人便利店，就是利用“智能化设备”替代人工服务，在店内无销售人员时，自主完成货物选取、下单、结算等销售过程。

无人便利店无疑是科技和智能的巨大成功：无人导购收银、自助取货、人脸识别、自动扫码、手机支付等科学技术是有效解决人工成本上涨的最好办法，可以在一定程度上缓解高峰期排队的问题。2020年受新型冠状病毒感染的影响，“无人货架”“无人便利店”得到了更广泛的应用。

【精选案例 1-2】　零售业试水元宇宙，以创新方式与年轻消费者互动

在3年的新型冠状病毒感染的防控中，大部分零售商都认为自身应当具备元宇宙的战略。随着消费者越来越多地与品牌进行虚拟互动，这已迅速成为品牌定位的关键。而在成人消费群体中，人们对元宇宙的认知度，与零售商的感知又有所不同。毕马威（KPMG）2023年的研究发现，虽然56%的美国成年人知道元宇宙（Metaverse），但只有8%的人涉足了该领域。尽管如此，以沃尔玛为代表的很多零售商仍然选择了试水元宇宙。

元宇宙融合了物理和虚拟世界，为人们创造了动态的新型互动方式。《堡垒之夜》（Fortnite）以精通技术的游戏玩家而闻名，欢迎用户参加元宇宙（Metaverse）中的现场音乐会活动。而Roblox在零售圈中的知名度更高，包括耐克（Nike）、万斯（Vans）、古驰（Gucci）、拉尔夫·劳伦（Ralph Lauren）和Forever21在内的众多品牌都在Roblox中创建了虚拟世界，允许用户与其产品互动。

在未来，元宇宙可以成为虚拟商店、各种娱乐、教育，甚至是工作团队的头脑风暴会议的平台。好消息是，实现这一目标所需的许多技术已经被创造出来了。但很多人仍然对虚拟现实头盔“不感冒”——或者说是对这些设备的高昂价格。元宇宙是不是被过度炒作了？目前这是一个很难回答的问题。

资料来源 中国连锁经营协会．2023年零售业发展10大预测［EB/OL］．［2023-01-29］．http：//www.pmmarket.cn/zxzx/hyxw/2023/0128/25894.html.

思政园地 疫情下零售企业的责任与担当

面对2020年突如其来的新型冠状病毒感染，零售企业经受住了国家和人民的考验，除捐款、捐资外，更表现出了高度的社会觉悟和职业精神，克服困难、坚守工作、保民生、稳供应、平物价，彰显了“服务与奉献”的时代精神。

1.用稳定的货源，稳定疫情期间人们焦虑、紧张的情绪

疫情出现后，近300家零售企业20万个门店积极响应“保障供应、稳定物价、持续开业”的倡议，服务区域覆盖全国大部分主要地级以上城市；为了积极配合疫情防控工作，对店内的工作人员进行严格的体温检测，全员规范佩戴口罩，分时段多次不间断进行消毒。有些有条件的大超市还建立了顾客群，网上选购商品和下单，再由超市工作人员送货到小区。

2.跨界合作，成全别人也成就自己

新型冠状病毒感染出现后，零售企业突然面临巨大的经营压力，人手严重短缺；餐饮企业则门店关闭，员工停工。盒马鲜生、沃尔玛、永辉、生鲜传奇、金虎便利等零售企业纷纷发出号召，欢迎暂停营业的友商和餐饮企业的闲置员工来“上班”。除了员工共享合作外，盒马鲜生、京东、苏宁等企业开始探索在食材、加工中心劳动力、供应链运力等方面的进一步合作，资源互补，共克时艰。

本章小结

提升学生对行业企业的认同感和归属感是本门课程的主要目的，连锁经营管理专业的学生应对所在行业以及行业的主要经营模式有全面的理解和认识，本章主要针对零售行业发展、连锁经营特征两个主题进行了阐述。

本章首先介绍了零售业的内涵、特点，并从促进国民经济增长、链接生产和消费的中介、为居民生活提供保障三个方面介绍了零售行业的作用；其次详细介绍了零售业在发展过程中经历的五次革命，分别以百货商店、连锁商店、超级市场、购物中心以及无店铺销售的出现为标志；最后介绍了我国零售行业的发展历程。

连锁经营作为零售业发展最常见的一种经营模式，在美国、欧洲等发达国家经历了较长时期的发展，取得了长足的进步，并形成了规模化、网络化、规范化的特征。这一模式在我国经历了导入期、成长期之后进入了快速发展期，越来越多的零售企业采取连锁经营模式，不断扩大规模和提升竞争力，并在规模扩张、市场拓展、成本控制、品牌成长、科技化、现代化、商业贡献等方面显示出较强的优势。

互联网技术的发展让连锁企业产生了质的变化，网络化、体验化、便利化、移动化、数字化、智能化是其发展的主要特征。

基础训练

一、填空题

1.零售是将商品及相关服务提供给消费者作为________之用的活动。

2.零售业上接________、下连________，是国民经济的重要先导产业之一，直接影响和带动经济总量的增长与产业结构优化，关系人民群众生活品质的高低。

3.世界上最早的连锁商店产生于19世纪中叶。1859年乔治·吉尔曼和乔治·哈特福德在纽约开办了________公司。

4.我国出现最早的连锁企业是1986年由天津立达集团公司创办的________商场。

5.在"互联网+"背景下，连锁企业朝着网络化、移动化、________、________、________、智能化发展。

二、选择题

1.零售业第一次革命的标志是出现了（　　）。

A.超级市场　　B.购物中心　　C.百货商店　　D.连锁商店

2.连锁企业的特征不包括（　　）。

A.规模化　　B.规范化　　C.标准化　　D.网络化

3.在"互联网+"背景下，连锁企业的发展特征不包括（　　）。

A.便利化　　B.智能化　　C.高效化　　D.移动化

4.我国连锁经营发展的第二阶段，即成长期，在时间上可以从（　　）算起。

A.1982年　　B.1986年　　C.1995年　　D.2002年

5.（　　）的趋势未体现零售活动的便利化发展趋势。

A.到家服务需求剧增　　B.便利店快速发展

C.社区商业得到更多关注　　D.智能化设备被广泛应用

三、简答题

1.简述零售业的作用。

2.简述零售业经历的五次革命。

3.简述连锁经营的优势。

4.请阐述我国连锁经营的发展历程。

5.简述大数据技术在商业服务中的作用。

四、案例分析题

国美与华为携手打造全零售智能化变革标杆

2022年5月，国美零售控股有限公司（以下简称国美）与华为技术有限公司（以下简称华为）在北京正式签署战略合作协议。此次战略合作，双方将充分发挥各自优势，围绕国美全零售生态共享平台，在门店数字化运营管理、全渠道数字化营销、智能终端物联等领域共享共建，共同推动国美全零售新业态的高质量发展。

国美控股集团CEO杜鹃表示，2021年国美构建起"线上、线下、供应链、物流、大数据/云、共享共建”六位一体的“全零售生态共享平台”，开启了“家·生活”战略第二阶段的延展和升级。建设和运营好“全零售生态共享平台”，以更好的产品、服务和体验满足“家·生活”的品质升级需求，离不开信息化、智能化的科技和应用赋能。而华为云聚焦“深耕数字化，一切皆服务”，在数智化门店、数字化精准营销、业务云化、数字基础设施、智能化和信息化解决方案等方面，有着很多领先和成功的实践，相信双方通过本次优势互补的战略携手，定会实现1+1>2的共享、共建、共赢效应。

华为高级副总裁、华为云CEO张平安表示，进入数字经济时代，各行各业的信息化、数字化、智能化进程不断加快，零售行业新业态也正在蓬勃发展。作为零售数字化转型的基础，云计算的基础设施和服务，也成为国美“家·生活”战略的重要发力点。华为的产品和解决方案涵盖了咨询服务和云、网、边、端多个领域。其中，华为云致力于将公司30多年来积累的数字化转型经验和产品解决方案，以云服务的方式开放给客户，帮助客户容易上云、方便上云、用好云。相信通过本次战略合作，双方将共同建设面向未来的零售数字化能力体系，为支持国美和行业的高质量发展作出贡献。

1.“家·生活”战略再进阶，国美华为联合打造全零售智能门店

“十四五”规划指出，推进数字产业化和产业数字化，推动数字经济和实体产业深度融合，是我国畅通经济循环、激活发展动能、增强经济韧性的重要着力点。

对于零售行业，线下门店无疑是“数实结合”的关键连接点。作为拥有4 000多家线下门店的连锁零售领导者国美，其数字化升级已步入加速期。自2021年国美“家·生活”战略第二阶段开启，其门店就向本地生活数字化平台的新定位全面转型升级，通过打造“展示体验+家延伸+家娱乐+家生活服务”等“家·生活”核心功能，凭借“一店一页”“视频导购”等创新科技和应用开启了传统门店的数字化转型。

国美电器CEO王巍介绍，为进一步推进线下门店的数字化升级，国美将携手华为在门店标准IT装备与服务、门店作业管理、设备设施管理及零售门店一站式运营等方面展开深度合作，共同打造全零售智能门店样板，推动提升门店运营效率和全生命周期运营管理水平。

2.智能中枢支撑驱动，混合云平台助力国美构建“云网边端”全零售智能底座

作为零售企业数字化转型的基础，云服务已成为国美“家·生活”战略的重要发力点。据了解，此次合作将从国美集团业务场景和价值创造出发，通过多种技术手段形成响应敏捷、成本可控、安全性高的集团混合云数字基础架构，支撑国美集团总部与零售、金融、房地产、制造等产业公司的数字化运营管理能力。

杜鹃指出，国美将重点整合华为在智能交互、智能连接、智能中枢等方面的领先科技和应用解决方案，加速构建起“云网边端”协同的“国美全零售”一体化智能运营系统，加速实现国美零售的数字化、物联化、智能化高效运营，加速释放国美全零售生态共享平台的全场景、全链路、全服务、全模式的好体验、高效率和高效益。

3.精准营销，共建生态，国美全零售平台、“家·生活”战略加速落地升级

根据战略协议，双方将结合广告、用户数据平台（Customer Data Platform，CDP）

等数字化营销工具优化国美公域品牌曝光及私域流量运营，以数字化重构“人、货、场”，实现零售全渠道一体化的精准数字化营销，推动行业模式创新、提高商家服务效率，切实提升消费者黏性及满意度。

资料来源　佚名．国美与华为今日战略签约　携手打造全零售智能化变革标杆［EB/OL］．［2022-05-13］．http：//cn.chinadaily.com.cn/a/202205/13/WS627dd485a3101c3ee7ad51eb.html.

案例解析：业内人士分析，数字化、物联化、智能化正成为零售平台降本、提效、增收的关键生产工具和新的增长引擎。而本次国美与华为战略携手，共同探索数智科技与零售业深度融合的全零售解决方案，优势互补、共建生态、相互赋能，将为国美打通全场景技术堵点、实现全链路精准营销、全服务智能响应、全生态共享共建，起到加速、提效、降本、扩容、增收的积极深远的影响，必将加速释放国美全零售生态共享平台的势能和价值，加速国美“家·生活”战略的全面落地。

请思考：

（1）国美传统门店全零售智能化转型的特点是什么？

（2）华为在国美全零售智能化转型中的作用有哪些？

实践训练

以小组为单位，了解世界500强企业中的零售品牌，并选取1个品牌对其发展历程进行汇报展示。

第2章

连锁企业业态

——百样生意百样做

教学指导

学习目标：理解业态定位的意义；掌握零售业主要业态特征；掌握服务业主要业态特征。

技能要点：识别业态类型；分析业态特点。

本章结构：

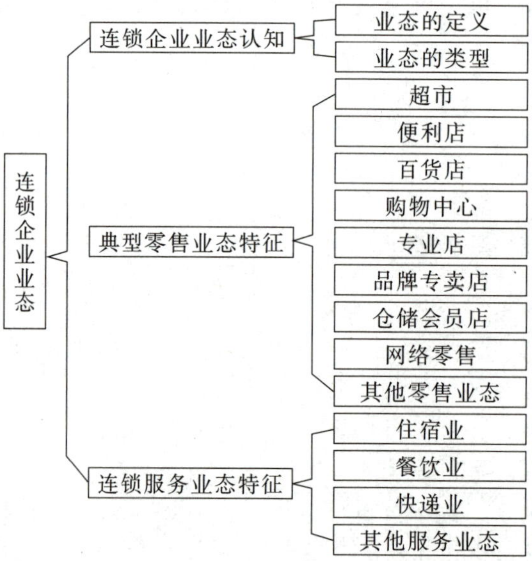

连锁经营作为一种先进的企业经营方式，随着其运作的日渐成熟，不断向各行业领域渗透。首先在零售业中获得巨大发展，与零售业中各类业态相结合，先后出现了连锁超级市场、连锁百货店、连锁便利店、连锁专卖店等。随后日益渗透到了酒店、餐饮、快递等服务业中，并迅速发挥连锁经营优势，促进各行业蓬勃发展。

引例

零售业态的发展过程

零售业态，是指零售企业针对特定消费者的特定需求，按照既定的战略目标，有选择地运用商品结构、价格策略、销售方式、店铺选址、规模及形态等手段，提供销售和服务的种类化经营形态。简而言之，零售业态，是指零售企业为满足不同的销售需求而形成的不同的经营形态。

零售业早期发展阶段主要是“行商”，露天叫卖或长途贩运。随着商品流通规模不断扩大，零售业的主要形式改为“坐商”，即采用店铺形式，在固定场所从事商业活动。在宋朝，“坐商”就已达到了繁荣鼎盛时期。19世纪中期以来，零售业经历了西方国家掀起的被称为“五次革命”的重大变革。

现代零售业的经营定位有了新的内容，呈现新的发展趋势，业态与业态之间的区别已经越来越模糊，业态之间的壁垒已经低到可以随意穿越。在便利店，对利润贡献最大的是快餐类商品，因此才会有今天“餐饮+体验+互联网”的“超级物种”……

在2019中国国际零售创新大会上，腾讯首次提出了“.com2.0”三大新业态概念。腾讯在现有业态客流数字化、积累可沉淀的数字资产的基础上，新增小程序官方旗舰店、B2C官方导购、B2C社交裂变三大“.com2.0”新业态，以形成规模化交易的全渠道、私域业态合集，从而抵达零售业数字化的下一站。也就是说，实现人的数字化，即以“货”找“人”，以“人”订“货”，让“货”被用户需求反向定义，以“即时满足”为目标反向重构供应链。同时，“人”是新的“场”，是“场”的延展和重塑，让“场”突破时空区隔，使得零售场景实现“全时全域”。

零售业正在发生变革、零售业态不断创新。这种“形”的变化刺激消费者的感官，让消费者有一种体验的快感，但背后的驱动力是消费者的变化，满足消费者需求永远是零售业的终极目标。虽然“形”很重要，但是“神”才是核心；“形”也许容易做到，但“神”却难以效仿。今天零售业态的模糊化恰恰说明了“形”其实并不是核心。不局限于业态的限制，跨界和混搭，如何让顾客真正地体验到购物的快乐、享受购物的过程，则是零售商应该琢磨的重点。

今天来这家超市购买商品的顾客，也许不是因为他所要购买的这个商品，而是为了一种体验、一种时尚、一种荣耀。而今后零售同行见面，也许不会问“你经营什么业态”这个问题，而是问“你为顾客提供什么服务”。

资料来源：根据网络资料整理所得。

2.1　连锁企业业态认知

2.1.1　业态的定义

微课：零售业态认知

“业态”一词，20世纪80年代自日本引入我国，并逐渐在商业领域中被接受和使用。1998年6月，原国家国内贸易局颁布了《零售业态分类规范意见（试行）》，“业态”一词初见于官方文件。业态最早起源于零售业，但随着连锁经营模式在服务业等行业的广泛应用，业态分类方法的应用领域也更为广泛。

所谓业态，是为满足不同的消费需求，商品零售经营者对相应要素进行组合而形成的不同的经营形态，即企业按照既定的战略目标，有选择地运用商品结构、价格策略、销售方式、门店选址、门店规模等手段，提供销售和服务的种类化经营形态。因此，业态是企业适应市场变化的具体体现，其产生和发展是企业经营方式创新的成果。

零售业态产生和发展的根源在于：一方面，社会经济发展、科技进步为零售业乃至整个流通业提供了日益现代化的经营手段；另一方面，消费者需求的形成受教育、文化、收入、阶层、年龄、性别、地域以及风俗习惯等多种因素的综合影响，而呈现出多元化和多样性的特征，并且消费需求基本相同的消费者在一定时空条件下，又总是以消费群体的方式出现在市场上。这就决定了零售企业在激烈的市场竞争环境中，必须选择与创新有针对性的、切实有效的经营方式，才能更好地满足目标顾客的具体需要，以取得良好的经济效益和社会效益。由此可见，业态是零售企业适应市场变化的具体体现；业态的产生与发展是零售企业经营方式的创新结果。

知识拓展 2-1　业态与业种

业态，主要是指企业不同的经营形态，是企业在市场细分、确定目标顾客的基础上确定的经营方式，主要解决"如何销售"的问题。业种，是传统的零售业分类的依据，是指企业根据自身情况确定经营内容，主要解决"销售什么"的问题。

业态是在细分目标市场、确定目标顾客的基础上，开展商品经营。业种是先确定经营什么种类的商品，诸如布店、肉店、杂货店等，一般对顾客不作区分，面向所有人。零售业态与业种的区别包括：

（1）目的不同。业种商店的主要目的是推销自己所经营的商品，业态商店的主要目的是满足目标顾客的需求。

（2）核心不同。业种商店的经营以商品为核心，而业态商店的经营以顾客为核心，体现了营销观念由销售导向向消费导向的转变。

（3）经营重点不同。业种商店强调的是卖什么，而业态商店强调的是怎么卖。

2.1.2 业态的类型

1）零售业

2004年，由商务部制定，国家质检总局和国家标准化管理委员会联合发布了《零售业态分类》（GB/T 18106—2004）国家标准，该标准于2004年10月1日起正式施行。新版国家标准《零售业态分类》（GB/T 18106—2021）已于2021年3月9日发布，10月1日起实施。《零售业态分类》（GB/T 18106—2021）根据有无固定营业场所，将零售业态分为有店铺零售和无店铺零售两大类。其中，有店铺零售按店铺的特点，根据其经营方式、商品结构、服务功能，以及选址、商圈、规模、店堂设施、目标顾客等单一要素或多要素进行细分，可分为便利店、超市、折扣店、仓储会员店、百货店、购物中心、专业店、品牌专卖店、集合店、无人值守商店10种零售业态。

无店铺零售分为网络零售、电视/广播零售、邮寄零售、无人售货设备零售、直销、电话零售、流动货摊零售7种零售业态。

《零售业态分类》(GB/T 18106—2021)国家标准对各零售业态的定义如下:

(1)有店铺零售(store-based retailing)业态。

有相对固定的、进行商品陈列、展示和销售的场所和设施,并且消费者的购买行为主要在这一场所内完成的零售活动。

便利店(convenience store),以销售即食商品为主,满足顾客即时性、服务性等便利需求为主要目的的小型综合零售形式的业态。

超市(supermarket),以销售食品、日用品为主,满足消费者日常生活需要的零售业态。通常采取开架销售,也可同时采取在线销售。门店内可提供食品现场加工服务及现场就餐服务。

折扣店(discount store),是一种店铺装修简单、提供有限服务、商品价格低廉的一种小型超市业态,通常拥有不到2 000个单品,自有品牌商品数量高于普通超市的自有品牌商品数量。

仓储会员店(warehouse club),以会员为目标顾客,实行储销一体、批零兼营,以提供基本服务、优惠价格和大包装商品为主要特征的零售业态。

百货店(department store),以经营品牌服装服饰、化妆品、家居用品、箱包、鞋品、珠宝、钟表等为主,统一经营,满足顾客对品质商品多样化需求的零售业态。

购物中心(shopping center/shopping mall),由不同类型的零售、餐饮、休闲娱乐及提供其他服务的商铺按照统一规划,在一个相对固定的建筑空间或区域内,统一运营的商业集合体。

专业店(specialized store),经营某一类或相关品类商品及服务的零售业态。例如,办公用品专业店(office supply)、家电专业店(home appliance)、药品专业店(drug store)、服饰店(apparel shop)、体育用品专业店(sporting goods store)和家居建材商店(home center)等。

品牌专卖店(brand exclusive shop),以经营或被授权经营某一品牌商品的零售业态。

集合店(selection shop),汇集多个品牌及多个系列的商品,可涵盖服饰、鞋、包、文具、电子产品、食品等多种品类的零售店。

无人值守商店(unmanned store),在营业现场无人工服务的情况下,自助完成商品销售或服务的零售店。

(2)无店铺零售(non-store selling)业态。

无店铺零售业态,通过互联网、电视/广播、邮寄、无人售货设备、流动售货车或直销等,将自营或合作经营的商品,通过物流配送或销售者自提或面对面销售等方式送达消费者的零售活动。

网络零售(online retail),通过电子商务平台、物联网设备等开展商品零售活动。根据经营模式的不同,网络零售可分为网络自营零售和网络平台零售。

电视/广播购物(television/broadcast shopping),以电视、广播作为商品展示、推介渠道，提供使用效果、方法等推介内容并取得订单的零售业态。

邮寄零售（mail order），以邮寄商品目录为主，向消费者进行商品展示、推介，并通过邮寄等方式将商品送达给消费者的零售业态。

无人售货设备零售（unmanned equipment retail），通过售货设备、智能货柜或贴有支付码的货架等进行商品售卖的零售业态。

直销（direct selling），在固定营业场所之外，直销企业招募的直销员直接向最终消费者推销产品的零售业态。

电话零售（tele-shopping），通过电话完成销售的零售业态。

流动货摊零售（mobile stall retail），通过移动售货车或其他展示、陈列工具销售食品、饮料、服饰、鞋帽等日常消费品的零售业态。

2）服务业

服务业（service industry）的概念在理论界尚存争议。一般认为，服务业是指生产和销售服务产品的生产部门和企业的集合。我国常将服务业视同第三产业，即将服务业定义为除农业、工业之外的其他所有产业部门。

服务业涉及的行业广泛，连锁经营的发展也渗透到大多数服务行业，如住宿和餐饮、家政服务、美容美发、培训教育、娱乐休闲等。

2.2 典型零售业态特征

2.2.1 超市

1）超市的定义

超市以销售食品和日用品为主，满足消费者日常生活需要的零售业态。通常采取开架销售，也可同时采取在线销售。门店内可提供食品现场加工服务及现场就餐服务。

1930年8月，美国纽约诞生了世界上第一家超级市场——金·库仑食品商场。金·库仑食品商场创始人迈克尔·卡伦在18岁那年进入大西洋和太平洋茶叶公司（前身为大美国茶叶公司）担任职员，多年的经营实践使他积累了经营食品的丰富经验，他潜心勾勒出一幅超市的蓝图，在没得到公司总裁的认可下，举家迁往纽约，他在那里找到了一位食品杂货批发商当合伙人，在纽约的郊区租下一个空闲的大车库。

当时，美国正处在经济大危机时期，迈克尔·卡伦根据他几十年食品经营经验精确设计了低价策略，并首创商品品种别定价法，平均毛利率只有9%，这和当时美国一般商店25%~40%的毛利率相比是令人吃惊的。迈克尔·卡伦首创了自助式销售方式，采取一次性集中结算。一切正如迈克尔·卡伦所料，顾客蜂拥而至，踏破了门槛。为了保证售价的低廉，必须做到进货价格的低廉，只有大量进货才能压低进价，迈克尔·卡伦就以连锁的方式开设分店，接二连三地开了15家分店，建立起保证大量进货的销售系统，此事轰动了美国。当时的美国已是一个汽车社会，人们大都住在郊区，家中有大容量冰箱，他们喜欢每隔一两个星期开车去集中购买一次食品。迈克尔·卡伦把超市开在郊区，并设有宽敞的停车场，这就适应了消费者的生活方式。薄利多销的促销策略从经济利益上诱导顾客大量购物。

20世纪30年代中期以后，超市这种零售组织形式由美国逐渐传到了日本和欧洲。我国是世界上较晚引入超市业态的国家，于1978年被引入，当时被称为自选商场。1990年，广东省东莞市烟酒公司创办了美佳连锁超级商场；1991年，上海出现了第一家连锁企业——联华超市商业公司，自此拉开了超市在我国的发展序幕；1995年，家乐福在北京开设第一家门店；1996年，沃尔玛从深圳登陆我国，自此我国超市业态进入蓬勃发展期。

21世纪初期是我国超市行业快速发展的10年，超市行业在门店总数、总面积、员工人数、销售总额、利润总额等方面都表现出了稳步上升的态势，集中度也进一步提升。2009年，超市前10强占社会消费品零售总额和连锁超市零售百强的比重分别达到2.7%和52.8%，超市前10强门店数占超市连锁百强门店总数的比重在2009年也达到了34.1%。2012年以后，超市业态趋于饱和，加之电子商务的迅速发展，以及消费习惯的改变，使得超市行业整体增速放缓。

近年来，在电商平台化与垂直化不断深化的基础上，社区团购、直播带货等新模式层出不穷，中国连锁超市正面临极大的挑战，行业面临着深度变革，未来充满不确定性。但是，超市行业并未停止持续创新与探索的步伐，行业一直在通过一次次的创新实践来思考未来怎样为消费者提供更多的价值。

2）超市的类型

（1）按营业面积大小分类，可将超市分为大型超市、中型超市和小型超市。大型超市营业面积在6 000平方米及以上，商品种类丰富，满足顾客一站式购物的需求；中型超市营业面积为2 000 ~ 5 999平方米，商品种类较多，满足顾客日常生活所需；小型超市营业面积为200 ~ 1 999平方米，食品类商品品种较多，满足顾客日常生活必需。

（2）按生鲜食品营业面积占比分类，可将超市分为生鲜食品超市和综合超市。生鲜食品超市的生鲜食品营业面积大于或等于总营业面积的三分之一，满足顾客日常生活必需的零售业态。其中，生鲜食品的有效单品数量通常占总单品数量的30%及以上。综合超市经营品种齐全，能够满足顾客对日常生活用品一次购齐的需求。其中，非食品单品数量占比较高。

超市各业态类型的基本特点见表2-1。

表2-1　**超市各业态类型的基本特点**

业态		基本特点				
		选址	商圈与目标顾客	规模	商品（经营）结构	服务功能
按营业面积大小分类	大型超市	市、区商业中心或城乡接合部、交通要道及大型居住区	辐射半径2千米以上，目标顾客以居民、流动顾客为主	6 000平方米及以上	各类生活用品、包装食品及生鲜食品，一次性购齐，注重自有品牌开发	通常设有不低于营业面积40%的停车场，营业时间12小时及以上，可提供线上订货服务

续表

业态		基本特点				
		选址	商圈与目标顾客	规模	商品（经营）结构	服务功能
按营业面积大小分类	中型超市	市、区商业中心及居住区	辐射半径2千米左右，以商业区目标顾客、社区便民消费为主	2 000~5 999平方米	日常生活用品、包装食品及生鲜食品，单品数少于大型超市	营业时间12小时及以上，可提供线上订货服务
	小型超市	市、区商业中心及居住区	辐射半径1千米左右，以社区便民消费为主	200~1 999平方米	以包装食品和生鲜食品为主，提供日常生活必需品	营业时间12小时及以上，通常提供便民服务，可提供线上订货服务
按生鲜食品营业面积占比分类	生鲜食品超市	社区周边，大型购物中心的配套业态	辐射半径2千米左右，以商业区目标顾客、周边居民为主	200～6 000平方米	以生鲜食品和包装食品为主，配置必需的非食商品，总经营品种为0.7万～1.5万种	营业时间12小时及以上，提供生鲜食品的简单处理、加工服务，可提供线上订货服务
	综合超市	市、区商业中心及居住区	辐射半径5千米左右，以商业区目标顾客、周边居民为主	2 000～10 000平方米	非食品单品数量较多，经营品种齐全，总经营品种为1.5万～3万种，满足顾客对日常生活用品一次购齐的需求	营业时间12小时及以上，可提供线上订货服务

3）超市的业态特征

（1）超市选址在城市大型居民区、商业区及交通要道，以周边居民、流动顾客为主，以家庭为主要销售对象。

（2）商品品种丰富，主要经营购买频率高的日常生活用品。人们可以在一个卖场内购买到日常生活所需的绝大部分商品，免除了东奔西走多家店铺选购商品的诸多麻烦。商品自动标价、计价，结算效率高，也节省了顾客的购物时间。

（3）商品价格低廉，薄利多销。超市属于低毛利的零售业态，通过大量进货降低成本，大量销售提高周转效率，自助购物减少营业人员，全方位降低了经营成本，进而吸引更多的消费者。

（4）购物便利，环境舒适。超市开架自选的购物方式极大地方便了消费者的购买活动，可以使消费者更加便利和自由地选购商品。另外，超市卖场环境整洁、布局科学、陈列合理，注重营造购物气氛，为消费者创造了良好的购物环境，满足了消费者对购物舒适性的要求。

小资料 2-1

中国连锁经营协会（CCFA）于2023年6月21日发布了2022年中国超市百强榜

单，榜单中的前20强见表2-2。

表2-2　　2022年中国超市百强前20强榜单

序号	企业名称	超市品牌	2022年销售总计（含税，万元）	2022年门店数（个）	备注
1	沃尔玛（中国）投资有限公司	沃尔玛	10 931 033	365	★
2	永辉超市股份有限公司	永辉	9 798 667	1 045	★
3	康成投资（中国）有限公司	大润发	9 201 248	592	★
4	华润万家（控股）有限公司	华润万家、Ole、华润苏果	6 923 500	3 130	★
5	物美科技集团有限公司	物美、麦德龙	6 189 204	1 057	★
6	上海盒马网络科技有限公司	盒马鲜生等	6 100 000	300	★
7	联华超市股份有限公司	联华、世纪联华、华联	5 747 902	3 352	★
8	家家悦控股集团股份有限公司	家家悦、世伴	3 114 223	933	★
9	中百仓储超市有限公司	中百仓储、中百超市	2 210 104	883	★
10	世纪华联超市连锁（江苏）有限公司	华联盈创	1 786 902	4 158	★
11	广州市钱大妈农产品有限公司	钱大妈	1 519 639	3 000	★
12	广州易初莲花连锁超市有限公司	卜蜂莲花	1 519 395	142	★
13	利群集团股份有限公司	利群	1 102 769	528	★
14	永旺（中国）投资有限公司	永旺	1 041 838	71	★
15	郑州丹尼斯百货有限公司	丹尼斯	1 000 000	73	
16	长春欧亚集团股份有限公司	欧亚	942 510	144	★
17	重庆百货大楼股份有限公司	重百、新世纪	925 062	162	★
18	天虹数科商业股份有限公司	SP@CE天虹超市	920 430	119	★
19	河南大张实业有限公司	大张、盛德美、长申	868 256	94	★
20	江苏吉麦隆商业管理有限公司	吉麦隆	800 000	105	★

注：★表示为中国连锁经营协会会员企业。

4）超市的发展

（1）超市定位细化，模式创新、迭代持续推进。

针对愈加分化的消费需求、更加多元的消费渠道，实体超市企业通过多品牌、多细分业态、多门店类型、多渠道的发展模式，聚焦多元目标顾客。比如，华润万家（控股）有限公司先后打造出华润万家、万家MART、万家LiFE、万CiTY、blt、Ole'等多个品牌，满足不同目标客群的生活所需。

除了品牌定位细化，超市企业还尝试会员店、折扣店、复合店等新模式。永辉、家家悦、物美、华冠等纷纷尝试会员店和折扣店。京东七鲜超市和无印良品（MUJI）携手打造生鲜复合店，探索“饮食提案型”超市。

（2）围绕社区商业打造美好幸福生活。

在政府推出建设城市一刻钟便民生活圈等相关政策，发挥生活圈便民、利民、惠民作用的背景下，社区超市、生鲜店、水果店等众多便民生鲜零售店获得快速的发展，生鲜商品的占比也进一步提升。

例如，“钱大妈”等潜力品牌继续获得融资，不断迭代门店模型，提高市场占有密度；美团、拼多多、阿里巴巴、京东纷纷进入社区商业领域，开拓新的增长机会。就连房产中介北京链家置地房地产经纪有限公司也通过设立社区精选便利店，提升服务社区的能力。链家还与美团、拼多多合作，门店接入社区团购业务。围绕社区场景开展的各类业务成为众多零售企业触达消费者的必争之地。

（3）全渠道融合继续深入，线上业务盈利是挑战。

超市整体线上销售占比持续提升，开展“到家业务”的门店数量逐步增加。超市门店数字化技术投入在持续增加，以2020年、2021年为例，数字化收银门店占全部门店的比例由2020年的63.2%提升至2021年的69.0%。

数字会员快速增长，线上线下客单价差距缩小。线上渠道运营模式日渐细分，直播成为超市线上零售渠道的补充，社区团购回归理性，即时零售快速发展。但线上盈利仍是超市业态的新挑战，开展线上零售的实体超市企业，还在探索线上业务实现盈利的最优模式。

（4）采购渠道优化，强化特色商品、自有品牌商品建设。

超市企业纷纷建设国内生鲜农产品直采基地，有条件的企业还建立海外采购基地或直接采购。例如，在国内首创“基地+超市”的家家悦，建立起1 500多个直采基地，形成了生产基地→批发市场→生鲜配送的一条龙产业链，超过80%的生鲜商品都采取了“基地直采”模式，并在欧洲、美洲、大洋洲、东南亚等地区开发了海外采购基地，进口商品种类涵盖了食品、酒水、电器、化妆品、水果、肉禽、海产等十几大品类。

新型冠状病毒感染的发生使得柔性供应链的重要性凸显，超市企业纷纷建立柔性自有品牌供应链，通过设立专有组织，全流程扶持潜力品牌。超市企业搭建以自有品牌商品为主的特色商品矩阵，IP联名新品在超市业态也逐渐变得常见。比如，永辉在推出联名故宫宫猫IP后，2022年又与波士顿美术博物馆推出取材于保罗·杜博斯克拉德《十二星座》的“优颂”星座袜，以及取材于齐白石名作《盛开的紫藤花》的“优颂”合金抗菌筷礼盒。

（5）强化物流中心能力建设，增加机器对低效、重复工作的替代。

随着超市业态的细化及多温层商品、半成品种类的增加，对物流中心的功能要求越来越复杂，许多零售商新建的物流中心除了满足吞吐量要求外，还增加了多温层仓储、多种类加工车间、中央厨房等功能，升级数据化仓储管理水平、自动分拣系统等，工作流程和工艺流程引入数字化解决方案，实现全程可追溯，从过去的分布式仓储物流中心向一体化的供应链中心转变。

在订单配送环节，超市企业通过使用无人车提升送货效率。天虹超市联合无人车配送企业——白犀牛，在深圳坪山正式推出无人车配送服务。达达快送联合山姆会员商店，为部分“极速达”订单提供无人配送服务。

【精选案例 2-1】　京东七鲜超市联手无印良品，开创“饮食提案型超市”新业态

2021年11月，京东旗下美食生鲜超市——七鲜超市与无印良品共同打造的中国首家生鲜复合店正式营业，为市民带来安全商品和优质服务的同时，开创了国内生鲜零售的新业态。

以“品质零售，简单生活”为使命的七鲜，此次“饮食提案型”超市定位于为消费者提供全方位的高品质美食解决方案及优质的场景体验服务。一经开业，七鲜超市就成为上海顾客口中“从未见过如此高大上的生鲜超市”。

在装修设计上，无印良品空间设计简洁、突出产品本身的设计风格与生鲜超市“烟火气”的完美融合。在门店运营上，七鲜超市立足于“线上线下、全渠道、全场景”一体化运营的“饮食提案型”超市，提供优质、健康、多元化的饮食解决方案。七鲜超市采用提案式陈列，形成餐食“菜单”的食材堆集型布局；邀请多位五星级大厨及烘焙大师坐镇，独创多种菜品；依托京东供应链优势，原产地直采鲜活好货，为顾客带来安全可溯源的美食体验。在服务保障上，七鲜超市支持早8点至晚10点全时段配送，下载七鲜APP最快30分钟送货到家，每日首单免运费。

这次七鲜超市与无印良品的跨界合作，不仅为超市打造特色门店提供了新思路，也为国内生鲜零售市场的多样化发展增添了新助力。一方面，七鲜超市作为国内首个一体化生产运作的自我赋能型超市，不仅销售食材，还通过自主美食研发、差异化餐食服务、定制化产品等创造生鲜、烘焙等品类的附加价值，便于无印良品联合京东集团在超市布局与商品选择上进行突破创新。

资料来源　佚名. 七鲜联手无印良品上海开店　开创“饮食提案型超市”新业态［EB/OL］.［2021-12-01］. https: //www.163.com/dy/article/GQ4DHVHU0522FLEM.html.

2.2.2　便利店

1）便利店的定义

微课：便利店业态介绍

便利店是以销售即食商品为主，满足顾客即时性、服务性等便利需求为主要目的的小型综合零售形式的业态。便利店业态是从超级市场业态中分化出来的一种零售业态，它的发展一方面是由于早期超市的发展有其自身难以克服的障碍，即“购物的不便利”，另一方面超市的发展为便利店提供了先进的销售方式和经营管理技术。

超市的大型化与郊外化带来购物在距离、时间、商品、服务等方面的诸多不便，包括远离购物者的居住区，需驾车前往；卖场面积巨大，品种繁多的商品消耗了购物

者大量的时间和精力；结账时还要忍受“大排长龙”等候之苦，以上种种使得那些想购买少量商品或满足即刻所需的购物者深感不便。于是，人们需要一种能够满足便利购买需求的“小超市”来填补空白。

便利店诞生于美国，成熟于日本。20世纪20年代，美国人民的生活方式发生突变，新型商业模式不断涌现。1927年，美国得克萨斯州出现了便利店的雏形，以贩卖冷饮及生活用品为主，这家小店就是南方公司的前身。1946年世界上第一家真正的便利店7-ELEVEN出现，因其营业时间为上午7点到晚上11点而得名。20世纪60年代，便利店在美国取得了快速发展。1974年，7-ELEVEN被引入日本，并且改变了便利店的模式，便利店在日本逐渐成熟并不断推向世界。随着石油巨头的介入，便利店在地域分布上更加趋于分散，加油站型便利店在欧美地区也显示出了强大的生命力。便利店继而衍生出两个分支，即传统型便利店与加油站型便利店，前者在日本、中国台湾等亚洲国家和地区得以发展成熟，后者则在欧美国家和地区较为盛行。

便利店体系在我国有近半个世纪的发展历程，经历了初级阶段、传统阶段、经典便利店阶段、创新发展阶段和无人便利店阶段。

20世纪70年代后期，我国实施改革开放战略，个体工商业如雨后春笋般发展起来。购物最简便、快捷的街边小店、杂货店，一夜之间布满大街小巷，这是我国便利店的初期阶段。这些小店一般多为夫妻店，进货渠道是自己寻找批发商，营业面积多为十几平方米到几十平方米，商品不讲究陈列，服务对象是周边的社区居民。

20世纪80年代末期90年代初期，我国城市改造启动，“门面房”作为城市硬件改造的成果，提升了便利店的服务水平和质量。便利店进入传统阶段，开始讲究商品陈列，店面环境升级，杂货铺式的便民店转向要求形象和服务的传统便利店，陈列布局有了讲究，商品维护有了章法，具备了有意识的服务行为。

我国真正意义的便利店，则是外资品牌便利店的涌入。1992年，7-ELEVEN进入我国市场，此后其他外资品牌如全家、罗森等也纷纷进驻我国市场，不仅解决了消费者的日用品需求，也带来了全新的经营模式。受到这些便利店的启发，我国本土品牌开始崛起，商超等企业开始布局便利店。例如，1997年联华超市布局了快客便利店，1999年物美集团成立了物美便利店等，开启了我国经典便利店阶段。这个阶段的便利店实施集中采购，分别配送，讲求统一形象、统一服务，允许加盟，商品管理开始进入单品管理阶段，POS系统广泛应用在便利店的管理上。

2010年以后，随着互联网技术的快速发展，以及人均国内生产总值的显著增长，便利店发展迎来巨大发展机遇。我国本土便利店纷纷创新升级，突出便利性，提高鲜食商品、特色服务商品的比重，早餐、咖啡、特色即食快餐、面包烘焙、代收快递、送货到家等成为便利店服务新宠。自此我国本土便利店进入第四代发展阶段，数字化成为便利店转型的关键，并且借助于网络，线上线下生态体系正逐渐完善。2017年，我国出现了以F5未来商店、缤果盒子等为代表的无人便利店。尽管无人便利店的发展不尽如人意，但智慧化、智能化、数字化的发展特征是便利店的发展趋势。

便利店在中国的发展有近30年的时间，直至2013—2022年，便利店的发展才渐渐驶入快车道。2013年连锁品牌便利店的门店数为62 147家。截至2022年年底，连锁品牌便利店的门店数达到了近30万家。

2）便利店的类型

按照所选位置及服务功能的不同，便利店可分为社区型便利店、客流配套型便利店、商务型便利店和加油站型便利店。

社区型便利店位于社区周边，主要顾客群体为社区内常住人员；客流配套型便利店位于公共交通枢纽以及景点、商业中心、医院、高校、园区等人流较为密集的区域及周边，顾客群体以上班族、出行人群和特定人群为主；商务型便利店位于写字楼集中的区域及周边，顾客群体以办公人群为主；加油站型便利店依托加油站，顾客群体以司乘人员为主。

3）便利店的业态特征

便利店作为以满足消费者便利性需求为主要目的的业态，在其经营中无时无刻不体现其“便利”的特点。便利店各业态类型的基本特点见表2-3。

表2-3 便利店各业态类型的基本特点

业态	基本特点				
	选址	商圈与目标顾客	规模	商品（经营）结构	服务功能
社区型便利店	位于社区周边	主要顾客为社区常住人员，客流稳定	门店面积一般为50～200平方米，货架组数为15～25组	以日常生活用品、饮料、烟酒、应急性商品以及部分生鲜商品为主。根据社区档次的不同，商品结构有所不同	营业时间通常在16小时及以上，可提供线上订货及多种便民服务。有些便利店提供送货上门或顾客自提服务
客流配套型便利店	位于火车站、公交站、码头、地铁站等公共交通枢纽以及景点、商业中心等人流量较为密集的区域周边	顾客群体以上班族和出游人群为主	门店面积一般为50～120平方米，货架组数为15～25组	以饮料、香烟、即食商品、休闲食品、报纸杂志为主，位于旅游景点的店铺，以销售旅游纪念品为主	以提供即食商品、手机充电、ATM取款、上网等服务为主
商务型便利店	位于写字楼集中的区域及周边	顾客群体以收入较高的商务人士为主	门店面积一般为20～80平方米，货架组数为10～20组，设置就餐简易设施	以鲜食盒饭、即食商品、现冲饮料、新鲜水果、功能性饮料、蜜饯糖果、时尚小商品为主	以提供即食商品、信用卡还款、上网等服务为主，有些便利店提供线上订货服务
加油站型便利店	加油站内	顾客群体以司乘人员为主	门店面积一般为10～120平方米，货架组数不等	以食品、饮料、香烟、应急商品、汽车养护用品为主	以提供ATM取款等金融服务，以及洗车等汽车相关服务为主

（1）便利店距离的便利性。便利店以经营“便利”为主，其选址一般都是居民区、学校、办公区、车站、加油站、旅游景点等，与超级市场相比，便利店选址更靠近消费者；商圈半径500米左右，一般情况下，步行5～10分钟便可到达；虽然便利店规模小，但其门店数量多，空间分布非常密集，大大地方便了消费者就近购物。

（2）便利店品类的便利性。便利店商品结构通常分为食品、非食品类和服务类商品三类，具有即时性、小容量、应急性等特点。食品以即时商品为主；非食品以商圈内消费者应急所需的日用小百货为主；服务类商品往往根据便利店所处商圈消费需求特点而确定。例如，美宜佳为顾客提供代收代寄快递、手机充电、鲜奶预定、游戏充值等服务。

（3）便利店经营时间的便利性。便利店营业时间一般超过16个小时，甚至很多便利店的营业时间为24小时，全年无休，从时间上极大地满足了消费者的应急性需求，被人们称为“Any Time”的经营业态。

（4）便利店服务的便利性。便利店经营面积小，一般在50～200平方米，单品数量通常控制在3 000种以内，商品种类少，陈列简单明了，方便选购。开架自选的经营方式，出入口并设，在收银台处统一结算，顾客从进店到付款结束平均只需要3分钟左右的时间。

超市与便利店业态特点比较见表2-4。

表2-4 超市与便利店业态特点比较

业态	营业面积	商品（经营）结构	服务功能
超市	大：卖场面积大	全：商品种类齐全，满足顾客基本生活用品一次性购足	廉：突出物美价廉、薄利多销的优势
便利店	小：卖场面积小	灵：商品具有即时性、小容量、应急性特点	便：突出时间、距离等便利性的优势

4）便利店的发展

便利店的发展与人均国内生产总值息息相关，公开数据显示，当人均国内生产总值达到3 000美元时，才适合导入便利店；当人均国内生产总值超过5 000美元时，便利店将迎来快速成长期；当人均国内生产总值超过10 000美元时，将会进入爆发期。便利店行业在发展中，围绕“距离、品类、时间、服务”四大便利不断塑造价值链，提供更精更深的产品供应，构建距离更近的场域，并建立更广更宽的增值服务。

（1）便利店通过多种加盟模式并举实现低线城市扩张，区域便利店复制单店盈利模式，实现跨省发展。随着部分小型便利店退出市场，主流便利店利用由此释放的优质店铺资源，提速发展下沉市场；下沉市场进一步扩张，区域便利店品牌跨区域渗透成为未来发展趋势。外资及区域头部便利店通过多种加盟方式加速扩张步伐，实现便利店品牌跨区域渗透。

（2）便利店行业从传统零售型向柔性制造零售型转型升级，支撑业界进一步探索丰富“便利店+”模式，拓宽经营及供应链边界。例如，日系便利店采用高频度、多品种、小单位配送模式，内部以百个店铺一个供应链为基础。通常，物流体系所覆盖的范围为半径150～200千米，极限不超过300千米，实现了包括面包工厂、烘焙工厂、甜品工厂、沙拉工厂、米饭工厂在内的聚合式供应链基地模式，配有冷链库、冷冻库、常温库，可实现大幅度节省运输时间，提高供应链效率，减少因为运输而损耗的质保时间。

（3）便利店围绕消费者日常消费场景，拓展更多元、更精选、广度更宽的品类，培养全客群的黏性和忠诚度，增强单店盈利能力。随着各大便利店品牌进入即时零售平台，通过优化品类结构，便利店从谋求商品“小而美”向“智而全”“强而优”转型，门店品类涵盖鲜食品类、自有品牌商品、引流品类、定制品类，并强化不同的商品组合，围绕场景的叠加，如将泡面和火腿肠、牛奶和面包等多件商品捆绑售卖，降低消费者的选品时间成本，提升门店销量。

（4）便利店打通线上线下一体化全场景、全渠道，更好发挥24小时营业优势，满足消费者全天候、多场景的需求。便利店线上通过自建APP、品牌官网、小程序、公众号、视频号、直播号等方式构建自己的私域经营平台，线下通过品牌总部、区域管理中心和众多门店构建实体零售渠道。便利店利用成熟的线上私域运营基础设施，以及线下的企业私域流量分析，实现会员精准营销、社群分层营销，融合媒体平台、内容生态搭建新消费场景。

（5）便利店行业即时零售业态的竞争维度由“时效”走向“时长”，营业时间的延伸有效补偿了购物需求的时长。24小时外卖便利店围绕商品、配送及营销，打造夜间供给差异化，使消费者全时段的购物需求得以满足，夜间消费力得到显著释放。同时，随着即时零售业态的飞速发展，“线上下单、线下30分钟送达”已从应急逐渐走向常态。除了30分钟的配送时效外，如今24小时营业时长也成了新的竞争力。

（6）便利店提供贴心便民、暖心惠民、走心利民的服务，能够满足消费者多样化和个性化的需求，彰显竞争优势。便利店为满足顾客约会、会友、游戏等的不同需求，提供了免费上网、手机充电、物品存放、快递邮寄等多种贴心便民服务；随着社会人口老龄化的来临，便利店为老年客户提供绿色服务通道，完善爱心座椅、纸杯、老花镜等服务，营造出关心、关爱老年客户的浓厚氛围；便利店不断探索新商业模式，积极拓展汽服、广告、餐饮、咖啡、保险、中国体育彩票等新业务，不仅为消费者提供了便利，还拉动了便利店的业绩增长。

小资料2-2

中国连锁经营协会（CCFA）每年都会发布一份中国便利店榜单，从2023年4月公示的2022年中国便利店Top100榜单数据来看，较为值得关注的两个变化：一是全家的门店数量一年减少了236家，已经连续2年减少，成为唯一一个门店数量下滑的日资便利品牌；二是门店数量增加最快的是美宜佳和罗森，分别比2021年的统计数据增加了3 840家和1 175家。其中，美宜佳的门店总数突破3万个，成为中国便利店市场门店数量最多的品牌。

2022年中国便利店百强企业榜单前20强，见表2-5。

表2-5　　2022年中国便利店百强企业榜单前20强

序号	公司名称	便利店品牌	2022年门店数（个）	备注
1	美宜佳控股有限公司	美宜佳	30 008	★
2	中石化易捷销售有限公司	易捷	28 006	★
3	中石油昆仑好客有限公司	昆仑好客	20 600	★
4	广东天福连锁商业集团有限公司	天福	6 970	★
5	罗森（中国）投资有限公司	罗森	5 641	★
6	兴盛社区网络服务股份有限公司	芙蓉兴盛	5 398	★
7	成都红旗连锁股份有限公司	红旗连锁	3 561	★
8	柒一拾壹（中国）投资有限公司	7-ELEVEN	3 319	★
9	十足集团有限公司	十足、之上	3 316	★
10	中国大陆全家	全家 FamilyMart	2 666	★
11	深圳市易站连锁股份有限公司	易站	2 500	★
12	厦门见福连锁管理有限公司	见福	2 413	★
13	山西省太原唐久超市有限公司	唐久	2 200	★
14	山西金虎商业集团股份有限公司	金虎、早早	2 025	★
15	北京便利蜂连锁商业有限公司	便利蜂	2 005	★
16	西安每一天便利超市连锁有限公司	每一天	1 935	★
17	河北叁陆伍网络科技集团有限公司	365	1 873	★
18	壳牌（中国）有限公司	壳牌优选	1 715	★
19	广东合家欢便利店有限公司	粤合家欢	1 660	★
20	吉林省新天地超市连锁经营有限公司	新天地	1 653	★

注：★表示为中国连锁经营协会会员企业。

资料来源　佚名．中国便利店Top100与便利店大会详情公示［EB/OL］．［2023-04-17］．https：//k.sina.com.cn/article_1722801042_66afdb9200101g3zu.html.

2.2.3　百货店

1）百货店的定义

百货店是以经营品牌服装服饰、化妆品、家居用品、箱包、鞋品、珠宝、钟表等为主，统一经营，满足顾客对品质商品多样化需求的零售业态。百货店是在一个大建筑物内，根据不同商品部门设置销售区，采取柜台销售和开架面售方式，注重服务功能，满足目标顾客追求生活时尚和品位需求的零售业态。百货店的经营范围广泛，商品种类多样，花色品种齐全，兼备专业商店和综合商店的优势，便于顾客广泛挑选，能够满足消费者多方面的购物需求，拥有一定的现代化的管理手段和服务设施，服务质量较高。商店内按商品的类别设置商品部或商品柜，实行专业化经营。

百货店的产生被誉为零售业的第一次革命。19世纪中叶，在工业革命的推动下，生产力飞速发展，工业用品日益丰富，各类小杂货店已不能满足消费者的需求，百货店应运而生。之后，百货店迅速席卷英国、美国、德国、日本等国家，成为风靡全球的零售业态。21世纪以来，受到购物中心、超级市场等业态的冲击，百货店的发展在世界各地均有不同程度的衰落，但连锁经营模式的导入，又为百货店的发展注入了“强心剂”。

我国百货业的发展经历了三个阶段：1996—2005年是我国百货业高速发展的10年，数量和销售量增长快是这一时期百货店发展的主要特点；2006—2015年是百货业徘徊发展的10年，百货店的业绩和经营理念进入到徘徊发展时期，这一时期百货业为重振雄风，开始进入“追求新零售”时期；2016年后百货业发展逐渐步入理性发展时期，开始反思新零售。

2）百货店的业态特征

（1）百货店常位于繁华的城市商业中心、历史形成的商业聚集地；门店规模大，营业面积一般在10 000 ~ 50 000平方米。

（2）商品注重时尚性和品牌性，以服饰、鞋类、箱包、化妆品、家庭用品、家用电器为主，品种繁多，种类齐全，综合性强。

（3）目标人群以追求时尚和品质的顾客为主。由于百货店投资大、成本高，因而商品毛利高，商品定价高于其他业态商店，这也使得目标人群需要具备一定的经济收入。百货店推崇时尚商品，引导消费潮流，而年轻人恰恰是追求时尚的主力军，自然成为百货店的主要消费群体。百货店商圈辐射范围很大，城市流动人口也是其主要的目标顾客。

（4）购物环境舒适，注重服务，逐步增设餐饮、娱乐、休闲等服务项目和设施。百货店通常处于城市商业中心，坐落在城市繁华地段，建筑富丽堂皇，重氛围、讲情调，致力于为顾客提供宽敞、明亮、温馨、舒适的购物环境。同时，销售采取定价制度，商品明码标价，服务专业化，陈列特色化，通过提供售前、售中和售后全过程服务，使顾客享受全面细致的购物体验。

超市与百货店业态特征比较见表2-6。

表2-6 **超市与百货店业态特征比较**

业态	选址及卖场环境	主营商品	相同点
超市	卖场选址靠近居民区和交通要道，卖场环境舒适	商品以基本生活用品为主，物美价廉	卖场面积大，商品品类丰富
百货店	卖场选址在商业中心区，卖场环境重气氛、讲情调	商品以服装、鞋帽、化妆品、家庭用品为主，注重时尚型、品牌性，商品定价通常高毛利	

3）百货业的发展

（1）线上线下融合已见成效，线上增强，强化小程序及直播。经过几年的探索，百货业线上线下融合得更加理性，2022年86.5%的受访企业开展了线上业务，在开展线上业务的企业中，64%的企业线上业务销售占比增加。微信公众平台聚集了数量众多的用户，是零售企业流量的核心来源之一，企业利用小程序相对低成本创建符合自身需求的线上业务平台，建立商场与顾客、商品与顾客的连接。

（2）自采自营模式能力提升，买手自营取得进展。如果百货业自采自营比例太低，企业会丧失对商品的经营能力、对品牌的控制能力，以及对市场和商品的理解能力，这是百货联营的弊端。很多百货企业已经重视自营，尽管百货业的买手制进展缓慢，但高端商品的买手制有所突破，主要表现为在高端品牌、设计师品牌的自营买手制探索上取得了积极进展。例如，2022年年初王府井集团旗下北京东安市场改造升级后亮相，更名为安东睿锦，集合了众多国际一线奢侈品牌，独立设计师品牌和高街潮牌，是王府井集团旗下首家买手制百货，也是其探索百货业态转型创新的重要举措。

（3）降本增效，企业成本结构优化，核心会员贡献提升价值强化。百货店的数字化转型从围绕引流和增加销售等前端业务进行，逐渐向内部要效率，通过强化内部的数字化管理协同，打通堵点实现降本增效。会员营销对百货店来讲非常重要，会员营销价值进一步凸显。根据贝恩最新的奢侈品市场研究，在全球范围内头部2%的核心顾客，贡献了大约40%的奢侈品销售额，中国的这一比例较高且还在进一步提升。

（4）企业分化，高端百货保持增长。近几年，大部分百货店营收净利双双下降，但高端百货店仍在继续扩张。中国高端零售消费市场增速迅猛，吸引了众多国际高端品牌加码中国市场。例如，作为全球知名零售和时尚百货公司——老佛爷百货就加大了中国市场的门店数量。

（5）文化和体验成聚客利器。百货店越来越重视文化建设，突出体验性营销元素的构建。例如，王府井百货的京味文化梦工厂，实际上是一种文化方式；上海第一百货商业中心2018年完成更新改造，此次改造着重突出上海元素，突出弄堂、夜上海等这样的上海主题。另外，单店业绩最好的百货店SKP、新世界百货等，都是通过一些文化艺术品的陈列，成为消费者的打卡地，即使不去购物，也愿意去逛一逛，拍个照。

中国百货商店十大知名品牌见表2-7。

表2-7　**中国百货商店十大知名品牌**

企业名称	企业简介
王府井集团	王府井集团是专注于百货业态发展的大型零售集团，经过60多年的深耕，销售网络覆盖北京、成都、长沙、太原、西宁、贵阳、洛阳、包头等地区
银泰百货	银泰商业（集团）有限公司于1998年成立，是一家以百货零售、购物中心、“互联网+”为核心的大型商业连锁集团，并致力于成为大数据驱动的消费解决方案提供商

续表

企业名称	企业简介
天虹商场	天虹商场于1984年成立，是国有控股的上市公司，以百货店、大型购物中心、超市实体零售为主要业务，旗下拥有天虹、君尚、微喔零售品牌
北京SKP	北京SKP诞生于2007年，是北京华联集团旗下的购物中心，定位于高端的奢侈品百货商店，是北京知名时尚生活方式与购物目的地，该地聚集了多个国际奢侈品知名品牌的门店
茂业百货	茂业百货成立于1995年，是知名百货零售品牌，定位于中高档百货及购物中心，为现代城市居民提供时尚及多元化的商品及服务组合，集零售、房地产开发、酒店、物业管理等业务于一体的全国性品牌公司
银座百货	银座百货始于1996年，隶属于山东省商业集团旗下，涵盖了现代百货、大型超市、购物中心、奥特莱斯等业态的大型零售连锁集团，是专业的现代生活方式服务商店，致力于带来绿色、健康、安全的消费体验
重庆百货	重庆百货建于1950年，是西南地区百货零售业巨头，大型综合性百货连锁零售商，涵盖百货、超市、电器、汽车贸易等多业态发展的经营格局，旗下拥有重庆百货、新世纪百货、商社电器和商社汽贸品牌，规模与效益位居A股百货类上市公司前列
百利安 BAILIAN	百利安成立于2003年，以商业零售为核心，拥有百联/联华超市/华联超市/世纪联华等品牌，涵盖百货、购物中心、奥特莱斯、卖场、超市等零售业态的大型商贸流通集团
新世界百货	新世界百货成立于1993年，是新世界发展有限公司旗下的零售旗舰品牌，专注于为客户提供一站式购物百货及主题性百货的现代化集团
大商集团	大商集团组建于1995年，集百货/超市/电器连锁于一体的国内较大的百货商业集团，构筑现代零售业多商号、多业态的发展组合，形成了多业态混合制发展模式

2.2.4　购物中心

1）购物中心的定义

我国在2021年实施的《零售业态分类》国家标准中，对购物中心的定义是：由不同类型的零售、餐饮、休闲娱乐及提供其他服务的商铺按照统一规划，在一个相对固定的建筑空间或区域内，统一运营的商业集合体。购物中心的两个核心：一是购物中心是多功能的商业集合体；二是购物中心具有统一管理运营的主体。

我国购物中心发展历史较短，综合购物中心开发主体、开发理念的发展变化，以及购物中心自身位置、规模、功能组合、专业化程度等特征，将我国的购物中心发展历史划分为四个阶段：

第一阶段，购物中心的雏形阶段，即自发探索期。20世纪80年代末期，迫于日益激烈的竞争环境，中国不少百货店为谋求与众不同的竞争优势，开始升级传统百货店，进行购物中心的最初探索。这一阶段购物中心主要是增加餐饮和娱乐方面的服务，丰富传统百货的功能，并没有改变百货公司自身的经营模式。从本质上来看，这类购物中心绝大部分依然应该划归于百货公司业态，最多也是升级版的百货公司，它们同购物中心获得租金收益并实现物业资产价值的目标有着本质的区别。

第二阶段，购物中心的起源阶段，即主动尝试阶段。20世纪90年代初期，随着中国改革开放和城市建设进程的不断加快以及居民生活需求的逐步提升，一批具有战略眼光的投资人开始关注到中国零售房地产市场的前景和机会，开始了中国购物中心的主动尝试。广州天河城广场、上海港汇广场、上海恒隆广场、中国国际贸易中心国贸商城率先导入购物中心的开发运营理念，标志着购物中心作为新型房地产投资形式开始在中国出现，从而成为中国购物中心真正的起源。

第三阶段，购物中心的发展阶段，即全国狂热阶段。中国购物中心的发展阶段始于21世纪初期，经历了10年的快速发展阶段。众多的投资商/开发商看到了购物中心成功的案例和巨大的发展空间，投入到购物中心的开发中来，在全国范围内掀起了一场轰轰烈烈的造Mall运动。这一时期中国经济和城市建设迅速发展，使得购物中心的成长基础日趋完备和成熟。同时，中国零售业和房地产业交融性的发展，尤其是房地产业在全国的火爆发展，更是对购物中心的广泛开发起到了至关重要的拉动作用。

第四阶段，购物中心的繁荣阶段，即理性回归阶段。中国购物中心经历狂热发展阶段后，逐渐趋于理性，投资商、开发商、投资者和消费者也越来越理性。大浪淘沙，经历市场的磨砺，一批偏离市场规律的开发商或转变开发思路或退出购物中心开发市场，中国购物中心的发展又逐渐回到理性的发展轨道上来。据赢商大数据统计，截至2022年12月31日，全国存量购物中心5 685个，体量达5.03亿平方米。整体市场容量已经趋向饱和，运营、空间等结构性不平衡愈加凸显。

微课：购物中心的业态特征

2）购物中心的类型

按业态特点的不同，购物中心可分为都市型购物中心、区域型购物中心、社区型购物中心和奥特莱斯型购物中心。购物中心各业态类型的基本特点见表2-8。

表2-8 **购物中心各业态类型的基本特点**

业态	基本特点				
	选址	商圈与目标顾客	规模	商品（经营）结构	服务功能
都市型购物中心	位于城市的核心商圈或中心商务区，街区型或封闭型建筑结构	商圈可覆盖甚至超出所在城市，满足顾客购物、餐饮、商务、社交、休闲娱乐等多种需求	不包含停车场的建筑面积，通常在50 000平方米以上	购物、餐饮、休闲和服务功能齐备，时尚、休闲、商务、社交特色较为突出	提供停车位、导购咨询、个性化休息区、手机充电、免费无线上网、ATM取款等便利服务
区域型购物中心	位于城市新区或城乡接合部的商业中心或社区聚集区，紧邻交通主干道或城市交通节点，以封闭的独立建筑体为主	辐射半径约在5千米以上，满足不同收入水平顾客的一站式消费需求	不包含停车场的建筑面积，通常在50 000平方米以上	购物、餐饮、休闲和服务功能齐备，所提供的产品和服务种类丰富	提供停车位、导购咨询、个性化休息区、手机充电、免费无线上网、ATM取款等便利服务

续表

业态	基本特点				
	选址	商圈与目标顾客	规模	商品（经营）结构	服务功能
社区型购物中心	位于居民聚居区的中心或周边，交通便利。以封闭的独立建筑体为主	辐射半径约3千米，满足周边居民日常生活所需	不包含停车场的建筑面积，通常为10 000～50 000平方米	以家庭生活、休闲、娱乐为主，配备必要的餐饮和休闲娱乐设施，服务功能齐全	提供停车位、休息区、手机充电、免费无线上网、ATM取款等便利服务
奥特莱斯型购物中心	在交通便利或远离市中心的交通主干道旁，或开设在旅游景区附近。建筑形态为街区型或封闭型	辐射所在城市或周边城市顾客群，目标顾客为品牌拥护者	不包含停车场的建筑面积，通常在50 000平方米以上	以品牌生产商或经销商开设的零售店为主体，以销售打折商品为特色	提供停车位

都市型购物中心是以满足顾客中高端时尚购物需求为主要目的，配套餐饮、休闲娱乐、商务社交等多元化服务。位于城市的核心商圈或中心商务区，辐射半径可以覆盖甚至超出所在城市。

区域型购物中心是以满足不同顾客的一站式消费需求为主要目的，购物、餐饮、休闲和服务功能齐备，所提供的产品和服务种类丰富。此类购物中心位于城市新区或城乡接合部的商业中心或社区聚集区，紧邻交通主干道或城市交通节点，辐射半径约在5千米以上。

社区型购物中心是以满足周边居民日常生活所需为主，配备必要的餐饮和休闲娱乐设施，位于居民聚居区的中心或周边，交通便利。

奥特莱斯型购物中心是以品牌生产商或经销商开设的零售商店为主体，以销售打折商品为特色，位于交通便利或远离市中心的交通主干道旁，或开设在旅游景区附近。

3）购物中心的业态特征

（1）购物中心选址通常在城市中的商业中心或者城乡接合部的交通枢纽交汇点。经营规模大，一般都在几万平方米，小型购物中心经营规模均在2万平方米以上，超级购物中心经营规模则可达20万平方米以上。

（2）经营店铺业态多样化。作为提供综合性服务的商业集合体，购物中心内部结构以百货店或者超级市场作为核心店，附带各类专业店、专卖店、餐饮店、休闲娱乐场所等，购物、餐饮、休闲的经营比例通常为1∶1∶1。

（3）目标顾客以流动顾客为主。购物中心规模大、交通便利，并配备停车场，根据购物中心的位置及经营规模，商圈辐射范围大小不一，小型购物中心的商圈半径通常为3～10千米，超级购物中心的商圈半径可达50千米以上，甚至可以吸引邻近城市的流动人口。

到购物中心购物的顾客根据其目的性不同，可分为逛街休闲型、全能型、普通购物型三类。逛街休闲型顾客到购物中心的目的是休闲娱乐、放松心情，注重购物中心的休闲娱乐功能；全能型顾客到购物中心是集购物、娱乐、用餐于一体，他们注重购物中心提供的一站式综合服务；普通购物型顾客到购物中心的目的就是购物，看中购物中心零售店面的齐全性，对于购物中心的娱乐、餐饮等其他功能不太在意。

（4）实行统一管理，购物环境优美。购物中心由发起者有计划地开设，实行商业公司化管理，中心内设商店管理委员会，实行统一管理，共同开展广告宣传活动；购物中心设施豪华、店堂典雅、宽敞明亮，多实行卖场租赁制。

4）购物中心的发展

我国购物中心经历了快速发展的20年，从最初自发探索阶段到近几年的全国性开发高潮，既积累了很多宝贵经验，也走了不少弯路，付出了高昂的学费。

（1）购物中心区域间发展不均，“首店”成为购物中心重要营收点。

华东地区保持领先，西北、西南地区向好。具体来看，长江三角洲区域继续引领华东地区，华东地区购物中心保持领先地位。西北、西南地区购物中心综合发展力显著提升，东北、华中地区在同比调整。

2020—2022年有“首店”数据的城市分别为82个、154个、100个，对应首店数量为1 484家、4 422家、3 836家。在“首店”成绩单中，饮品、甜品和新能源汽车一直是购物中心招商热门品类。

（2）不同物业类型的购物中心，发展力不一。

奥特莱斯型购物中心继续领跑，其租赁活跃度和运营表现都有正向提升；社区型购物中心租赁活跃度下降，其主要原因是越来越多的社区型购物中心集中涌现，使得同业间竞争压力陡增；都市型和区域型的购物中心，分流了相当部分区域内消费者的日常消费需求，这主要得益于其物业体量规模较大，辐射区域效应增强，加之日益便利的交通更方便顾客到达。

（3）零售业态占比下降，体验业态占比上升。

过去几年中，购物中心体验业态占比呈逐年上升趋势，包括餐饮、休闲娱乐、亲子体验、生活服务、文创品牌等体验业态稳步增长。另外，随着新消费主义大潮的来临，越来越多的新兴业态进驻购物中心，带来多元化的体验消费新风向。营销法则从“感官感受的场景化”向“体验内容的交互化”进阶。通过对主题的具象挖掘，把商品作为“道具”、把服务作为“舞台”、把环境作为“布景”，引领美好生活方式的主题体验逐渐成为购物中心的营销主流。

（4）主题街区是“新刚需”，主题体验营销成主流。

目前，场景化已经成为购物中心调整、升级的制胜关键。赢商网大数据中心的监测数据显示，2015—2017年购物中心室内主题街区年均数量增长率高达203%。无论是新开业的购物中心，还是存量商业进行的新一轮升级改造，打造具有明确主题、鲜明场景的体验式主题街区成为“新刚需”。

（5）存量时代趋势不变，轻资产扩规模、消费基础设施扩容。

从目前购物中心的存量来看，整体市场容量已经趋向饱和，运营、空间等结构性不平衡愈加凸显，增量放缓是必然趋势。目前，重资产开发持有仍然是购物中心主要的发展模式。但随着行业竞争趋于激烈、外部融资逐渐收紧，坚持单纯“重资产模式”拓展的资金压力增大，轻资产已经是规模拓展的必选项之一。

(6) 购物中心客流回常态，头部企业逆势交“超预期”答卷。

因为新型冠状病毒感染的影响，购物中心客流出现波动，2023年客流逐步恢复。购物中心营销重点是如何在归于常态的客流曲线中找到小爆点、小惊喜，而不是一个“限时”流量场。而影响客流的内生因素可分为：品牌力夯实客流基础；产品力决定客流上限；而运营力保障客流的可持续增长。

在新一轮企业竞争中，购物中心的零售额“喜忧参半”，头部企业效益更好。央企国企在商业地产大宗交易市场上大显身手，重塑购物中心商业地产格局，以公共交通为导向的开发（Transit-oriented Development，TOD）理念重构购物中心新商业版图，并因更多的非高线城市、更多样的玩家出现，格局微变，而蓬勃之态不会减弱，只会趋强。

小资料 2-3

2022年中国购物中心Top10榜单，见表2-9。

表2-9　2022年中国购物中心Top10榜单（CCFA2023年5月18日公示）

主要购物中心名称	企业名称	在营购物中心总数（个）
万达广场	万达商业管理集团有限公司	473
万科广场、万科里	万科企业股份有限公司（不含印力）	207
印象城MEGA、印象城、印象汇、印象里	印力商用置业有限公司	160
吾悦广场	新城商业管理集团有限公司	145
碧乐城、碧乐汇、碧乐时光	碧桂园文商旅集团	130
宝龙一城、宝龙城、宝龙广场、宝龙天地	上海宝龙商业地产管理有限公司	90
万象城、万象汇、万象天地	华润万象生活有限公司	86
天街、星悦荟	龙湖集团控股有限公司	76
世纪金源购物中心、方圆荟	世纪金源商业管理有限责任公司	58
恒太城、恒太太平洋	恒太商业管理集团有限公司	50

2.2.5　专业店

1）专业店的定义

专业店，是指以经营某一类或相关品类商品或服务为主，配备具有丰富专业知识的销售人员，提供适当售后服务，满足消费者对某大类商品选择需求的零售业态。例如，办公用品专业店、家电专业店、药品专业店、服饰店、体育用品专业店和家居建材商店等。

专业店是百货店的分化形式，虽然百货店商品种类齐全，类别范围广泛，但是商品系列化和专业化程度不一定很高。随着制造业的不断发展、商品系列化程度的提高，从百货店中分化出来专门经营一类或相关联的几类商品的专门商店，逐步发展成为专业店，如经营一类商品的鞋店、布店、肉店、眼镜店等，经营若干种相关联商品的食品店、文具店、工艺品店等。知名专业店有海王星辰连锁药店、红星美凯龙家居专业店、新华书店等。

2）专业店的业态特征

（1）专业店选址多样化，通常选址在交通便利或远离市中心的交通主干道旁，或者市、区级商业中心以及百货店、购物中心内。门店规模根据商品特点而定。

（2）在商品结构上，以销售某类商品为主，体现专业性、深度性、品种丰富，选择余地大。

（3）目标顾客以有目的选购某类商品的流动顾客为主。专业店的消费人群对专营商品有较强的消费偏好，喜欢在专业化的店铺中进行比较选购。

（4）服务周到灵活，现场售卖人员可提供专业建议。在专业店购物的消费者，具有一定的专门知识，眼光挑剔，购买介入较高。因此，专业店通常配备具有丰富商品知识和熟练销售技能的营业员和导购员，在推介商品的同时还能够帮助消费者进行消费设计，根据消费者的需求特点，提供个性化、多功能的服务或者专项服务。例如，珠宝专业店的营业员在售前需要提供珠宝的鉴定书，在售中需要介绍珠宝的成色、款式等方面的特点，在售后还要提供专业的清洗与维护方法。

2.2.6 品牌专卖店

1）品牌专卖店的定义

品牌专卖店是指专门经营或者授权经营某一品牌商品的零售业态，适应消费者对品牌选择需求的零售业态。

品牌专卖店是在专业店基础上发展起来的。随着消费者对商品商标的广泛关注、对品牌商品的热衷，以品牌来划分的专卖店也步入了蓬勃发展时期。目前，拥有著名品牌的制造商相继开发了同品牌的系列产品，从而使专卖店经营的商品种类也在不断增加，如格力专卖店、李宁专卖店等。

2）品牌专卖店的业态特征

（1）品牌专卖店选址市、区级商业中心、专业街以及百货店、购物中心；门店营业面积根据主营商品的特点而定。

（2）在商品结构上，专卖店以销售某一品牌系列商品为主，销售量少、质优、高毛利。同时，品牌专一、品质有保证也是品牌专卖店商品经营的基本特点。品牌专卖店经营的品牌具有排他性，强调品牌经营的个性化。

（3）目标顾客以中高档消费者和追求时尚的年轻人为主。例如，品牌体育用品专卖店就是满足消费水平较高的体育爱好者对品牌体育用品的需求。

（4）品牌更具信誉优势。品牌专卖店注重品牌声誉，从业人员专业知识丰富，提供专业服务。纵观国内外的专卖店不难发现，历史悠久、发展较好的品牌专卖店，均是依靠艰苦努力、长时间的积累、稳定扎实的企业信誉和企业知名度，才形成了独特的品牌优势，建立了稳定的顾客群。

（5）专卖店更具扩张力。无论是专业店还是专卖店，经营规模相对较小，面对日益激烈的市场竞争，要形成自己的竞争优势，必须开展连锁经营，而强调品牌经营的专卖店，在开展连锁经营的道路上则更为顺畅。这有两点原因：一是对消费者而言，具有一定品牌知名度的商品和提供个性化服务的专卖店更具吸引力；二是在推广连锁经营的过程中，专卖店更容易引起加盟商的关注，有利于通过特许加盟的方式进行规模扩张。

2.2.7　仓储会员店

1）仓储会员店的定义

仓储会员店以会员为目标顾客，实行储销一体、批零兼营，以提供基本服务、优惠价格和大包装商品为主要特征的零售业态。

仓储会员店于1968年起源于荷兰，最具代表性的是SHV集团的“万客隆”。1976年，索尔·普莱斯（Sol Price）在圣地亚哥创建了美国第一家仓储会员店——价格俱乐部（Price Club）。此后，仓储会员店便在北美各地相继出现，逐步发展成为一种新型的商业形式。20世纪90年代初期，仓储会员店进入我国消费者的生活。德勤（Deloitte）发布的2023年全球零售商排行榜单Top100中，仓储会员店有排名第3位的美国企业开市客（Costco）、排名第48位的德国企业麦德龙（Metro AG）和排名第72位的美国企业BJ’s Wholesale Club Holdings，Inc.。

2）仓储会员店的业态特征

（1）仓储会员店选址通常在城乡接合部的交通要道，设有停车场；卖场规模大，营业面积一般在5 000平方米以上；仓储会员店内部极少进行豪华装饰，一切以简洁自然为特色，投入少，大多利用闲置仓库、厂房运行。例如，麦德龙仓储会员店，营业面积为15 000 ~ 20 000平方米，并配备与营业面积几乎相当的停车场。

（2）商品结构主要以大众化用品为主，自有品牌占相当部分，商品种类通常在0.4万 ~ 1.2万种左右，实行低价、批量销售；商品多以大包装形式出售，有些可提供线上订货服务。

（3）采用会员制。辐射半径5千米以上，目标顾客以中小零售商、餐饮店、集团购买和流动顾客为主。仓储会员店一般采取向固定消费人群服务的会员制，这也是其区别于一般超市的最大特点。根据会员对象的特征，会员制可分为两类：一类是专为企事业单位服务的法人会员制，如麦德龙仓储会员店；另一类是法人会员和个人会员兼有的会员制，如沃尔玛的山姆会员店。根据是否收费，会员制也可分为两类：一类是不收取会费的，如麦德龙；另一类是收取一定会费的，如山姆会员店。

（4）实行储销一体的经营方式。卖场利用仓储式货架陈列商品，卖场本身兼有仓库功能，集营业场所与仓储场所于一体，不需另设仓库，削减储存成本，节省投资费用。例如，麦德龙仓储会员店从外观看就像一个现代化的大仓库，内部结构比较简单，通常采用高4.5米的工业用大型货架，货架下半部分用于商品的陈列展示，而上半部分则用于相应商品的存放，起到了仓库的作用，从而使销售和仓储合为一体。

2.2.8 网络零售

1）网络零售的定义

网络零售是指通过电子商务平台的联网设备等开展商品零售的业态，根据经营模式的不同，网络零售可分为网络自营零售和网络平台零售。网络零售是第五次零售革命的代表性业态，它的出现改变了购物地点和购物时间，让购物成为随时随地都可以完成的消费方式。

1995年，亚马逊公司已经开始做电子商务了；1999年，我国诞生的第一家电子商务B2C（Business to Customer，企业对消费者）平台是8848；1999年，成立的电商企业还有当当网和易趣网；2000年6月21日，中国电子商务协会（China Electronic Commerce Association，CECA）在北京成立；2003年，淘宝网上线，它用了3年时间，凭借支付工具和“担保交易模式”，以“免费”打败易趣网，占领了我国市场；2008年，淘宝网启动C2C（Consumer to Consumer，消费者对消费者）模式，成立淘宝商城；2012年，天猫商城顺势而生，随着每年的“双十一”其营业额不断攀升，逐步成为电商超级霸主。

与此同时，另一个电商枭雄也正在崛起。2004年，京东商城的前身京东多媒体上线，正式进军电子商务领域，主营3C大家电，并于2007年正式更名为京东商城，且拿到千万美元融资，成为另一个电商霸主。到了2014年，京东商城已占据大半个市场，市值也随之迅速增长。

电商市场这块“蛋糕”已被大佬们瓜分完毕，其余的电商只能从细分市场做起。2008年，唯品会成立，以品牌限时特卖为特点，仅用3年时间就做到上市；2010年，专做化妆品的聚美优品，用了4年时间成功上市；成立于2015年9月的拼多多，是一家专注于C2M（Customer to Manufactory，顾客对工厂，即“定制化生产”）拼团的第三方社交电商平台，用户通过发起和朋友、家人、邻居等的拼团，可以以更低的价格，拼团购买优质商品。拼多多凭借更高的人气凝聚力量和社交电商属性，用了不到3年时间完成上市。

2019年，我国网络零售走过了20年发展历程。2019年11月23日，世界银行、阿里巴巴集团、中国国际发展知识中心共同发布《电子商务发展：来自中国的经验》的报告指出，中国电商发展速度位居世界前列，交易额占全球电商交易额的40%以上，中国电商在经济增长、产业创新、就业扶贫、改善社区方面的领先经验，值得发展中国家借鉴。

2023年5月，中国连锁经营协会联合德勤共同发布2023年中国网络零售Top100榜单。本次网络零售Top100企业总销售额超2万亿元，同比增长13.19%；其中，来自前20强企业的网络销售额占比超过九成，Top100企业的网络销售额门槛扩大到5亿元。从企业类型来看，消费品企业为50家，占网络销售比重的18.6%；非电商零售企业为43家，占网络销售比重的15%。从地域来看，华东地区以47家的企业数量领先全国，网络销售额占比达33.6%；华北地区企业占网络销售额的比重最高，达到了

52.8%。值得一提的是，2023年新进入榜单的企业大部分为零售新业态、新模式类型的企业。

2023年中国网络零售Top20榜单，见表2-10。

表2-10 2023年中国网络零售Top20榜单

序号	企业名称	2022年网络销售额（万元人民币）
1	北京京东世纪贸易有限公司	86 506 200
2	阿里巴巴集团控股有限公司	26 095 500
3	广州唯品会信息科技有限公司	9 725 008
4	*苏宁易购集团股份有限公司	8 904 000
5	汇通达网络股份有限公司	7 943 624
6	*海尔智家股份有限公司	7 795 200
7	*北京小米科技有限责任公司	7 620 667
8	美的集团股份有限公司	6 801 236
9	*沃尔玛（中国）投资有限公司	4 427 877
10	居然之家新零售集团股份有限公司	4 300 000
11	康成投资（中国）有限公司	3 031 100
12	内蒙古伊利实业集团股份有限公司	2 632 100
13	叮咚买菜（开曼）有限公司	2 393 948
14	物美科技集团有限公司	1 887 790
15	安踏体育用品有限公司	1 840 229
16	永辉超市股份有限公司	1 593 600
17	孩子王儿童用品股份有限公司	1 025 801
18	*北京快手科技有限公司	975 302
19	维达国际控股有限公司	749 558
20	李宁有限公司	748 298

注：企业名称前标*的为通过二手信息估算数值，海外企业数据按照企业年报中国内地或大中华区销售数据估算。

资料来源 中国连锁经营协会.2023中国网络零售Top100榜单发布［EB/OL］.［2023-05-29］. http：//www.ccfa.org.cn/portal/cn/xiangxi.jsp？id=444595&ks.

2）网络零售的类型

网络零售业态按不同的分类标准有以下分类形式：按网络零售经营主体不同，可分为B2C网络零售（企业对消费者的电子商务模式）和C2C网络零售（消费者对消费者的电子商务模式)；按网络零售业务范围不同，可分为内贸网络零售和外贸网络零售；按网络主营商品类目不同，可分为综合百货类和垂直专卖类；按网络成交方式不同，可分为团购网、拍卖网和导购引擎网。网络零售的具体类型，见表2-11。

表2-11　网络零售的具体类型

分类标准	具体类型	典型代表
网络零售经营主体	B2C网络零售	京东商城、当当网、亚马逊（中国）、苏宁易购、凡客诚品、天猫店铺
	C2C网络零售	淘宝店铺、拼多多
网络零售业务范围	内贸网络零售	京东商城、当当网、亚马逊（中国）、苏宁易购、凡客诚品、天猫店铺
	外贸网络零售	速卖通、敦煌网
网络主营商品类目	综合百货类	京东商城、当当网、亚马逊（中国）、1号店、苏宁易购
	垂直专卖类	麦包包、玛萨玛索、乐淘、钻石小鸟
网络成交方式	团购网	美团（美团点评）、拼多多、聚划算
	拍卖网	雅昌艺术品拍卖网
	导购引擎网	蘑菇街、爱搭配

3）网络零售的业态特征

（1）营业不受时空的限制。网络零售的建立和运营都是以互联网为基础，采用在线交易，营业空间随网络的延伸而延伸，不受地理位置的限制。许多国际网络零售商如亚马逊、巴诺书店等，都是面向全球顾客进行销售的。同时，网络零售的交易时间是由顾客决定的，可以在全球范围内进行24小时无间断运营。

（2）商品（经营）结构根据目标顾客设定，通过网络全方位展示产品和服务。虽然传统的零售商店可以把实物展示给顾客，但是简单的介绍无法让顾客了解产品的内在结构和品质，而且顾客还容易被产品的外观、包装及促销员的推销手段所迷惑。然而，网上商店却可借助网络的媒介优势，全方位地展示产品的外观、性能、品质和内部结构，使得顾客在购买前能对产品和服务进行充分的了解和认识，有助于顾客理性地进行购买决策，提高顾客的消费效用。

（3）商品运营通过网络完成，送货到指定地点或指定自提点。与传统零售企业相比，网络零售企业可以节省开设店铺所需的前期投资，如店面装潢和其他配套设施的费用。此外，网络零售企业通过利用网络销售渠道，可以避开传统零售渠道过多的中间环节，降低流通费用和交易费用。同时，网上零售企业所需投资的计算机、数据库和网络通信设备的费用日益降低，有利于网络零售企业向顾客提供更有竞争力的价格。

（4）目标顾客以追求便捷、省时、省力的消费者为主。互联网即时互动的沟通方式，以及较少的对自我表达的外界干扰，使得顾客更容易表达自己对产品或服务的评价，因此即时互动的沟通方式可以使网上零售企业更深入地了解用户的内在需求，可以使网上零售企业与顾客的关系更加密切。

大数据的分析技术可方便零售企业获取消费者的信息，包括哪些消费者对企业产品或服务感兴趣并作出购买行为；哪些消费者浏览了产品信息但尚未作出购买行为等，为零售企业网上营销的精准性提供参考。

2.2.9　其他零售业态

我国新版国家标准《零售业态分类》（GB/T 18106—2021），除编辑性修改外，还有以下主要技术变化：

（1）取消了“食杂店”业态。

（2）取消了有店铺零售分类中“大超市”“家居建材商店”“厂家直销中心”三个独立业态，将“大超市”并入超市业态；将“家居建材商店”并入专业店业态。将“厂家直销中心”并入购物中心业态，更名为“奥特莱斯型购物中心”。

（3）细化了便利店、超市、购物中心业态分类。

（4）在有店铺零售分类中增加了集合店业态和无人值守商店业态。

（5）在无店铺零售分类中，增加了流动货摊零售业态。

（6）将原“网上商店”修改为“网络零售”；将原“电视购物”修改为“电视/广播零售”；将原“自动售货亭”修改为“无人售货设备零售”。

其他有店铺零售业态的基本特点，见表2-12；其他无店铺零售业态的基本特点，见表2-13。

表2-12　　其他有店铺零售业态的基本特点

有店铺零售业态	基本特点				
	选址	商圈与目标顾客	规模	商品（经营）结构	服务功能
折扣店	居民区、交通要道等租金相对便宜的地区	辐射半径2千米左右，目标顾客主要为商圈内的居民	营业面积一般为300～500平方米	商品平均价格低于市场平均水平，自有品牌占有较大的比例	用工精简，提供有限服务，有些可提供线上订货服务
集合店	市、区级商业中心、专业街以及百货店、购物中心	目标顾客为品牌特定消费者	营业面积通常为300～1 500平方米	汇集多个品牌及多个品类的商品，产品间有较强的关联性	注重品牌声誉，从业人员专业知识丰富，可提供专业服务
无人值守商店	位于大卖场周边、社区、办公楼周边、购物中心内等可以补充其他业态销售的区域	主要顾客群体为周边客群，他们追求快捷、方便的服务	营业面积一般为10～25平方米	以饮料、休闲食品、应急性商品为主，根据区域不同，商品结构有所不同	可24小时营业

表2-13　　　　　　　　　其他无店铺零售业态的基本特点

无店铺零售业态	基本特点			
	目标顾客	商品（经营）结构	商品售卖方式	服务功能
电视/广播零售	以电视观众、收音机听众为主	商品具有某种特点，与市场上同类商品相比，有一定的差异性	以电视、广播的方式向消费者推介商品，通过电话订购	送货到指定地点
邮寄零售	商品目录或报纸、杂志的阅读者	商品适宜储存和运输	以商品目录、报纸、杂志的方式向消费者进行商品宣传，消费者事先打款，通过邮购或快递方式签收货物	邮寄或快递到指定地点
无人售货设备零售	以交通节点、商业区等流动顾客和固定区（如办公区、生活区）顾客为主	以饮料、预包装食品和简单生活用品为主，商品单品数通常在30种以内	通过自动售货机、无人货架、智能货柜等设备，消费者自助购买	自助服务
直销	根据不同的产品特点，目标顾客不同	商品以某一类或多品类为主	销售人员直接与消费者接触，销售产品	送货到指定地点或自提
电话零售	根据不同的产品特点，目标顾客不同	商品单一，以某类品种为主	通过电话完成销售	送货到指定地点
流动货摊零售	随机顾客	商品单价较低，满足即时性、冲动性购物需求	面对面销售	立刻获得商品

2.3　连锁服务业态特征

2.3.1　住宿业

微课：住宿业业态特征

1）住宿业的定义

住宿业（lodging industry），是指向消费者提供住宿和相关服务的行业。

住宿业古来有之，发展至今已有千年历史。住宿企业的称谓较多，如饭店、酒店、旅馆、宾馆等。根据现代大众消费者的称谓习惯，我们将住宿企业称为酒店。

住宿业业态，是指住宿企业（酒店）为满足不同的消费需求进行相应的要素结合而形成的不同营业形态。

2）住宿业的业态细分

住宿业的业态常以企业的目标客源市场的需求特点为基础，再根据经营档次、服务功能进行分类。

（1）根据目标客源的需求不同，住宿企业可分为政（公）务酒店、商务酒店、度假酒店、会议酒店、旅游酒店、主题酒店、精品酒店、交通酒店、长住酒店和家庭酒店十类。

① 政（公）务酒店：是以从事外交或政府公务活动的宾客为主要服务对象的酒店，一般位于城市的行政中心区域或城市主要景观区域。政（公）务酒店建筑风格庄严气派，接待服务严谨规范，用于公务接待、会见、洽谈、会议、宴请的设施较为齐备。

② 商务酒店：是以从事国内外商务活动的宾客为主要服务对象的酒店，一般位于城市金融、商业中心区或经济开发区。商务酒店建筑装饰富丽堂皇，服务细腻体贴，商务活动所需的设备、设施与服务尤为齐全，如国际直拨电话、传真、会议室、商务中心、翻译服务、远程会议系统等。

③ 度假酒店：是以进行度假、休闲及娱乐活动的宾客为主要服务对象的酒店，一般位于海滨、山区、森林等具有独特自然景观的地区。酒店的娱乐、休闲和服务设施较为齐全，如骑马、垂钓、网球、安全等设施。

④ 会议酒店：是以组织和参加各种国际或国内会议、展览的国内外宾客为主要服务对象的酒店，一般位于城市的中心或交通便利的旅游胜地。会议酒店拥有不同种类与规格的宴会厅、会议室、展览厅等，并配有先进完善的会议设备，如投影仪、影音设备、通信设备等。

⑤ 旅游酒店：是以接待国内外旅游团体和自助游客为主要服务对象的酒店，一般位于旅游城市或旅游景区。旅游酒店服务设施和项目较为齐全，以满足游客休息、娱乐、购物的综合需要。

⑥ 主题酒店：是以对酒店建筑装饰和差异化服务有独特偏好的宾客为主要服务对象的酒店。酒店选址较为多样化，主要位于城市中心和主要景观周边。酒店建筑物本身特色鲜明，一个主题或多个主题贯穿于服务的各个环节，并提供相对独特的个性化服务，如婚庆主题酒店等。

⑦ 精品酒店：是以接待需求独特、个性化服务的宾客为主要服务对象的酒店。酒店选址多样，但一般位置有特色。精品酒店的布局和服务更具个性化、差异化、时尚化，充分体现了酒店文化的多样性。

⑧ 交通酒店：是以在各种交通枢纽进行中转而进行短期住宿的宾客为主要服务对象的酒店，一般位于机场、火车站、汽车站、渡口等交通枢纽附近，提供较为简单和便捷的服务。

⑨ 长住酒店：是以停留时间比较长（通常为一周以上）的宾客为主要服务对象的酒店，一般位于城市中心区域或交通便利区域。客房内部设施的家居功能较为明显，部分还设有厨房，提供简单的酒店服务。

⑩ 家庭酒店：是以体验民居文化为目的的宾客为主要服务对象的酒店，一般以

家庭自有建筑为住宿设施。客房数量相对较少，部分服务项目为宾客自助式。

（2）根据经营档次的不同，住宿企业可分为超豪华型酒店、豪华型酒店、中档型酒店、经济型酒店、超经济型酒店五类。

① 超豪华型酒店：是面向高端住宿客人的需求，以极高的价格提供最高服务水准的住宿设施与服务的酒店。建筑设计独具一格，设施、设备奢华，产品和服务质量卓越，环境氛围和文化品位一流。住宿价格一般在区域市场酒店业价格区间中处于最高的5%以内。

② 豪华型酒店：是面向高档住宿客人的需求，以较高的价格提供优质接待水准的住宿设施与服务的酒店。设施、设备豪华精美，服务质量一流，舒适程度和文化品位达到市场前列。住宿价格一般在区域市场酒店业价格区间中处于最高的5%～30%之间。

③ 中档型酒店：是面向中档住宿客人的需求，以合理的价格提供具有较高接待水准的住宿设施与服务的酒店。中档型酒店更加关注客人的满意度，服务质量优秀，设施、设备舒适，达到或略高于市场平均水平。住宿价格一般在区域市场酒店业价格区间中处于中间的40%～70%之间。

④ 经济型酒店：是面向大众客人，以相对较低的价格提供具有一定接待水准的住宿设施与服务的酒店。经济型酒店以客房为核心产品，服务标准，环境舒适，硬件上乘，性价比较高。住宿价格一般在区域市场酒店业价格区间中处于最低的20%～40%之间。

⑤ 超经济型酒店：是面向最关注价格的住宿客人，以低廉的价格提供基本设施和基本服务，满足住宿客人最简单的住宿需求的酒店。住宿价格一般在区域市场酒店业价格区间中处于最低的20%以内。

根据我国近年来住宿业发展现状，开展连锁经营模式的以经济型酒店最为突出。

知识拓展2-2　　经济型连锁酒店的基本特征

经济型酒店一般采取连锁经营的方式，通过连锁经营达到规模经济，提高品牌价值。这也是目前在酒店业发展中，经济型酒店区别于其他酒店的鲜明特征。除此以外，经济型连锁酒店在经营中还具有以下特征：

第一，产品的有限性。经济型连锁酒店紧扣酒店的核心价值——住宿，以客房产品为灵魂，去除了其他非必需的服务，从而大幅度削减成本。一般来说，经济型酒店只提供客房和早餐，但有些经济型酒店会提供简单的餐饮、健身和会议设施。

第二，产品和服务的优质性。与一般酒店不同的是，经济型连锁酒店非常强调客房设施的舒适性和服务的标准化，突出清洁卫生、舒适方便的特点。

第三，价格的经济性。相对于高档酒店动辄上千元的房价，经济型酒店的价格一般在人民币300元以下，更受到大众消费群体的欢迎。

第四，客层大众化。经济型酒店的目标群体是一般商务人士、工薪阶层、普通自费游客和学生群体等。而高档酒店往往以高端商务客人、高收入阶层、公费旅客为主要目标群体。

第五，经营品牌化。经济型连锁酒店比较注重品牌形象的塑造。对消费者来说，选择品牌连锁酒店入住的原因是品牌效应的影响。生活中随处可见的品牌连锁酒店，能够带给消费者更多的信任感和依赖感。消费者看重价格，更看重质量，品牌连锁酒店一般都会对这两点作出保证。

资料来源　根据网络资料整理所得。

2.3.2　餐饮业

1）餐饮业的定义

餐饮业（catering industry）是通过集即时加工制作、商业销售和服务性劳动于一体，向消费者专门提供各种酒水、食品，以及消费场所和设施的食品生产经营行业。

在欧美的《标准行业分类法》中，餐饮业是指以营利为目的的餐饮服务机构。

在我国的《国民经济行业分类注释》中，餐饮业是指在一定场所对食物进行现场烹饪、调制，并出售给顾客，主要供现场消费的服务活动。

2）餐饮业的特点

（1）一次性。餐饮服务一次使用，当场享受，当客人进入餐厅后服务才能进行，客人离店时，服务自然终止。

（2）无形性。与其他商品销售不同，餐饮业在服务效用上具有无形性，因此只能通过客人的购买、消费、享受服务之后的亲身感受来评价其好坏。

（3）差异性。一方面，餐饮服务是由餐饮部门工作人员手工完成的，受个体年龄、性别、性格和文化程度等因素的差异化影响，为客人提供的餐饮服务会产生差异；另一方面，同一服务人员在不同的场合、不同的时间，或面对不同的客人，其服务态度和服务方式也会有一定的差异。

（4）直接性。餐饮产品不同于一般的产品，它的生产、销售、消费几乎都是同步进行的。因为生产者与消费者之间是当面服务、当面消费，所以在出现质量问题时，无法返工。

3）餐饮业的业态细分

餐饮业的内在组合要素包括目标市场、产品结构、服务方式、硬件设施、价格策略等。餐饮业的实质是这些要素的组合，组合不同就会产生不同的效果，就会有不同的市场表现。根据我国餐饮业的特点，可分为旅游酒店餐饮、餐厅（包括中餐厅和西餐厅）、自助餐和快餐业、冷饮业、摊贩五类。

（1）旅游酒店餐饮。旅游酒店餐饮主要是指旅游酒店的餐饮服务功能。旅游酒店餐饮以高雅的格调、精美的餐具、世界的饮食观和完善的服务，吸引大量本地、外地的客源；酒店场地大、设备齐全、员工专业水准高，因此可同时兼具美食宴会、婚丧喜庆、展示会议等其他功能，引导餐饮潮流。

（2）餐厅。餐厅是指外食者正式用餐的场所。一般餐厅依据产品口味的不同，可分为中餐厅、西餐厅两种。

① 中餐厅是指提供中式菜肴的餐馆，如川菜馆、鲁菜馆、粤菜馆、湘菜馆等。

② 西餐厅是指装潢西化、供应欧美餐饮、以西式服务为主的餐厅。

（3）自助餐和快餐业。

① 自助餐是以低廉的价格快速供应营养丰富、菜式多样的饮食，供在外工作、上学的人食用。目前，自助餐除了广泛用于学校、机关等团体外，还为一般商业型餐厅普遍采用，自助餐已成为全世界流行的一种用餐方式。

② 快餐业是指由商业企业快速供应、即刻食用、价格合理、以满足人们日常生活需要的大众化饮食。快餐业的主要供应对象是学生、工厂和机关的员工以及医院的病人，菜色搭配种类多样化，价格合理，但是质量及卫生状况参差不齐。

（4）冷饮业。冷饮业的销售形式有价格低廉的传统冰店，也有近年来风行的自动售货机，还有从国外引进的环境舒适、价格较为昂贵的酸乳酪店、冰淇淋店。目前，市场上的冷饮业正从具有卫生隐患的传统冷饮店向连锁化经营的现代化冷饮店过渡，冷饮业将呈现崭新的经营面貌。

（5）摊贩。摊贩是我国饮食文化的一部分，我国摊贩的性质和欧美所谓的快餐车类似，往往出现在集市、公园、街口等，以提供简单快速的食物为主，因其价格低廉、购买便利受到消费者喜爱。

小资料 2-4　　2022年生活服务业连锁企业Top100发布

生活服务业是满足人民美好生活需要、保障国内大市场繁荣、支撑并服务国家经济社会发展的重要支柱性产业，对保障改善民生、促进维护社会稳定、引领和谐健康生活具有重大影响和重要作用。

2023年，中国连锁经营协会（CCFA）联合美团、阿里本地生活、抖音生活服务等机构首次推出并共同开展了“2022年生活服务业连锁企业Top100”统计调查工作，旨在了解生活服务业年度经营状况，挖掘行业连锁化发展潜力，助力中国生活服务业高质量发展。

统计显示，生活服务业连锁企业Top100企业的2022年销售规模为1 781.9亿元，门店总数为20.8万个。参与本年度行业统计调查的企业主要包括：酒店住宿、汽车养护维修、宠物服务、回收与维修、家政服务、洗染服务、房屋中介、房屋装修、美容美体、美发与养发、保健与养生、洗浴服务、休闲娱乐、休闲健身、培训教育、儿童娱乐和图文摄影等近20个生活服务业细分行业。

资料来源　中国连锁经营协会. 2022年生活服务业连锁企业Top100发布[EB/OL]. [2023-06-13]. http://www.ccfa.org.cn/portal/cn/xiangxi.jsp?id=444633&ks.

2.3.3 快递业

1）快递业的定义

微课：快递业业态

快递业是指承运方通过铁路、公路、航空等交通方式，运用专用工具、设备和应用软件系统，对国内、国际及港澳台地区快件的揽收、分拣、封发、转运、投送、信息录入、查询、市场开发，以及对疑难快件的处理，以较快的速度将特定的物品运达指定地点或目标客户手中的物流活动，是物流的重要组成部分。

从经济类别来看，快递是物流产业的一个分支行业，快递研究从属于物流学范畴；从业务运作来看，快递是一种新型的运输方式，是供应链的一个重要环节；从经营性质来看，快递属于高附加值的新兴服务贸易。

2）快递业的特点

快递业的特点就在于它的“快”字，能够在极短的时间内将物品运送到目标地点，但是其运量相对较小，运费较高，由于要经过不同的站点，易使物品流失或损坏，安全系数相对较低。

快递业将信息传递、物品递送、资金流通和文化传播等多种功能融合在一起，关联生产、流通、消费、投资和金融等多个领域，经济附加值高，是现代社会不可替代的基础产业。

快递业技术特征显著，吸纳就业人数多。如果就最近十年哪一个行业对改变大众就业观的影响力进行排名，那么快递业无疑会荣登榜单。党的十八大以来，我国邮政行业吸纳就业人员400余万人。

3）我国快递业的发展

国内快递业市场中主要的民营快递企业包括顺丰系、通达系（如中通、圆通、申通、韵达）、极兔快递，以及电商企业的菜鸟速递、京东快递等，再加上中国邮政，形成了极具特色的发展格局。数字智能、绿色环保和末端配送等内容将是未来快递业发展的关键词。

（1）较大规模下保持高速增长。我国快递业发展迅速，快递业务量连续9年位居世界第一。国家邮政局2023年1月公布的数据显示，2022年全国快递业务量累计完成1 105.8亿件，同比增长2.1%。快递业务收入为1.06万亿元，同比增长2.3%。行业最高日处理能力超7亿件，年人均快件量近80件。截至2022年年底，全行业拥有各类营业网点43万个，实现乡乡设所、村村通邮，快递网点乡镇全覆盖。全国95%的建制村实现快递服务覆盖。

（2）寄递网络由下乡向进村迈进。2021年以来，国家邮政局在乡镇网点覆盖率达98%的基础上，深入开展“快递进村”工程，有效提升农村地区快递服务水平，使小农户与大市场有效衔接，农产品供需实现两旺，同时有效带动消费下沉，加速城乡流通。2022年，邮政快递业更贴近民生七件实事之一就是聚焦农村地区，提升寄递物流服务水平。

（3）寄递服务由传统电商向全领域拓展。快递企业在服务传统电商寄递、服务国内消费的基础上，创新服务品种、提升服务品质、打造服务品牌，为直播电商多频小高峰提供有力支撑，为疫苗寄递提供综合解决方案，为社区团购提供更多服务选择，以满足多领域、多场景、多样化寄递物流的需求。

（4）生鲜服务方案优化升级。快递业充分发挥渠道优势、网络优势、产业优势，精准嵌入现代农业产业链，持续完善设施建设、培育典型项目、优化服务模式，确保农产品卖得出、供得上、运得优。

（5）跨境服务能力明显增强。国家邮政局大力推动“快递出海”工程，快递企业积极拓宽出海通道，加大“海外仓”建设力度，增强航空国际运能，依托当地加盟商快速构建海外网络。

（6）快递企业不断加大科技研发力度，促进科技要素加速向行业集聚。快递科技研发人员总数超万人，行业科技创新取得积极成果，无人技术初见成效，自动化、智能化技术优化升级，大数据、云计算技术助力降本增效。为深化行业供给侧结构性改革持续赋能，快递业科技和信息技术的发展成为推动行业高质量发展的重要力量。

2.3.4 其他服务业态

1）洗衣店

洗衣店是指专门为大众提供服装洗涤服务的商业形态，洗衣店把自己开发的产品系统、服务系统、技术系统、品牌系统（如商标、商号），以服务化的形式，转化成洗衣服务，延长衣物的使用寿命，让更多的人享受到干净的、整洁的衣服。

洗衣店基本服务项目包括干洗、水洗、专业去渍、熨烫、消毒、包装、精心织补、佩饰增补、皮革清洗护理等。

目前，我国国内比较知名的洗衣连锁品牌有“福奈特”“象王”等。

2）汽车美容店

一个汽车美容品牌的持有者以同样的方式、同样的标准，在多处同样命名（店铺的装修、形象甚至汽车用品的陈列也都差不多）的服务店里出售固有汽车用品，提供汽车养护改装等服务，这些被同时经营的汽车美容店称为汽车美容连锁店，这种经营模式则称为汽车美容连锁经营模式。

汽车美容店的服务项目包括洗车、打蜡、汽车护理用品的选择与使用、汽车油漆护理（如各类漆面缺陷的美容、汽车划痕修复等）、汽车整容及装饰等。

目前，我国国内比较知名的汽车美容连锁品牌有“龟博士”“小拇指”等。

3）家政服务中心

家政服务，是指以家庭为主要服务对象，以家庭保洁、衣物洗涤、烹饪、家庭护理、婴幼儿看护等家庭日常生活事务为主要服务内容，由家庭服务经营者提供的营利性服务活动，是将部分家庭事务社会化、职业化、市场化的活动。

家政服务中心的基本项目包括育婴早教、钟点服务、家教外教、水电维修、清洁清洗等。

思政园地

眉山的柑橘、青岛的海鲜、沭阳的花木……这些在十几年前仍是远方的味道和思念，如今已成为民众生活中的“日常”。在这种变化背后，离不开经济黑马——快递业迅猛发展的支撑。基于邮政业务分化而来的快递业务，其发展不过30多年的时间，中国正从快递大国向快递强国跃升，用10年的时间蹚出了一条从掉队到超越的进击之路。

中国快递业活力迸发，是中国经济增长和居民生活水平提升的生动写照。中国快递业的发展离不开300万快递小哥的辛苦劳动、拼搏奉献、务实创新。百万快递小哥在最平凡的工作岗位谱写了最美的篇章。

在优秀快递小哥队伍中有这样一位达人——新华网报道快递员手绘7张地图，高峰拥堵变畅通。他手绘的7张“避堵”地图火爆网络，网友惊呼“这些地图看上去比导航还牛！”这位达人快递小哥叫窦立国，做了10年快递员，自己对望京、三元桥等地道路非常了解，对于道路每天的通行状况以及周边可以绕行的线路都非常熟悉，于是就动手绘制了“避堵”地图，目的就是让大家每天走在这些路上的时候，能绕开拥堵地段节省时间。窦立国制图初衷是帮助新员工，一开始他只是希望能够帮助这个区域新来的快递员熟悉路线，避开拥堵，从而能够提高工作效率，并把地图作为快递新人的培训教材，让新员工可以尽快熟悉道路。

一个普通快递员和他手绘的几张看上去很粗糙的通行图，为什么就像传说中的藏宝图一样立即引起了人们的强烈关注呢？诚然，若论精细和全面，窦立国的图别说和卫星导航的地图比了，就是一张普通地图也能胜过它。但是，若是用于北京三元桥地区的“避堵”通行，这几张图的优势就显现出来了。从报道来看，窦立国的图示路线“大部分需穿行学校、小区或者无名街道、公园小路”，这恐怕是绝大多数导航和地图无法实现的。此外，窦立国的图虽然粗略，却不乏细心和细节。例如，在他的图中既有指示性的地标性建筑，也标明了最佳省时路线。在画出一条小狗的地方会标注上：“路窄行人多，注意宠物出没”的安全提示。可见，窦立国的手绘“地图”在引导“避堵”通行上的专用性和实用性，就是它最大的“亮点”。

然而，并不是所有人都有这份用心。据了解，窦立国已经干了10年快递员。10年间，不难想象他每天其实都在干着同一件事，那就是骑车去派件、收件。而在他派送的区域肯定也有其他快递员一直在走，说不定都有自己独特的“避堵”经验，可是，唯有窦立国将自己平时走过的“防堵”路线梳理总结了出来，虽然只是几张画在练习本上的草图，却是他10年风雨历程的点滴心得。而窦立国画这几张图的初衷并不是想要“走红”，而是为了更好地工作，他“希望能够帮助这个区域新来的快递员熟悉路线，避开拥堵，从而能够提高工作效率。”作为一名“资深”快递员，能够十年如一日从事一份看似简单枯燥的平凡工作，并致力于怎样进一步做好工作，还从中摸索出了提高工作效率的“法宝”，可谓专业、专注、专心，这不就是一种人们常说的“工匠精神”吗？

本章小结

业态是企业的不同经营形态，是企业在市场细分的基础上，确定目标顾客的经营方式，与传统的业种分类不同，主要分类的目的是明确“如何销售”，而不是“销售什么”。

零售业态是连锁模式发展的主战场。不同业态的主要区别在于“目标顾客定位不同”，相应的营销方式、商品结构和选址特征有着较大的差别。业态是企业适应市场变化的具体体现，其产生和发展是企业经营方式创新的成果。零售业态首先按是否有店铺，可分为有店铺零售业态和无店铺零售业态两类，具体又分为17种。初学者要掌握每种业态的业态特征和典型企业。

服务业经济活动最基本的特点是服务产品的生产、交换和消费紧密结合。服务业发展连锁经营，在扩展规模的同时更面临“标准化”发展的挑战。经济型酒店、快餐业、洗衣店、汽车美容店、快递业等连锁服务业成为规模与标准化发展的典范。

基础训练

一、填空题

1.业态是指企业为满足不同的消费需求而形成的不同的________。

2.经济型酒店一般采取________方式，通过该方式达到规模经济，提高品牌价值。这也是目前在酒店业发展中，经济型酒店区别于其他酒店的鲜明特征。

3.B2C网络零售是指________的电子商务模式。

4.快递业的特点就在于它的________字，能够在极短的时间内将物品运送到目标地点。

5.人均国内生产总值达到________美元，便利店行业将迎来快速成长期。

二、选择题

1.业态与业种的区别不包括（　　）。

A.目的不同　　B.核心不同　　C.经营重点不同　　D.目标顾客不同

2.超市与便利店的业态区别不包括（　　）。

A.经营面积　　B.目标顾客　　C.营销重点　　D.主营商品

3.餐饮业的特点不包括（　　）。

A.一次性　　B.无差异性　　C.无形性　　D.直接性

4.无店铺零售不包括（　　）。

A.网络零售　　B.流动货摊　　C.直销　　D.无人值守商店

5.品牌专卖店与专业店的区别在于（　　）。

A.选址区域不同　　B.商品结构不同　　C.目标顾客不同　　D.门店面积不同

三、简答题

1.简述购物中心与百货店的业态特征及区别。

2.简述仓储会员店与超市的业态区别。

3.简述网络零售的业态特征。

4.简述超市与百货店的业态异同点。

5.简述便利店近几年快速发展的原因。

四、案例分析题

美团闪购：即时零售生意新前景，助力零售企业确定性增长

即时零售是指通过即时物流等履约能力，拓展和连接实体商户、仓储等本地零售供给，满足消费者即时需求的新型零售业态。实体商超、便利店、品牌专卖店等多种零售业态依托网络和数字平台，就近为消费者实现1小时乃至30分钟内快速送达的零售模式。

“即时零售，始于应急，兴于便利，盛于生活方式。”基于“本地供给+30分钟即时送达”提供更丰富的商品服务，即时零售正深入用户生活，提高用户购物体验，进而带来高频消费，创造了巨大的生意空间。它分为两种模式：一种是平台模式，如以美团闪购为代表的即时零售平台，包括京东到家、饿了么；另一种是自营模式，如盒马鲜生、朴朴。而“美团闪购”专卖店业务包含美妆个护、日用百货、数码家电，母婴玩具、宠物、服饰等多品类，能够满足用户在礼赠、囤货、聚会、焕新、出行多场景下的便利性购物需求。

1.所需即刻得，专卖店即时零售新玩法

如何携手专卖店业态零售商做好即时零售生意，美团闪购通过“营销赋能、数据开放、高效履约、IT系统”四个维度助力零售商加速布局即时零售。

在营销方面，美团闪购还推出了专卖店即时零售新玩法——直播。直播间内通过超强互动性，在线答疑解惑，加强用户黏性，提升销售连带，同时对新品种草有一定引流作用。最重要的是，配合美团配送，观众在直播间下单后，只需30分钟左右就能拿到实物，实现“所见即所得，所需即刻到”。从小米之家在美团的首播效果来看，观看人次超10万，直播时段门店流量周环比增长80%以上，直播当天门店交易额周环比提升超40%。

2.即时零售的“四大增量”

尽管即时零售有一部分存量用户需求的转移，但也有非常多增量的来源。

增量1：年轻的消费群体。年轻群体会天然地用即时零售这种方式生活。很多年轻人非常天然地通过第一单外卖，慢慢延伸到用外卖买万物。

增量2：用户的“闪烁性”需求。它体现在用户的临时起意，如我夏天想吃冰棍，回到家衣服都换完了，想到还要下楼买就算了。这种闪烁性的需求，因为有了即时零售，才转化为购买力和订单。

增量3：及时心意的送达。即时零售非常多的订单来自对亲朋好友的关爱，像520情侣之间的赠礼，子女为异地父母下单米面粮油、洗衣液，还有一些来自朋友、同事之间的心意表达。

增量4：创新的商品组合和服务。即时零售跟电商最大的区别是什么？电商是一种需要，是相对细化性的功能，并不是当下就要用到这个商品。而即时零售的每一个订单，都代表着用户当下非常急切的需求。用户在使用场景时有很多痛点和需求，当你能够看到这些用户的痛点和需求之后，就不只是卖一个小的商品，而是可能有更多的增值服务和商品组合。因此，即时零售不仅是把商品从A送到B，而是为消费者提供了一种自在生活的解决方案。

3.如何满足用户的多样性消费场景

第一，多元的商家业态。美团有近7亿的用户，闪购服务的用户有2.3亿，多元的商家业态服务着不同类型的商品需求。有的用户可能是扮演家庭采购官的角色，有的用户则是猎奇尝鲜，还有一些精打细算的用户，对于这些用户的不同需求，每个商家都不可或缺。

第二，前置仓模式。前置仓模式是近几年发展迅速的即时零售新模式，它的特点很鲜明，因为这些店非常偏僻，人工成本相对低，所有的订单都来自即时零售的各个平台。为什么它们会有生存空间？因为消费群体在线上需要的很多商品，有一部分是传统门店满足不了的，所以才给了前置仓模式的生存机会。

第三，利用科技投入不断优化履约体验。毕竟为消费者买单这件事还是挺贵的，企业需要不断在科技上优化我们的成本，降低物流配送的成本压力，让更多的用户享受即时零售的服务。

资料来源 佚名．美团闪购：即时零售生意新前景，助力零售企业确定性增长［EB/OL］．［2023-05-31］．http：//www.ccfa.org.cn/portal/cn/xiangxi.jsp？id=444597&ks.

案例解析：中国零售渠道过去50年间经历了巨大的变化，从传统零售时代到1994年，现代零售行业逐渐崛起，去超市购物成为每个家庭的周末必选项；2003年，电商应运而生，人们不再局限于购买所在城市的商品，而可以快速购买到全国各种各样的商品；2013年，外卖时代到来，开启了全新购物模式，用户只需30分钟就可以拿到想要的商品；2016年，全渠道线上线下结合，用户的生活已经出现线上线下密不可分的大融合，消费者可以选择多种多样的购物方式。

中国零售一直在沿着两个方向进化：一是效率提升；二是体验升级。能够提供更高效率和更好体验的即时零售，就是零售行业进化的结果。即时零售是伴随着零售数字化和即时配送业务的快速崛起而诞生的。其最大特点是以实体门店为供应链、以即时履约配送体系为依托，为消费者提供更高便利性、更高时效性的到家业务，满足消费者应急需求或常态下即时性需求的零售新业态。

请思考：

（1）即时零售快速发展的原因？

（2）即时零售满足了消费者的哪些需求？

实践训练

在本市的每种业态中，分别找到一家典型企业，通过网络了解其在本地的布局和发展特点。

第3章

连锁经营模式

——独行快，众行远

教学指导

微课：连锁模式

学习目标：掌握三种连锁经营模式的特征；熟悉三种连锁经营模式的优缺点及适应性；了解三种连锁经营模式的区别。

技能要点：认识连锁企业的经营模式；能进行三种连锁经营模式的比较。

本章结构：

- 连锁经营模式
  - 直营连锁
    - 直营连锁的定义
    - 直营连锁的特点
    - 直营连锁的优劣势
    - 直营连锁的行业选择
  - 特许连锁
    - 特许连锁的定义
    - 特许连锁的特点
    - 特许连锁的优劣势
    - 特许连锁的行业选择
  - 自由连锁
    - 自由连锁的定义
    - 自由连锁的特点
    - 自由连锁的优劣势
    - 发展自由连锁的意义
  - 连锁经营模式的主要特征比较
    - 三种连锁经营模式的共同点
    - 三种连锁经营模式的所有权比较
    - 三种连锁经营模式的管理制度比较
    - 三种连锁经营模式的核算制度比较

在连锁经营发展过程中，根据联结纽带和联结运作方式的不同，产生了不同的经营类型，即连锁经营模式。目前全球绝大多数连锁业态的主流经营模式都包括直营连锁、特许连锁和自由连锁三种形式。这三种形式在不断成熟与完善的过程中逐渐显示出各自的风格与特色，成为连锁企业在不同发展阶段的差异选择，或者相互交叉存在于一个连锁企业中，推动连锁企业更快、更强地发展。

引例

企业发展中的连锁模式演变

随着连锁企业的发展，在其进入不同发展阶段时，连锁企业会选择不同的连锁模式发展壮大自身规模。

中国中小型企业在发展初期追求规模的同时，因受到自身条件等因素的影响，往往凭借其独特的产品或服务，牵引着整个连锁体系的运行以及整体市场的扩展。在发展初期，企业的规模还在成长中，规模的大小还没有受到体系不健全或管理不到位等因素的束缚。但随着企业的发展与市场环境的成熟，连锁企业的经营模式也在应时而变。

比如，内蒙古小肥羊餐饮连锁有限公司（以下简称小肥羊）就从初期的“加盟为主，直营为辅”的连锁模式转向了2006年的“直营为主，加盟为辅”的模式，并且为了严格控制加盟商的条件，从过去的以数量激增的总代理加盟方式转向了单店加盟方式，并通过信息化建设对加盟商进行严格的管控。进入快速发展阶段的小肥羊连锁体系，其直营与加盟连锁体系的比例已经发生了很大的变化。小肥羊的直营店面一度占整个体系的55%～60%，除了加盟店面之外，小肥羊还与加盟商以合股或参股的形式强化对加盟店的控制权与管理权。

近几年，在中国美容行业崛起的唯美度美容连锁集团，是另外一个典型的在不同的阶段采取不同连锁模式的案例。唯美度发展初期采用传统美容行业惯用的加盟模式和可控制的加盟商管控体系，短短几年时间，在全国发展了近2 000家连锁美容院。

之后，唯美度获得了风险投资资本的注入，便开始回购效益较好的加盟店，这就是被业界普遍美誉的“加盟直营化模式”，即将大量的加盟店以高于当初加盟商投入的成本收购或入股，变身为直营专控店或参股的加盟店，以获得集团上市的资本整合。

其他很具有典型性的案例，便是一直在中国以直营、托管为主的快餐连锁巨头麦当劳与肯德基，它们加快了特许加盟的脚步。因为它们已经意识到，在品牌日益成熟并具有相当高的知名度与忠诚度的中国市场，城市化进程加快，房价日益高涨，地产资源成为大家竞相争夺的外部稀有资源。随着对中国市场的深度了解和中国特许加盟环境的日渐成熟，两大巨头取消了单一以直营连锁为主的扩张模式，转而采用直营和特许加盟并进的方式，以加快在中国市场的扩张。

资料来源 根据网络资料整理所得。

3.1 直营连锁

3.1.1 直营连锁的定义

直营连锁又称正规连锁（Regular Chain，RC），是连锁企业总部通过独资、控股或吞并、兼并等途径开设门店，发展壮大自身实力和规模的一种形式。直营连锁是连锁业发展史上最早出现的连锁经营模式，世界上第一家连锁店——大美国茶叶公司就属于此种类型。

美国商务部对直营连锁的定义是：由总公司管辖下的许多门店组成。它往往具有行业垄断性质，利用资本雄厚的特点大量进货、大量销售，具有很强的竞争力。

国际连锁店协会对直营连锁的定义是：以单一资本直接经营11家以上门店的零售业或餐饮业的企业形态，也称所有权连锁。

日本通产省对直营连锁的定义更加具体些，其定义是：处于同一流通阶段，经营同类商品和服务，由同一经营资本并在同一总部集权性管理机构统一领导下，进行共同经营活动，由两个以上单位门店组成的零售企业集团。

总之，直营连锁是指处于同一流通阶段，经营同类商品和服务，并在同一个资本及同一总部集权性管理机构统一领导下，进行共同经营活动的连锁经营模式。也就是说，所有权属于同一公司或同一老板，由总部直接经营所有的门店，对各门店实施人、财、物及商流、物流、信息流等方面的统一管理。

连锁企业在成立初期多采用直营连锁形式，这主要是因为成立初期直营连锁可以更有效地统一调配企业的人力、财力和物力，集中实力发展壮大自身，同时新成立企业的声望和运作模式也不足以吸引更多企业的加盟。

3.1.2　直营连锁的特点

直营连锁以大资本运作，利用连锁组织集中管理、分散销售的模式，充分发挥了企业的规模效应。其主要特点体现在以下几个方面：

1）联结纽带——资本

直营连锁总部、各门店间以资本为主要联结纽带，这是直营连锁与特许连锁、自由连锁之间最大的区别。直营连锁企业资本属于同一个所有者，归一个企业、一个联合组织或一个人所有，由同一个投资主体投资开办各门店，各门店不具备独立的法人资格。

2）运作方式——经营管理的高度集中统一

直营连锁的核心是经营管理的高度集中统一。直营连锁企业的所有权、经营权、监督权完全集中在总部，总部根据统一的事业规划方针，负责连锁企业的人事、财务、投资、分配、采购、促销、物流、商流、信息等方面的高度集中统一管理与经营，门店的业务必须按总部的指令行事。因此，直营连锁企业必须顺利地推进合理的分工体制，即总部必须设置分工明确、专业精细的内部管理机构及各门店的层级管理制度、各类责任制度、与工效挂钩的分配制度和规范的门店管理制度，以利于连接总部与各职能部门及门店的统一运作。

3）总部门店关系——企业内部专业化分工关系

直营连锁企业是同一资本开设各门店，总部与门店属于同一投资人所有，二者之间是企业内部专业化分工关系。各门店店长是连锁企业的雇员而不是所有者、老板，所有门店的店长均由总部委派，店长无权决定门店的利润分配。因为整个连锁企业实行统一的核算制度，所以各个门店的工资、奖金由总部依据连锁企业制定的标准来决定。

3.1.3 直营连锁的优劣势

1）直营连锁的优势

直营连锁企业资本属于同一所有者，企业可以统一调配资金、设备、商品及人员，有利于充分利用企业资源，提高经营效率；各连锁门店不是独立主体，其关闭、调整和新店的开发基本上属于连锁企业内部的事务，受外界制约相对较少。因此，总部对门店的布局和新店开发具有较大的灵活性和方便性。另外，直营连锁的经营管理高度集中统一，各门店可以完全按照总部的指令进行门店的经营，总部的方针、经营策略可以得以贯彻实施。

2）直营连锁的劣势

采用直营连锁方式的主要劣势在于，同一资本开设门店，要求总部必须具有较强的经济实力。同时，由于权力高度集中于总部，可能导致门店人员的积极性、创造性和主动性等方面受到制约，因此直营连锁企业的总部要能够处理好集中管理和分散经营的关系，避免产生总部管理的官僚主义。

3.1.4 直营连锁的行业选择

直营连锁主要适用于零售业，特别是大型百货商店和超级市场。其主要原因是这类商业企业都需要巨额的投资和复杂的管理，如果采用特许连锁的方式来发展，管理难度则会较大。例如，一直稳居全球百强零售企业前几名的美国沃尔玛、法国家乐福、德国麦德龙等都采用直营连锁的方式。

【精选案例 3-1】 顺丰消费者满意度最高，直营之路稍占上风

2017年顺丰作为唯一一家入选“青年消费50强”的快递公司，排名第12位；2018年在消费者对快递公司总体满意度调查中，顺丰排名第一。作为国内知名的快递公司，顺丰已经成为国内快递业的标杆，也是国内快递行业中投递速度最快的公司之一。在对各项满意度，如寄出地时限、全程时限、揽件时限等的调查中，顺丰均位列第一。可以说，“国内快递一哥”的称号顺丰当之无愧。

顺丰的成功证明，服务最好、价格最贵的直营快递模式受到消费者的青睐和肯定，而以圆通为代表的价格平民化、业务量全国第一的加盟快递模式则略显逊色，直营与加盟之争或已优劣立显。

在直营模式下，顺丰以自有的庞大网络、IT系统、运力，尤其是国内快递公司少见的货运飞机保证了速递业务的速度与安全。而在借壳上市后，顺丰所募集的近百亿元资金将持续专注于干线网络、航空机队、信息平台、冷链项目的建设。顺丰在鄂州建立的航空枢纽作为覆盖全国航空货运网络的基点，未来将会为公司释放更多的利润空间。

与加盟式快递服务商相比，直营模式具有三大优势：一是形象统一、管理统一、服务统一；二是管理效率高，指令能快速下达至各分支机构；三是整体信息化水平较高，操作规范且投递速度快。当然，直营模式的最大劣势在于其资金需要量大，管理成本高。

资料来源 根据网络资料整理所得。

3.2　特许连锁

3.2.1　特许连锁的定义

特许连锁，又称合同连锁或特许加盟连锁（Franchise Chain，FC）或契约联合店，是一种以契约为基础的企业经营方式。各特许加盟分店必须在主导企业所要求的“统一店名、统一店貌、统一采购、统一配送、统一经营、统一价格、统一管理”下从事经营活动。但是，各特许加盟分店的“财务权”和“人事权”属于各特许加盟店所有，主导企业无权管理。各特许加盟店的盈亏也由各店自主承担，主导企业没有分享的权利和分担的义务。

特许连锁作为当今世界上发展最快的连锁形式，曾被美国未来学家奈斯比特誉为21世纪最主要的商业经营模式。美国商务部对特许连锁的定义是：主导企业把自己开发的商品、服务和营业系统（包括商标、商号等企业象征的使用，经营技术、营业场所和区域），以契约的形式授予加盟店在规定区域内经销或经营，加盟店则交纳一定的营业权使用费，并承担规定的义务。

美国特许连锁协会对特许连锁的定义是：特许经营是由一方（特许权拥有方）给予另一方（特许权接受方）的合同性特许。它包括：①在特许经营时期内，同意或要求特许权接受方在特许权拥有方的名义下，或在与其有关的名义下，或使用他的名义从事某一商业活动；②授予特许权拥有方在特许经营时期内连续行使管理控制的权力，在该时期内，特许权接受方在其商业活动中须服从于特许权拥有方；③要求特许权拥有方对特许权接受方的商业活动提供帮助（特许权接受方在商业活动组织方面的帮助有：人员培训、推销、管理等）；④在特许经营时期，要求特许权接受方按期向特许权拥有方交纳钱款，其数量按特许性质或按特许权拥有方提供的商品或服务量计算；⑤双方之间的关系不是持股公司与其子公司或同一持股公司下属的子公司的关系，也不是个人与受许人控制的公司之间的关系。

日本特许连锁协会对特许连锁的定义是：特许经营权是指特许者同其他事业者之间缔结合同，特许者特别授权特许加盟者使用自己的商标、服务标记、商号和其他作为营业象征的标志和经营技巧，在同样的形象下进行商品销售。此外，加盟者要按销售额或毛利的一定比例，向特许者支付报偿金，并对事业投入必要的资金，在特许者的指导及支持下开展事业，双方保持着持续性的关系。

我国2007年5月1日起施行的《商业特许经营管理条例》（中华人民共和国国务院令第485号）中规定：特许经营是指拥有注册商标、企业标志、专利、专有技术等经营资源的企业（特许人），以合同形式将其拥有的经营资源许可其他经营者（被特许人）使用，被特许人按照合同约定在统一的经营模式下开展经营，并向特许人支付特许经营费用的一种经营方式。

3.2.2　特许连锁的特点

特许连锁与直营连锁相比，更利于总部的规模扩张。其一，特许连锁不需总部过多投资，是典型的利用自己的专有技术与他人资本相结合来扩大经营规模的一种商业发展模式；其二，经济的发展使市场中出现了大量的、苦于没经验和技术的、不能独立开店的投资者，连锁企业总部成功的样板店足以吸引这些投资者的加盟。特许连锁的基本特征如下：

1）联结纽带——特许授权经济合同

特许连锁的核心是特许权的转让。总部与加盟店之间一对一地签署特许授权的经济合同，总部作为转让方，将自己具有的独一无二的产品、服务、营业技术，或商标、商号等物质技术或知识产权授予加盟者在一定地区的垄断使用权，并在开店过程中持续给予经营指导。这种特许授权经济合同通常不是由双方协商确定的，而是由连锁企业总部制定的。加盟者只有接受既定的合同内容，才能加盟连锁系统。加盟者必须按总部提供的各项标准进行生产经营；必须按总部提出的经营管理方法办事；必须按合同规定的数量和方式向总部交纳一定的特许费用等。这些特许费用包括：首次加盟费、特许商品销售额或所得利润的提成等。总部也在合同中承诺相应的授权责任与义务，如提供必要的技术指导，提供独有商品、原材料，允许使用商标，允许进行必要的员工技术培训等。

2）运作方式——实行所有权分散与经营权集中

各门店店长是加盟者，不受聘于总部，加盟店仍然具有独立的企业法人资格，对其各自的门店拥有所有权，而经营权高度集中于总部。加盟店拥有加盟企业的人事权、财务权，有些加盟店还有部分进货权。但是，加盟店必须按特许合同的规定严格执行生产经营任务，没有独立的生产经营权。

3）总部与加盟店的关系——一对一纵向关系

正因为特许经营是通过总部与加盟店签订一对一特许合同而形成的，所以总部与加盟店的关系是一对一的纵向关系，而各加盟店之间不存在横向联系。

3.2.3 特许连锁的优劣势

1）特许连锁的优势

（1）对于特许人（总部）。对于特许经营企业的总部来说，能以较少的资金和有限的人员，迅速发展事业、占领市场、扩大经营，实际上具有一种融资的功能。同时，特许权的转让也能为连锁企业积累大量的资本，使连锁企业的无形资产变为有形资产，从而增强连锁企业的实力和发展能力。因此，特许经营是利用自己的专有技术与他人资本相结合来扩张经营规模的一种经营模式，特许经营是技术和品牌价值的扩张而不是资本的扩张。

（2）对于受许人（加盟者）。对于加盟者，尤其是对于那些具有一定资本，希望从事商业活动但又苦于没有经营技术和经验的企业和个人来说，加盟是一个很好的发展机会。一旦加盟，既可以利用总部的技术、品牌和商誉开展经营，又享有总部全方位的服务，享受连锁系统的广泛信息，所以成功的机会大、经营风险较小、利润比较稳定。

（3）对于社会。对于社会而言，通过特许连锁方式来发展商业网点，不仅能提高商业的组织化程度，也有利于中小企业健康、稳定发展。

2）特许连锁的劣势

（1）对于特许人（总部）。受许人经营上的任何问题都会影响整个特许体系的稳定发展。如果受许人不顾特许体系的健康发展，只顾自己的利益，私自降低服务质量、抬高价格或损害消费者权益，消费者就会将责任归咎于特许人，进而对特许品牌产生不信任，特许企业将会受到一定影响。

同时，受许人能力千差万别，如果因为其对整个特许品牌文化理解的差异，或有限的服务能力而降低品牌声誉，对特许人来说得不偿失。

（2）对于受许人（加盟者）。

第一，受许人经营受到严格约束，缺乏自主权。受许人加入特许经营组织后，其付出的最大代价便是自由度受到限制。从商店的布置、商品的陈列、经营的商品品种、经营价格、经营方式，甚至店员的行为、语言、着装都必须跟总部规定的步调一致，分店只有服从总部安排的义务。缺乏自由，就可能使受许人失去应变能力。比如，受许人发现附近出现了新的竞争对手，对方某些商品的售价比自己低因而抢去了不少生意，此时，受许人没有权力灵活调整商品售价，只能向总部反映，如果总部不愿为了个别受许人而改动全线商品价格，则受许人也无计可施，只好眼睁睁地看着邻店抢走自己的生意。

第二，受许人过于依赖总部。由于受许人处处服从特许人领导，又会使自己变得过于依赖总部，从而失去个人动力，而个人动力对建立一个成功的企业和充分利用体系所提供的基础是十分必要的。有些受许人会因为依赖而失去洞察力，他们错误地以为总部有责任事事关心受许人，担保他们有大批顾客，提供日常的服务，这些想法都是不切实际的，有碍特许事业的发展。

第三，特许人出现决策错误时，受许人会受到牵连。投资者若加入了特许经营组织，就等于将自己的投资得失全部与特许体系挂上了钩，是成是败，在很大程度上受总部的影响。尽管加入特许经营组织可以降低经营风险，但并不意味着完全没有风险，特许经营失败的例子也有很多，这些失败的例子有一个共同的教训，即总部决策失误。由于受许人的一切事务均由总部安排，受许人失去了经营自由，一旦总部出现了问题，或者支援上出现阻滞，受许人便会受其牵连，无法应变。如果总部在制定有关企业革新的决策上出现失误，就会使整个加盟体系遭受损失甚至全盘失败，任何加盟店都无法独自逃脱。

（3）对于社会。

第一，特许企业过分标准化的产品和服务，既呆板和缺少新意，又不一定适合当地情况。很多加盟者加盟特许连锁体系的原因，除了风险较少之外，还有许多便利，包括采购、货运及补给方面完全不用操心，全部由总部安排，这确实是一个好处。但从另一个角度来看，这种高度统一的标准化产品和服务会导致一个弊端，即呆板和缺乏新意。一般来说，受许人只能按照特许人已制定的程序来做，想临时改变一些商品的售价或一些经营策略都很难，更不用说进行创新了。而且，受许人所有的商品、设备、原料、加工品都由总公司统一分配，几年如一日地提供同一种商品和服务，可能会对顾客越来越失去吸引力。

第二，特许经营企业受赚取加盟费的巨大商业利益驱使，盲目开展特许经营，其加盟项目没有核心竞争力。这使社会加盟项目异常繁多和混乱，增加了社会管理成本，也造成了很多中小投资人的投资失误，影响了社会特许加盟事业的正常发展。

3.2.4 特许连锁的行业选择

一般来说，特许连锁比较适合那些名气大、经营管理方面有独到经验的企业，通常以其独一无二的产品、服务、营业技术等特许权作为联结纽带，发展特许经营，壮大自身规模。

特许连锁作为一种商业组织形式和经营制度，几乎适用于所有的领域，从零售百货到衣、食、住、行各方面，大街上几乎都是连锁店，让人目不暇接。服装、鞋类品牌加盟店是特许连锁在发展初期的主要业种。例如，休闲服装品牌美特斯邦威、运动品牌李宁、女鞋品牌达芙妮等；餐饮业的特许连锁企业，涵盖了从中餐到西餐，从小吃到火锅，从快餐到正餐等各门类，比较著名的品牌有麦当劳、肯德基、必胜客这类美式快餐，还有全聚德、真功夫等中式餐饮，不胜枚举；药品保健品护理用品专卖店有屈臣氏；洗染业有福奈特；经济型快捷酒店有如家等。

此外，在其他行业，如理发、美容、搬家、照相、复印、电器维修乃至加油站、出租汽车公司、二手房中介等领域，都可以大力发展特许连锁。

小资料3-1　中国已经进入第三代特许经营，即数字化特许经营

在2018年5月的中国特许加盟展上，中国连锁经营协会会长裴亮指出，在特许加盟领域，中国已经进入第三代特许经营，即数字化特许经营，其特征包括特许总部直接触达C端、网络监控门店运营、数字产品大量出现等。从线上来看，京东新通路、淘宝大数据等业务为连锁特许经营的数字化提供了技术路径。

经过了第一代特许经营（产品品牌的特许）、第二代特许经营（经营模式的特许）之后，目前中国特许经营领域已经在全球率先出现了第三代特许经营，即数字化特许经营。

随着移动互联、网络社区的不断发展，特许经营在获取顾客和终端对接环节上发生了本质的变化，由此前的B2B、B2C，即特许总部—加盟商—消费者，到现在特许总部已经可以直接触达C端，特别是借助淘宝、腾讯等网络平台，很多企业总部的CRM系统中已经拥有了大量C端消费者的画像和标签。同时，借助数字化工具，特许经营管理体系发生了改变，特许总部可以直接通过网络随时随地了解每一个门店的运营情况，对门店员工的日常行为进行有效监控，不再依靠督导人员到各大片区、门店进行现场监督和辅导。

与此同时，数字化改变了服务类的业态，大量数字化产品传递给消费者。众多特许企业都在谋划和推进数字化转型、升级，通过调整，让企业能身处趋势变革的前沿，获得先发优势，让企业在产品、技术、品牌、市场等方面全面超越竞争对手，将数字化与特许经营进行高度结合，构建全新的数字化特许加盟管理和运营体系。

以闭环体系为核心特征的数字化特许经营已经到来，特许企业将有机会成为第三代特许经营的领跑者，因为中国拥有全世界最多的特许体系，拥有最具创新活力的数字化经济生态。

资料来源　根据网络资料整理所得。

3.3　自由连锁

3.3.1　自由连锁的定义

自由连锁，又叫自愿连锁或合作连锁（Voluntary Chain，VC），是企业之间为了共同利益而采取的合作关系，是现有的独立零售商、批发商、制造商之间的横向或纵向的经济联合。

美国商务部对自由连锁店的定义是：以批发企业为主导而组织的零售连锁集团，连锁体系内的各零售连锁分店所经营的商品全部或大部分从该主导批发企业统一进货。作为对等条件，该主导批发企业必须向零售企业提供各项规定的服务。

日本通产省的定义是：分散在各地的众多的零售商，既维持各自的独立性，又缔结着永久性的连锁关系，使商品的进货及其他事业共同化，以达到共享规模利益的目的。

我国对自愿连锁的定义是：自愿连锁是指在激烈的商业竞争环境中，一些经营业务相同的商业企业，为了达到降低经营成本、扩大商品采购规模、增强市场竞争能力的目的，以某个有实力的企业为主导，联合若干其他企业，或若干地位相等的企业，共同协商、自愿联合、签订合同，在保持各自企业法人地位独立、财产独立、财务独立、人事独立的前提下，在店名、店貌、采购、进货、配送、经营、销售和服务等方面实行统一规范的管理，组成一个连锁经营体系，共同经营同类业务的连锁形式。

总之，自由连锁是指通过签订自由连锁经营合同，总部与具有独立法人资格的门店合作，各门店在总部的指导下集中采购、统一经销的经营模式。根据自由原则，自由连锁体系中的各门店可以自由地加入连锁体系，也可自由退出。

3.3.2　自由连锁的特点

自由连锁的最大特点，在于各门店在所有权和财务权上是独立的，与总部没有所属关系，只是保持在经营活动上的协商和服务关系，如统一订货和送货，统一使用信息及广告宣传，统一制定销售战略等。自由连锁的特征具体表现在以下三个方面：

1）联结纽带——协商制定合同

总部与各加盟的成员店之间，是通过合同作为纽带联结在一起的。合同是各成员之间通过民主协商制定的，而不是特许连锁那样的定式合同。其合同的约束力比较松散，一般以合同规定的加盟时间1年为单位，加盟店可以随意退出自由连锁组织，在自由连锁的合同中并未规定随时退出的具体惩罚细则。

2）运作方式——保留单个资本所有权基础上的“联购分销”机制

自由连锁拥有众多分散的零售商加盟成员，这些零售商一般是小型的，但是独立的，门店的资产归门店经营者所有。各加盟店在保留单个资本所有权的基础上实行联合，集中订货和统一进货，统一制定销售战略，统一使用物流及信息设施。自由连锁的核心是共同进货，各加盟店不仅独立核算、自负盈亏、人事自主，而且在经营品种、经营方式、经营策略上也有很大的自主权，但要按销售额或毛利的一定比例向总部上交加盟金及指导费。

3）总部与门店的关系——协商、服务

自由连锁企业拥有一个或几个核心企业作为强有力的总部组织，该总部组织通常是已经存在的企业，有的是单独设置，有的是由核心主导企业兼行总部职能，因而可以是批发企业，也可以是大型零售企业。各加盟店在保留单个资本所有权的基础上实行联合，总部同加盟店之间是协商、服务关系。与特许连锁加盟店之间无横向联系不同的是，自由连锁加盟店之间有横向联系。

自由连锁总部的职能一般是：确定组织大规模销售计划；组织共同进货；联合开展广告等促销活动；开展业务指导，包括店堂装修、陈列等；组织物流，开展合理的商品配送业务；组织教育培训；共同利用信息；开展资金融通；开发扩大商店数；指导财务和劳务管理等。

3.3.3 自由连锁的优劣势

1）自由连锁的优势

自由连锁的优势在于，其门店独立性强、自主权大、利益直接，有利于调动其积极性和创造性；连锁系统的集中管理指导，有利于提高门店的经营水平；统一进货、统一促销，有利于各门店降低成本，享受到规模效益和总体组织化的好处；总部投资少，布点快。

2）自由连锁的劣势

自由连锁的劣势在于，联结纽带不紧密，凝聚力弱；成员企业独立性强，总部集中统一运作的作用受到限制，组织不够稳定，发展规模和地域有局限性；门店自主权大，决策迟缓，竞争力受影响。

3.3.4 发展自由连锁的意义

自由连锁的发展与商业经营的传统风格有密切关系。如在美国，自20世纪50年代以后，批发企业逐渐认识到了与零售企业建立稳定关系的重要性，因此通过多种方式来吸引零售企业，最终形成了以批发企业为主导的自由连锁系统。而在日本，中小企业之间历来具有很强的合作意识，在市场竞争的外部压力下，日本的许多中小企业逐渐走上了以互助合作为特征的自由连锁之路，因此日本的自由连锁在其发展初期以零售主导型为主。

我国自由连锁在发展中遇到了一些问题，其中很重要的原因是缺乏持久的合作精神以及过多考虑局部的近期利益，当近期利益受到一定的影响时，往往宁愿放弃合作所能带来的长远利益而偏好独立自主地经营。

然而，在今后市场竞争日益加剧的情况下，发展自由连锁具有重要的积极意义。

首先，有利于对中小零售企业的保护与发展，形成合理的商业结构。从社会需要

的角度来看，中小零售企业的存在是必不可少的，其可以通过灵活的经营方式和同消费者的贴近性来满足消费者的特定需要。同时，中小零售企业是解决社会就业和保持社会稳定的重要途径。而对中小零售企业最有效的保护和支持方式，应当是提高其自身的竞争能力。发展自由连锁，是提高中小零售企业市场竞争能力的有效途径。

其次，有利于对中小零售企业的规范管理，提高其经营水平和经营质量。中小零售企业有经营灵活性较强的优点，但大多数中小零售企业的经营管理水平并不高，而在现代市场竞争中经营管理水平对于零售企业市场竞争力的提高是至关重要的，因为较高的管理水平可改善企业在消费者心目中的形象，并降低其经营成本。自由连锁通过规范成员店的经营行为，实行统一采购、配送、定价和促销的做法，能有效地改善中小零售企业的经营管理，提高其经营质量，从而更好地满足消费者的需要，提高自身的经营效益。同时，由于自由连锁企业的联购分销，供货商（生产企业或批发企业）的资金能尽快回笼，供应量能相对稳定，有利于其发展生产和经营，有利于社会经济的良性循环，因此推动自由连锁的发展，实际上是真正把连锁经营机制扩展到全社会，推动社会商业的整体发展。

3.4 连锁经营模式的主要特征比较

正如尺有所短、寸有所长，特许连锁、直营连锁和自由连锁各有其自身的特质、优缺点及适用面，因此不能简单地断定孰优孰劣。同一连锁企业内部，可以同时采用直营连锁、特许连锁和自由连锁三种经营模式，同一连锁企业在不同发展阶段也可以选择不同的经营模式。连锁企业应根据自身的经营特点，适应内外部市场环境，选择该阶段最适合自身发展的经营模式，实现最大的规模效益，做到又好又快地发展。

3.4.1 三种连锁经营模式的共同点

无论是直营连锁、特许连锁还是自由连锁，都具备连锁模式的经营特征。每一种连锁模式均由多门店组成，都有一个总部作为统一的组织机构进行管理。同时，每种连锁模式均在产品与服务方面采取标准化、规范化的营运标准。在商品的采购、储备、门店结构及管理系统方面均不同程度地要求标准化与规范化操作。总部作为统一的组织机构，其功能主要在于商品的采购、储存、配送、定价和促销，而各个门店的功能在于进行商品的实际销售。

3.4.2 三种连锁经营模式的所有权比较

直营连锁企业的门店无论有多少，都是由一个投资主体投资开办的，属于一个资产所有者。各门店不具有企业法人资格，不能作为独立的企业存在。各门店的店长也是由总部直接委派的管理人员。

在特许经营企业中，各加盟者对其门店拥有所有权，而经营权高度集中于总部。各门店店主是加盟者，不受聘于总部，加盟店甚至还有部分用工权和进货权。加盟店仍然具有独立的企业法人资格并拥有企业的人事权、财务权，但是加盟者必须按特许合同的规定严格执行生产经营任务，没有独立的生产经营权。

相对于直营连锁资产所有权的单一性来说，自由连锁集团是在具有独立法人资格的各商业企业之间进行联合而形成的。其中，无论是核心企业还是加盟企业，资产所有权都是独立的，整个连锁集团中呈现出资产所有权多元化的特点。

3.4.3 三种连锁经营模式的管理制度比较

直营连锁一般都采用“总部—门店”的直接管理模式，即以总部为核心，在人事、财务、价格、经营、分配等方面对所属所有门店进行直接的、全面的管理。各门店只能执行总部的管理与决策，不能脱离总部的管理体系独立地进行商业经营。

特许经营是以经营管理权控制所有权的一种组织方式，在特许经营企业中，加盟者必须按特许合同的规定严格执行经营管理任务，加盟者投资特许加盟店并对门店拥有所有权，但该门店的最终管理权仍由特许人掌握。

自由连锁的经营管理模式最为松散，无论是总部还是各门店，在加入自由连锁组织之后，原来的独立法人资格并未消失，每个企业仍在资产所有权、财务权、人事权和一定范围的经营权等方面保持着自主性和独立性。

【精选案例 3-2】 直营VS特许加盟 周黑鸭寻找“做好”与“做大”平衡点

在企业品牌产生溢价之后，企业在规模化扩张时通常会面临两种选择：直营连锁和特许经营。如果说坚持直营连锁的初衷是“做好”品牌，那么特许经营的初衷便是“做大”品牌。面对这一难题，周黑鸭毫不犹疑地选择了前者，扎扎实实做品牌，通过直营连锁模式对每一家门店严格把控，不断强化、美化与优化品牌形象，并坚定地在这条道路上走了20余年。

然而，在2019年的中期报告中，周黑鸭首次透露已签订了一家“特许经销商”，将“利用特许经营模式进一步渗透现有市场及策略性扩产至新地区”，引发外界广泛关注。有业内人士分析，这是周黑鸭对外释放的一个重要信号。特许经营犹如“撒手锏”，周黑鸭一旦亮出这一狠招，“鸭脖三雄”的格局或将因此改写。

那么，周黑鸭是否已经找到了“做好”与“做大”的最佳平衡点？

客观地说，特许经营对于高速扩张中的企业犹如一柄双刃剑，利弊兼有。有利之处在于，特许经营相对直营连锁来说投资小、风险低，有助于企业快速回收成本，盘活资金流，迅速占领市场且存活量高。然而，与直营连锁相比，特许经营的品控与管控难度更大。如果盲目地放开特许加盟，就可能会伤害好不容易建立起来的品牌信誉。一旦品牌因为加盟市场的混乱被透支，便很难再弥补。

周黑鸭创始人、董事局主席周富裕曾对外表示：“食品行业最大的危机是食品安全危机。不能掌控的产品都会带来危机。周黑鸭不做加盟，是因为人掌控终端，人是最难掌控的，没法掌控的东西我们不做。”

区别于普通的特许经营模式，周黑鸭此次提出的特许经营模式对加盟商有更高的要求：具备物业资源、资本资源、连锁行业经验且高度认可周黑鸭的品牌和价值观。

那么，从这个意义上来说，已经坚守直营连锁20余年的周黑鸭，此时启动特许经营，或许意味着其具备了掌控产品及终端的能力，且启动时机已成熟。

实际上，目前除了周黑鸭，其他卤味鸭制品品牌大多选择了“绝味”这种特许加盟方式进行扩张。一般来说，产品与服务单一的品类更适合特许加盟，而在产品体系、经营环境、服务架构都相对复杂的情况下，特许经营模式更易失控，风险也就越大。卤鸭产品相对单一，服务流程也相对简单，产品与服务都更易实现标准化，这让卤鸭品牌放开特许加盟的风险瞬间降低；反之，像火锅、地方菜系等餐饮品类，因为产品体系、经营环境、服务架构都相对复杂，在这种情况下，加盟店更易失控，风险也就更大。

资料来源　佚名. 直营VS特许加盟　周黑鸭欲找“做好”与“做大”平衡点［EB/OL］.［2020-01-25］. https：//hb.qq.com/a/20191009/004826.htm.

3.4.4　三种连锁经营模式的核算制度比较

直营连锁实行总部统一核算制度，各连锁门店只是一个分设的销售机构，销售利润全部由总部进行统一分配。

特许连锁具有资产独立性的特征，特许连锁门店之间以及连锁门店与总部之间的资产都是相互独立的。特许连锁门店与其总部都是独立核算的企业，因此特许连锁实行总部与加盟店各自独立的核算制度，而加盟店只需要在加盟时依照合同规定向总部一次性交纳品牌授权金（加盟费、保证金等），并在经营过程中按销售额或毛利额的一定比例向总部上交“定期权利金”。

相对于直营连锁在管理权限上的直接性，自由连锁集团内各连锁门店之间的责、权、利关系则通过民主协商，以合同的形式共同确定下来，并由合同制约和维系这个自由连锁集团的经济关系。所有自由连锁门店在经营过程中实行独立核算制度，同时按合同规定向总部交纳管理费。

三种连锁经营模式的主要比较，见表3-1。

表3-1　三种连锁经营模式的比较

项目	直营连锁	自由连锁	特许连锁
决策	总部做出	参考总部意见，门店有较大自主权	以总部为主，加盟店为辅
资金	总部出资	加入店出资	加盟店出资
经营权	非独立	独立	总部统一指导下的分散经营
门店店长	总部任命	加入店之店主	加盟店之店主或聘请
商品供给来源	由总部供应	大部分由总部供应，部分自己进货	由总部供应
价格管理	总部规定	自由制定	原则上总部规定
促销	总部统一实施	自由加入	总部统一实施
总部与门店的关系	完全一体	目的共同体	管理、法律共同体

续表

项目	直营连锁	自由连锁	特许连锁
总部对门店的指导	按照营运手册实施	仅要点式地指导	按照营运手册实施
教育训练	全套训练	自由利用	全套训练
门店上交给总部的指导费	无	5%以下	5%以上
合同约束力	—	松散	强硬
合同规定加盟时间	无	多为1年	多为5年以上
外观形象	完全一致	基本一致	完全一致

思政园地

应强化加盟经营诚信机制建设

据媒体报道，知名英语培训机构莎翁少儿家庭英语（以下简称莎翁少儿英语）在2019年3月中旬突然发布破产公告，之后负责人相继失联，拖欠加盟商、消费者的费用超千万元，引发北京、上海、广州、深圳等多地数千名家长维权。面对突如其来的破产公告，不少加盟商质疑这是莎翁少儿英语的预谋事件，前期假借加盟之名，行圈钱之实，后期试图以“更换平台”之举，达“金蝉脱壳”之意。

近些年来，在加盟模式迅猛发展的同时，“双刃剑”效应逐渐凸显，各种因素导致的相关风险日渐浮出水面。其中，既有因经营管理不善带来的“上游品牌贬值、下游血本无归”的双损困局，也有因部分不法者罔顾法律，以特许经营的幌子来圈钱的违法行为。

加盟乱象不仅给广大加盟商和消费者的合法权益带来极大损害，长此以往还会带来市场动荡的严重后果。如何强化对加盟模式的管控，营造良好的加盟市场环境，助推加盟经济在合法、有序的轨道内运行，既需要从立法层面完善现有的“特许经营”法律法规，在执法层面上做到预防在先，又需要全社会强化加盟经营诚信机制的建设，更需要所有从业人员遵守职业道德。

资料来源　周三妹. 应强化加盟经营诚信机制建设［N］. 北京日报，2019-03-27（18）.

本章小结

在连锁经营的探索、发展与完善过程中，按照所有权与经营权集中程度不同逐渐形成了三种模式，即直营连锁、特许连锁和自由连锁。

直营连锁是指连锁企业的门店均由总部全资或控股开设，在总部的直接领导下统一经营。总部对各店铺实施人、财、物及商流、物流、信息流等方面的统一经营。直营连锁以大资本运作，利用连锁组织集中管理、分散销售的特点，充分发挥了规模效应。

特许连锁是指特许者将自己所拥有的商标、商号、产品、专利和专有技术、经营模式等以特许经营合同的形式授予被特许者使用，被特许者按合同规定，在与特许者统一的业务模式下从事经营活动，并向特许者支付相应的费用。

自由连锁，也称自愿连锁，是指连锁企业的门店均为独立法人，各自的资产所有权关系不变，在企业总部的指导下共同经营，并按合同开展经营活动，各成员店可自由加入连锁体系，也可自由退出。

基于连锁经营的三种模式，企业在进行经营模式设计时还需考虑到此种模式的经营目标、盈利模式和经营措施，以及通过三种模式的组合，来确立企业连锁经营的发展模式，设置最有效的连锁企业发展路径。

基础训练

一、填空题

1. 根据联结纽带和联结运作方式的不同，可以将连锁经营模式分为________、________、________三种。

2. 以资本为联结纽带的连锁形式是________。

3. 特许连锁适合于________、________的企业。

4. ________模式联结纽带不紧密，凝聚力弱。

5. 连锁企业根据________和________的不同产生了三种不同的经营模式。

二、选择题

1. 直营连锁运作方式的特点是（　　）。

A. 经营管理的高度集中统一　　B. 实行所有权的分散与经营权的集中

C. “联购分销”机制　　D. 以上都对

2. 特许连锁加盟店拥有的权利不包括（　　）。

A. 人事权　　B. 经营权　　C. 所有权　　D. 财务权

3. 自由连锁企业的联结纽带是（　　）。

A. 协商制定合同　　B. 总部统一制定加盟合同

C. 资本　　D. 权力

4. 创立之初的连锁企业不适合加盟模式的原因包括（　　）。

A. 企业运营模式还不成熟　　B. 企业知名度不高

C. 企业资本有限　　D. 企业管控能力尚待提高

5. 特许连锁模式对于特许人来说，其优势包括（　　）。

A. 有利于企业迅速扩大规模　　B. 加盟费有利于企业积累一定财富

C. 加盟店容易失控　　D. 可以利用加盟商优势管理门店

三、简答题

1. 简述连锁企业选择直营连锁模式的利弊。

2. 自由连锁模式的特点有哪些？

3. 比较直营连锁模式与特许连锁模式的异同。

4. 简述直营连锁模式的特点。

5.对于受许人来说中，特许连锁模式有哪些优缺点?

四、案例分析题

为什么海底捞做直营，麦当劳做加盟?

海底捞和麦当劳都是餐饮界的标杆企业，品牌美誉度都属于业内顶级。但是它们选择了截然不同的两个发展方向：海底捞坚持直营，麦当劳则在创立之初就是个加盟品牌。

从表面上看，做直营的品牌通常会标榜自己“坚持品质”；而做加盟的品牌会说自己出于“共享价值”，开放拥抱合作者云云。其实，直营或加盟的选择，并不是“品质”与“共享”这么简单。

1.“做好”和“做到”差别很大

顾客选择海底捞的因素往往是：服务好、人气高、有面子、环境舒适、体验有保障等，这些都是感性因素。虽然麦当劳作为美国文化的代表曾经风靡大江南北，但是现如今大家选择麦当劳的因素往往是：方便快捷、价格合理、干净卫生、口味稳定等，这些都是理性因素。

大家不难发现，对于商家来说，感性因素的绩效标准是“做好”，至于什么叫“做好”，很难有量化的标准。比如，海底捞的服务，微笑露出八颗牙就可以了吗?对一桌客人主动嘘寒问暖3次以上就合格吗?

而理性因素的绩效标准是“做到”。方便快捷怎样做到?从客户点单到餐齐在1分钟之内就是做到。干净卫生怎么做到?严格按照操作流程，无异物无过期原材料就是做到。口味稳定怎么做到?还是严格按照操作流程，严格采用总部供应链货源就能做到。麦当劳的所有理性因素，几乎都可以转化成具体指标来考核。

所以，“感性指数”高的品牌如果做加盟，那么对加盟商的要求也只能是“做好”，这样的话，很可能是加盟商并不是不想做好，而是太想做好但不知道什么样才算做好。这样的品牌是不适合做加盟的，只有建立强势的企业文化，由此日夜熏陶出来的直系员工，才有可能“做好”。这就是海底捞坚持直营的原因。

而“理性指数”高的品牌，一切指标都可以量化，那么对于加盟商来说就有了很好理解的标准，只要按照标准考核，直营店人员和加盟店人员其实并无区别。而加盟可以摆脱重资产的牵绊，使品牌能够快速、规模化地发展，何乐而不为?所以麦当劳开放加盟不动摇。

2.生存环境不同，选择道路也不同

虽然海底捞产生于二线城市，但是对于这种带有轻奢成分的品牌，一线城市才是最适合它生存的土壤。而全国上下有消费能力的一线城市是有限的，也就意味着海底捞开店进程需要根据全国消费升级的进程慢慢来。既然无法享受快速开店带来的规模化红利，就要追求单店利润了。直营在单店利润上会完爆加盟，所以海底捞必然要走直营路线。

麦当劳本来就是在美国乡村创立的品牌，而无论是“阳春白雪”还是“下里巴人”，都需要快餐。所以只要有人的地方，就可以有麦当劳，放眼望去，全球都是未开垦的处女地。此时，快速扩张，取得规模化优势，强化品牌壁垒就是麦当劳的第一需求。加盟模式的优点一是省资本，二是速度快，和麦当劳的诉求一拍即合。如今麦当劳在全球有3万多家店，如果走直营模式可能需要几百年才能有现在的规模。

3.与用户接触越多，越不适合加盟

用户接触指数指的是用户与品牌接触点的多少，接触点越多，接触面积越大。

比如，一次海底捞的就餐体验，从进门开始，用户就完全处于店面环境中了，店内装修环境、氛围、温度、音乐，都构成了接触点。迎宾、带位、点餐、上菜、加水、处理客户临时需求、结账，无不是服务员代表品牌方与用户的接触，而且顾客一次就餐时间动辄两三个小时，这期间与品牌的接触点多到无法想象。接触点越多，越需要品牌方对店铺强有力的控制，这样才可以保障体验的完整。控制力的前提是控制权，而选择加盟模式，品牌方对店铺的控制权就不完整，有劲儿也没处使，一定会对用户体验造成影响。对于以服务著称的海底捞，绝对不会允许这种情况发生，所以坚持直营是理所当然的。

麦当劳的用户接触指数就很小。用户进店，直奔点餐台，点餐、付款、取餐一气呵成。需要控制的点少了，加盟模式走样的可能性就小了。

资料来源　佚名. 为什么海底捞做直营，麦当劳做加盟？[EB/OL]. [2020-05-21]. http: //www.linkshop.com.cn/web/archives/2017/378085.shtml? sf=wd_search.

案例解析：直营连锁与特许连锁是连锁经营的两种主要模式，各具特点，具有不同的适用条件。直营连锁由于在总部的全权掌控下，因此更能全面保证连锁企业的统一性、规范性，更好地诠释企业文化和特色；与直营连锁相比，特许连锁发展加盟店，总部出资较少，不需要较多投资，就可以迅速扩大其规模，是一种典型的以无形资产换有形资产的经营模式。

请思考：

（1）直营连锁模式与特许连锁模式各具有哪些特点？

（2）直营连锁与特许连锁模式对企业规模化发展有何意义？

实践训练

上网查询某知名连锁企业在不同发展阶段连锁经营模式的演变，并分析其选择的理由。

第4章

连锁企业组织与职业发展
——慧眼识珠，知人善任

教学指导

学习目标：掌握连锁企业组织结构的类型；熟悉典型业态就业岗位及职业发展路径；了解店长的素质能力模型；掌握店长岗位职责和工作重点。

技能要点：认识连锁企业岗位设置；设计自己的职业发展规划；明确店长岗位职责。

本章结构：

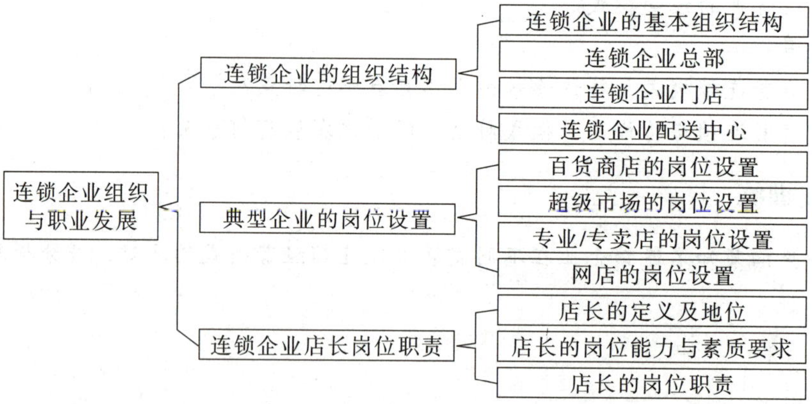

走进连锁企业，认识连锁企业，应先从企业组织结构入手。不同业态的企业其内部的组织结构各不相同，组织结构决定企业部门和岗位设置。店长是连锁门店的负责人，也是有志于从事连锁经营事业的同学的职业发展目标，熟悉和掌握店长所需的能力素质、岗位职责及工作重点是本章学习的重点。另外，从整个连锁业的发展来看，人才需求量大，就业前景广阔，本章选取了连锁经营4个典型的零售业态并对其岗位设置及职业发展路径进行阐述说明。

引例

通过三次组织变革看腾讯的进化基因

2018年9月30日，腾讯宣布进行新一轮的组织架构调整和高层管理干部任免。作为一个市值超过3万亿港元的互联网巨头，腾讯的一举一动都吸引着市场的注意力。

腾讯一直有六七年一变革的惯例，这次组织架构调整距上一次正好是6年。这一次，腾讯侧重于B端市场和内容市场的调整，这看起来是腾讯为了适应市场需要不得不做出的调整，但深入了解腾讯，就会发现它的每一次变革都是一定积累的蜕变，都是企业转型的重要支撑。可以说，每次组织架构的调整，都是腾讯的一次自我进化过程。

腾讯第一次组织架构调整发生在2005年。2004年之前，腾讯规模较小，只有一个核心产品——腾讯QQ，采用的是职能式组织架构，马化腾、张志东、曾李青、陈一丹、许晨晔5位创始人，各管一块，他们每天都见面，管理起来很高效。但是，随着业务线的增长、员工规模的扩张，基于职能式的组织架构造成管理滞后。因此，在2005年，腾讯开始了第一次大刀阔斧的调整：BU（Business Unit，业务系统）化，由事业部的EVP（Executive Vice President，执行副总裁）来负责整个事业部业务，相当于每个业务部都添了个有力的CEO。到2009年，腾讯除了电商、搜索业务外，基本上在每个领域都做到了“老大”。

2012年，被认为是中国互联网版图的分水岭。在数据上，手机QQ的消息数第一次超过了电脑端QQ，用户的主要时间开始花在手机上，百度、阿里巴巴、腾讯火力全开，开始全面转战移动互联网。在腾讯，以前QQ散落在3个部门，各自为政，内部协调是一个问题，拖慢了发展速度。为了便于相关业务协调，减少内部的恶性竞争，腾讯做出了第二次组织架构调整：BG（Business Group，事业群）化，从原来的业务系统制升级为事业群制。时任腾讯CTO的张志东称，这种生产方式具有边界简明的优点，以部门/产品组为单位，一个产品部门就能自主立项，快速试验，当遇到大的技术难题时，再从公司层面抽调有经验的同事增援。在一定的产品领域和试错时间内，允许不同的产品团队有不同取向的探索。

从局外人的角度来看，腾讯20多年来的故事，似乎很轻松，但实际上每一步都走得不容易，尤其是组织架构调整这样的事情。腾讯在发展中一直在组织架构上进行创新，保持架构上的新鲜血液。对腾讯来说，无论是早期的职能式组织架构，还是后期的业务系统制或事业群制组织架构，都是根据当时组织内外环境以及业务发展战略进行的改变，是腾讯自身的一种进化能力。

组织结构调整要预先培养好人才。若没有前期积累，就没有领军之将。领军之将都是小CEO，只做一件事却要求具备不同的能力，他们被培养、跟同事磨合、产生威信，这是个长期过程。张志东在一场腾讯学院的内部分享中，再次提及变革话题。他说：“大型企业的组织变革和中台建设，绝对是一个难题，需要很大的魄力和智慧才能找到适合的演进节奏和建设次序，估计也必然会遇到不少的阵痛，如部门短期利益冲突、部门团队的安全感、经验不足的损伤等。我想，这里最关键的还是两点，一方面是高层管理团队的自上而下的决心和意志；另一方面就是公司的各产品和技术团队的文化和胸怀。”

资料来源 朱晓培. 三次组织变革看腾讯的进化基因［EB/OL］.［2019-10-01］. https://baijiahao.baidu.com/s? id=1613108682829875005.

4.1 连锁企业的组织结构

4.1.1 连锁企业的基本组织结构

微课：连锁企业组织架构认知

连锁经营是一种被众多行业广泛采用的商业模式。连锁企业的经营活动十分复杂，为了推动企业正常、稳定地运转和保障企业各项管理职能的充分发挥，实现其经营目标及绩效，必须根据企业的实际运作需要，设置管理职能机构和业务经营机构，这些管理职能机构和业务经营机构共同组成连锁企业组织的有机整体。

1）组织结构

组织结构（Organizational Structure），是指一个组织内各构成要素以及它们之间的相互关系，主要涉及企业部门构成、基本的岗位设置、权责关系、业务流程、管理流程及企业内部协调与控制机制等。

组织结构是表明组织各部分排列顺序、空间位置、聚散状态、联系方式以及各要素之间相互关系的一种模式，是整个管理系统的“框架”。组织结构是组织内全体成员为实现组织目标，在管理工作中进行分工协作，在职务范围、责任、权力方面所形成的结构体系。其本质是为实现组织战略目标而采取的一种分工协作体系，组织结构必须随着组织的重大战略调整而调整。

2）连锁企业组织结构

微课：连锁企业基本组织结构

连锁企业组织结构，是指连锁企业全体员工为实现企业目标而进行的分工协作，在职务范围、责任、权力等方面所形成的结构体系。

连锁企业基本组织结构由总部、门店和配送中心（或物流系统）组成，其中总部是连锁企业的最高层组织，是连锁经营的指挥领导层、经营决策层和后勤服务层；连锁门店是连锁经营的基础，承担着具体实施的执行功能，在总部的统一领导下，按照总部的标准化、专业化和集中化管理执行具体的营销服务业务；配送中心是连锁企业的物流机构，承担企业商品的物流配送职能，是连锁企业经营成功的重要保证。

小资料 4-1　“连锁经营管理师”正式成为新职业纳入国家职业分类大典目录

2020年2月26日，《人力资源社会保障部办公厅 市场监管总局办公厅 统计局办公室关于发布智能制造工程技术人员等职业信息的通知》发布，“连锁经营管理师”正式成为新职业纳入国家职业分类大典目录，1 000余万连锁零售管理从业人员的职业归属，终于在国家职业分类大典中有了体现。

商务部2019年发布的数据显示：全国连锁门店的数量达2 000余万家，从业人员约6 113万人，占全国总就业人数的7.4%。连锁经营管理师主要是指门店店长、区域经理以及少量在总部工作负责门店营运的管理人员，这类从业人群约1 000万人。然而，就是这样在国民经济中具有重要地位、人数众多的行业，2015年版的国家职业分类大典中仅有“商品营业员”这样一个岗位相对应，门店运营、品类管理等连锁经营岗位的职责，在人力资源和社会保障部的职业标准、技能培训等方面还是空白，这与行业实际需求很不匹配。

“连锁经营管理师”职业的正式发布，是从国家层面对连锁经营管理职业的肯定，为行业人才的选用与培养明确了方向。

资料来源　根据中国连锁经营协会官网信息整理所得。

4.1.2　连锁企业总部

1）总部组织结构

连锁企业总部是连锁企业的核心，它的组织结构代表了连锁企业的组织类型。确定了企业经营宗旨和战略目标之后，接着就要为实现战略目标设计相匹配的组织结构。根据连锁企业经营活动的复杂性和企业的规模，连锁企业总部的组织结构基本形式主要有三种：

（1）直线制。直线制是连锁企业最早期的、最简单的组织结构形式，是指连锁企业各级行政单位从上到下实行垂直领导，下属部门只接受一个行政指令，各级负责人对所属单位的一切问题负责。其组织结构如图4-1所示。

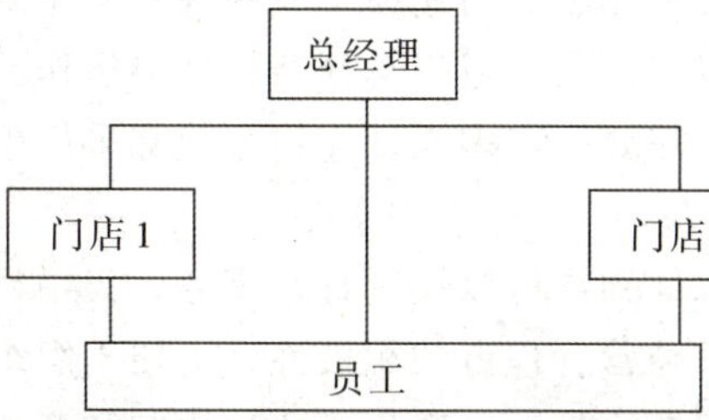

图4-1　连锁企业直线制组织结构

直线制组织结构的优点是结构比较简单，责任分明，命令统一。主要缺点是它要求行政负责人通晓多种知识和技能，亲自处理各种业务。这种组织结构较适用于连锁企业初创阶段或企业规模较小、门店数目不多时。

（2）直线职能制。随着连锁企业规模的不断扩大，门店数量越来越多，经营管理的事务也越来越复杂。经营者由于知识、能力和体力等的限制无法独立完成所有的管理职能，势必会增设职能部门来协助管理，直线职能制的组织结构形式就应运而生了。直线职能制也称经营区域制，或直接参谋制，其组织结构如图4-2所示。

直线职能制的优点是既保证了企业管理体系的集中统一，又可以在各级行政负责人的领导下，充分发挥各专业管理部门的作用。其缺点是职能部门之间的协作性和配合性较差，职能部门的许多工作要直接向上级领导报告、请示才能处理，这加重了上层领导的工作负担，也降低了办事效率。这种组织结构比较适合于区域型或中型连锁企业。

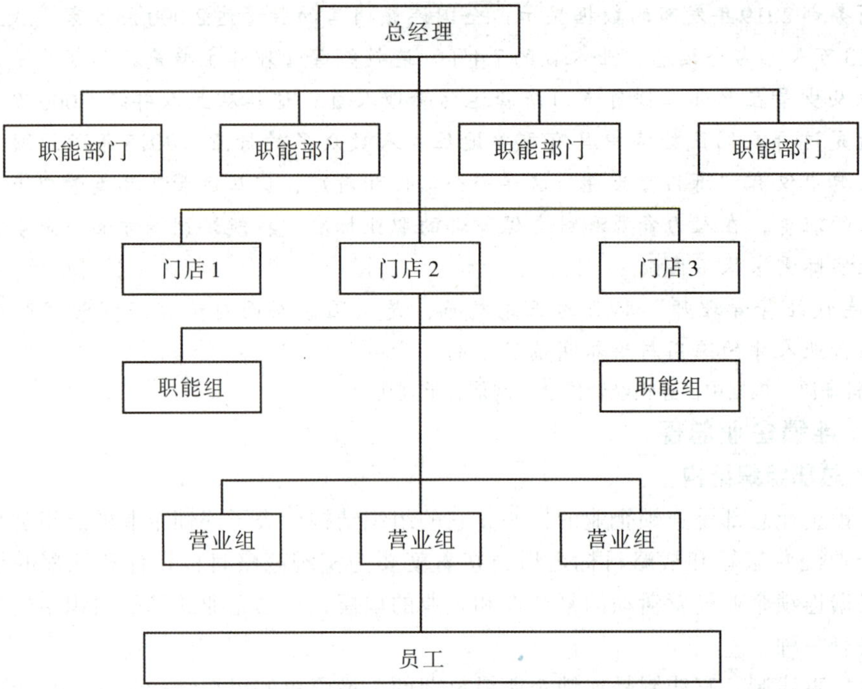

图4-2 连锁企业直线职能制组织结构

（3）事业部制。事业部制是由美国通用汽车公司总裁斯隆于1924年提出的，它是一种高度集权下的分权管理体制。当连锁企业的规模扩张到一定程度后，连锁企业管理的范围和幅度就越来越大，内容越来越复杂，许多运作已经很难完全由总部进行直接控制，为了适应扩张的需要，许多大型连锁企业都采用事业部制组织结构，其组织结构如图4-3所示。

事业部制的优点是：总部领导可以摆脱日常事务，集中精力考虑全局问题；事业部实行独立核算，更能发挥经营管理者的积极性，更便于组织专业化经营和实现企业的内部协作；各事业部之间有比较、有竞争，这种比较和竞争有利于企业的发展；事业部内部的经营活动之间容易协调，不像在直线职能制下需要高层管理部门过问，事业部经理要从事业部总体来考虑问题，这有利于培养和训练管理人才。

事业部制的缺点是：公司与事业部的职能结构重叠，造成管理人员浪费；事业部实行独立核算，各事业部只考虑自身的利益，影响事业部之间的协作，一些业务联系与沟通往往也被经济管理所替代。

2）总部主要职能

连锁企业总部是连锁企业经营管理的核心，它除了具有决策职能、监督职能外，还承担企业整体经营的设计管理功能。其基本职能包括：基本政策制定、连锁门店开发、商品采购管理、商品配送管理、资金运作管理、商品促销管理以及门店营运督导、信息化建设等。

（1）基本政策制定。连锁企业内部的基本政策是本企业连锁经营管理应遵循的方向，主要包括如下方面：

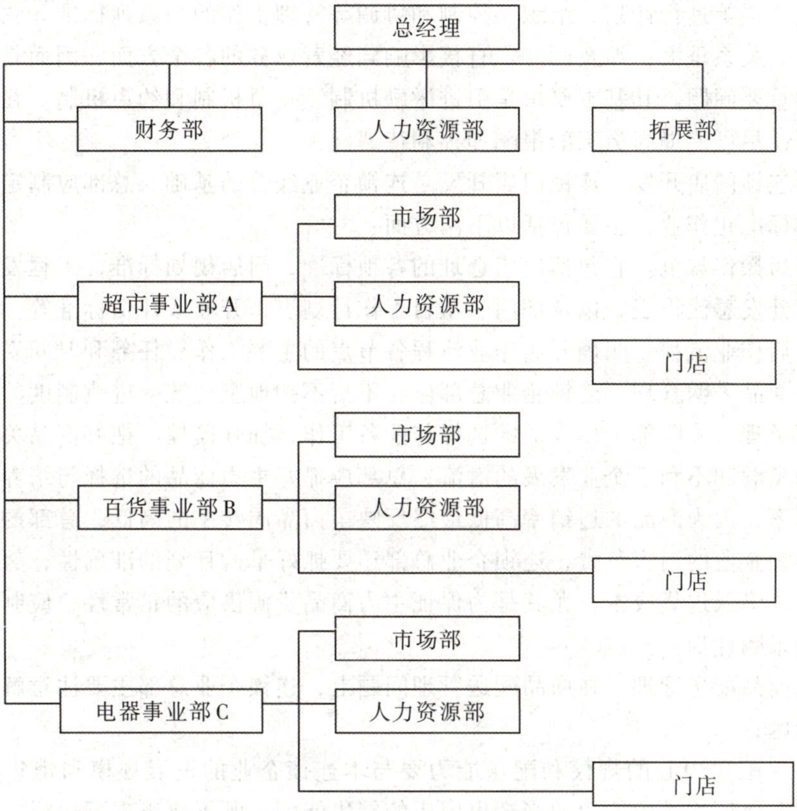

图4-3　连锁企业事业部制组织结构

①制定发展战略。连锁企业要研究和制定企业的发展战略，考虑是发展单一连锁模式，还是多种连锁模式相结合；由于竞争加剧，连锁经营业态模式也向多元化发展，如超级市场、便利店、线上线下相结合等业态模式。连锁企业总部应根据自己的实力，制定今后一定时期的发展战略。

②明确组织形态。连锁经营的组织形态一般有两种：一种是由总部管理下属所有门店，一般适用于一些中小型连锁企业或某些区域性连锁企业；另一种是“总部—地区管理部—门店”的组织模式，主要适用于大型连锁企业或全国性、跨国性的连锁企业。

③商品采购政策。连锁经营的基本特征之一是其商品采购政策实行购销分离，即商品采购完全由总部负责，门店则负责商品的销售。连锁企业总部应明确这一政策。

④确立配送模式。通常小型的连锁企业可以依靠社会配送，或建立单一的配送中心；但对大型的连锁企业来说，就需要建立自己的配送中心，同时应考虑其配送中心如何划分，是按区域划分，还是按商品划分，或者是二者的结合。

⑤商品销售政策。商品的销售政策主要包括三个方面：一是商品的价格政策；二是商品的促销政策；三是卖场布局与商品陈列政策。

⑥劳动人事政策。劳动人事政策是对整个连锁企业人员的录用、培训、考核、奖

励、福利待遇等进行计划、组织、控制和协调等管理工作的一系列标准。它是企业成败的关键，关系重大，涉及面广，直接影响到经营业务的各个方面，因而是连锁经营管理中的重要问题。其基本要求是引进激励机制、竞争机制和约束机制。在精简高效的前提下，尽可能提高员工的报酬和福利待遇。

（2）连锁门店开发。连锁门店开发是连锁企业经营的基础，总部应制定一整套门店开发的标准化作业，主要包括以下两方面：

①开店操作规范。它包括门店选址的各项标准，门店规划标准，工程发包作业准则，门店开发总流程表，以及部门、项目工作计划表，开业或评估标准等。

②开店作业流程。明确开店作业流程各节点的主要工作、任务和时间安排。

（3）商品采购管理。连锁企业总部应在不折不扣地坚持统一进货制度的同时，做好采购部经理、采购部工作人员的选择与配备工作，加强监控，把好商品关，不允许出现采购黑洞和不利于企业发展的潜流；总部应抓好主力商品的选择与培养，狠抓商品的适销率，因为商品的适销率高低最终反映了商品周转率的高低，总部的采购部要对整个连锁企业的销售负责；连锁企业总部还要抓好采购计划的准确性，努力做到以量压价，以降低进货成本，尤其是为保证主力商品货源供应的正常性，应制订主力商品的年度采购计划。

（4）商品配送管理。在商品配送管理问题上，连锁企业总部主要注意解决好四个方面的问题：

第一，配送中心的规模和配送能力要与本连锁企业的发展规模和销售能力相适应，通常要保证配送的能力适当超出门店的销售能力，既不要出现配送能力大量放空的现象，也不要由于库存量过小或运力过于紧张而影响门店的销售和发展。

第二，不能不计成本，一味强调配送时间的准时性而盲目地增加配送次数，应该有精确的计算，将物流成本细化到单品。当然这种成本的控制，要在确保门店商品销售不缺货的前提条件下进行。

第三，提高商品的拆零组配率，以尽量减少门店的商品库存，减轻门店工作人员的劳动强度，这也是配送中心直接产生利润的重要一环。

第四，界定好配送中心对门店服务的具体标准，如配送次数、订货和配送到达的时间限制和每次最低配送量等。

（5）资金运作管理。连锁企业总部在资金运作管理中要注意三个问题：

第一，安排好进货资金、在途商品与库存商品资金、货款结算资金和发展资金的比例，在资金紧张的情况下，应重点保证进货资金和发展资金的使用。

第二，一刻不放松地抓好销售款项回笼至总部的时间控制，严肃在这一工作中的纪律。

第三，严格履行对供应商商品货款的结算制度，做到准时定额，以树立连锁企业良好的资信。

（6）商品促销管理。现代连锁企业的销售是一种全方位的促销管理。选择和利用适当的促销手段，是增加连锁企业销售额的重要方法。然而，促销效果未必与促销费用成正比，关键在于管理，进行有效的促销管理，才能确保促销效果，达成促进销售的目的，使销售业绩蒸蒸日上。促销管理主要分以下三个步骤：

①设定促销目标。主要的促销目标有提高营业额、提高毛利额、提高来客数、提高客单价等。

②拟订促销计划。主要考虑的因素有顾客购买特征、季节、月份、气候、节令、商品、促销主题、促销方式、宣传媒体、预算、法规、预期效益等。

③计划执行与评估。依据促销方案分配各有关部门人员执行，并于促销活动结束后进行评估。

（7）门店营运督导。总部对门店的营运过程负有监督指导的责任。通常总部有一批经过专门培训的优秀督导员，由他们负责对连锁企业各门店实行指导和监督工作。督导员的主要业务项目包括：总部与门店的信息沟通；对门店的常规指导；门店的商品管理；门店的经营状况分析等。

（8）信息化建设。连锁企业总部应建立完善的企业电子信息系统，大力促进企业活动的信息化、智能化和网络化。例如，连锁企业总部建立的信息系统和决策支持系统，使企业在经营活动中能及时整理分析各类信息，并依据准确信息对市场进行超前预测和预警预报，避免经营活动的盲目性，提升科学管理的程度等。

连锁企业要提高经营管理的规范化水平，重点应完善连锁企业总部的功能，发展总部在采购配送、经营指导、市场开发、促销策划、教育培训、信息管理等方面的职能；提高总部统一采购配送的比例；完善连锁企业内部各个环节的管理，建立健全各个岗位、各道工序、各项作业的规章制度。

为完成以上各项职能，连锁企业总部通常会设置相应的职能部门，通常包括开发部、营运部、采购部、财务部、人力资源部、信息部等。

4.1.3　连锁企业门店

门店是连锁经营的基础，主要职责是按照总部的指示和服务规范要求，承担日常销售业务。因此，门店是连锁总部各项政策的执行单位，即不折不扣、完整地把连锁企业总部的目标、计划和具体要求体现到日常的作业化管理中。

1）门店组织结构

连锁企业实行的是商品采购、配送、财务等作业的总部集中性统一管理，因此门店的组织结构相对简单。门店的组织结构要视门店的性质、业态特征、规模大小及商品结构等因素的不同而有所差异。直营店通常由店长直接管理，同时下设副店长、组长等职务。特许店可能是由加盟店店主直接管理店内事宜，也可能是由店主另聘店长来管理。

（1）中小型门店组织结构。便利店、小型专卖店门店业务单一，工作重点是商品销售与顾客服务，通常组织结构相对简单。其组织结构如图4-4所示。

（2）大型门店组织结构。对百货店、大型综合超市的连锁门店而言，其工作范围大大超出了商品销售，增加了财务管理、售后服务、促销等职能，通常组织结构相对复杂一些。其组织结构如图4-5所示。

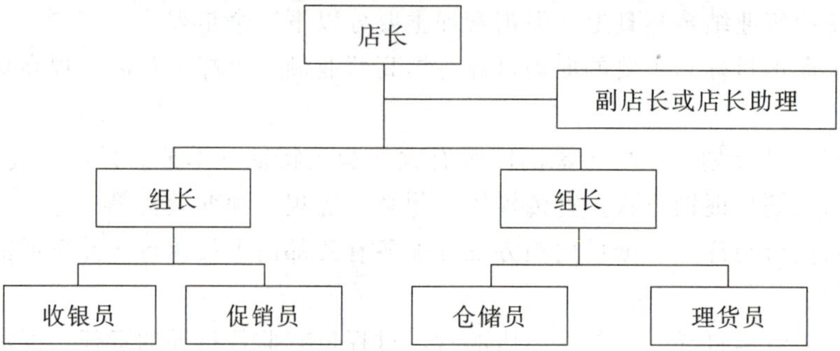

图4-4 中小型门店组织结构

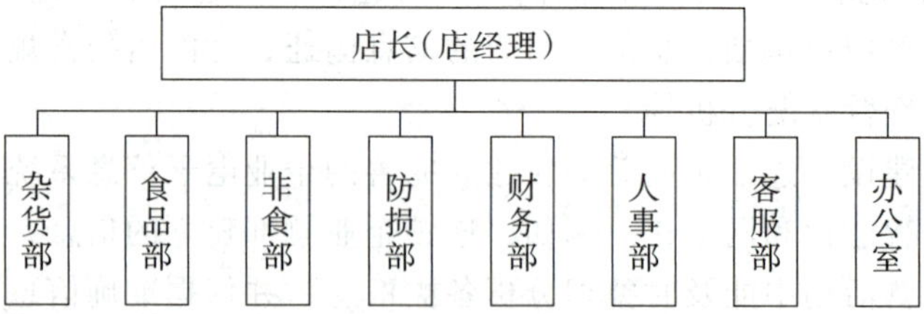

图4-5 大型门店组织结构

2）门店主要职能

门店是连锁企业直接向顾客提供商品和服务的单位，主要业务活动是商品销售及顾客服务，除此之外还包括商品进货及商品在店管理，以及门店经营绩效评估等。具体的职能如下：

（1）环境管理。门店环境管理主要包括店头的外观管理与卖场内部的环境管理。

（2）人员管理。人员管理主要包括员工管理、顾客管理以及供应商的管理。

（3）商品管理。门店需根据销售情况定期向总部要货，或者向总部统一规定的供货商要货，并负责该商品在门店的管理，包括商品质量、商品缺货、商品陈列、商品盘点、商品损耗以及商品销售实施等方面的管理。

（4）现金管理。现金管理主要包括收银管理和进货票据管理等。

（5）信息资料管理。信息资料管理主要包括门店经营信息管理、顾客投诉与建议管理、竞争者信息管理等。

（6）商品营销与服务管理。门店是商品营销和顾客服务的前沿，是整个企业接触消费者的重要阵地，因此门店肩负营销和服务的重要职能，这也是门店的主要工作内容。门店的所有职能工作都要有利于商品营销和顾客服务。

4.1.4 连锁企业配送中心

配送中心位于物流节点上，是连锁企业的物流机构，是专门从事货物配送活动的经营组织或经营实体。当前，国内连锁经营发展迅速，配送中心的建设已得到连锁企业的足够重视，那些发展较快、规模大、实力雄厚的连锁企业，已建立了自己的配送中心。

1）配送中心组织结构

配送中心通常采用直线制组织结构，在配送中心经理职位下，按职能不同，分设检验组、库管组、储运组、信息组、技术组等。其组织结构如图 4-6 所示。

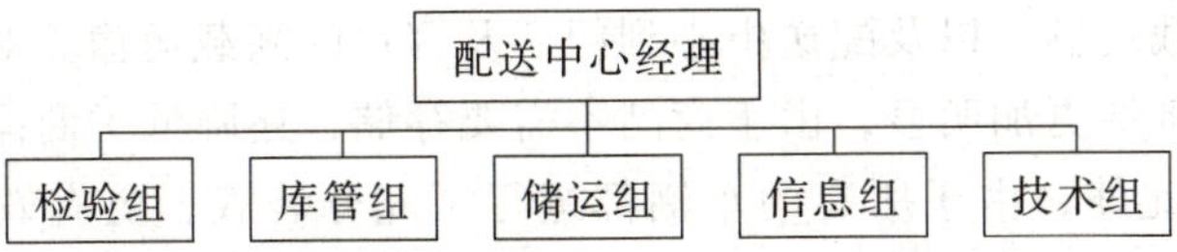

图4-6　配送中心组织结构

2）配送中心主要职能

配送中心由分货配货（TC）、流通库存（DC）、生鲜加工（PC）三部分构成。配送中心的基本功能可以从经济和服务两个方面来考察。配送中心在物流系统中的价值主要体现为它对整个系统的贡献，即配送中心是建立在成本-效益核算的基础上的。

如果配送中心的使用可以降低连锁企业物流总成本，那么配送中心就产生了经济利益，也说明了配送中心存在的合理性。配送中心经济方面的功能主要有四个：集中、整理分类、加工和储存。

（1）集中。配送中心的集中功能如图4-7所示。原来由各供应商A、B、C分别将商品送至目标门店，现在通过配送中心先接收供应商A、B、C的商品，然后将商品送到某一特定门店。这样把它们整合成单一的一次运输，其好处就是能减少运输费用，更重要的是可以缓解门店收货时的拥挤情况。

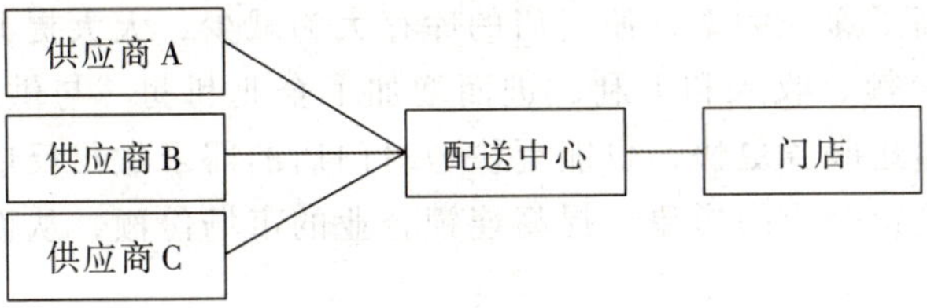

图4-7　配送中心的集中功能

（2）整理分类。配送中心的整理分类功能如图4-8所示。大多数供应商需向多个门店送货，这些门店可能属于同一个企业，也可能分属不同企业。在没有配送中心的情况下，供应商只能小批量装载，分别将商品运至指定门店。如果有配送中心，就可以在这里将商品分类整理成个别的订货，并安排当地的运输部门负责递送至各个门店。由于长途运输转移的是大批量的货物，供应商的运输成本相对较低，连锁商品的进价也可以降低，同时对于大量运输的跟踪也不太困难。

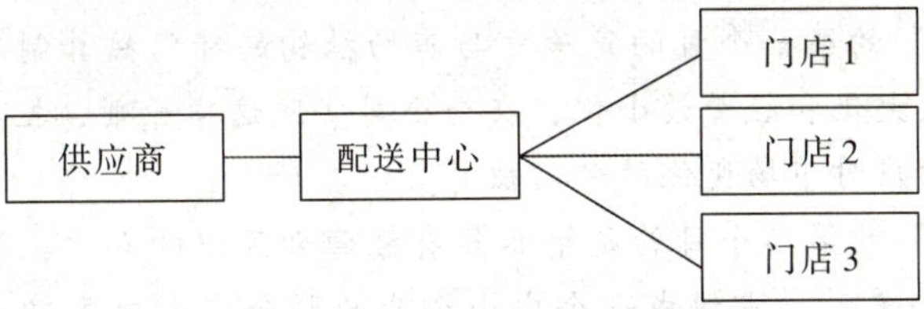

图4-8　配送中心的整理分类功能

流通型的配送中心在这方面体现的功能更明显。目前，许多零售连锁店广泛地采用交叉站台作业来快速补充、转移门店的存货。在这种情况下，配送中心先接收多个供应商整车运来的货物；然后按门店的地点进行分配；接着商品被放置在送往特定门店的托盘上；最后通过配载，达到了车辆的合理容积，这些商品就运送到门店去了。在整个过程中，商品交叉穿行于配送中心。因此，配送中心的经济性体现在从供应商到配送中心的满载运输，以及配送中心到门店及客户的满载运输。对于流通型的配送中心来说，其经济性更加明显，由于商品不需要存储，还降低了商品在配送中心的搬运和储存成本。此外，由于所有的车辆都进行了充分装载，更有效地利用了站台设施，站台利用率达到了最大限度。

（3）加工。配送中心通过对商品的加工，能够扩大经营范围，提高配送水平，满足广大消费者的需要；另外，通过加工，可以提高商品的价值，从而提高连锁企业的经济效益。

（4）储存。有些商品的品种有限或商品的生产具有季节性，所以对商品的储存也很重要。例如，玩具是全年生产的，但主要在儿童节和圣诞节期间进行销售，为了防止缺货，常常在节日之前就要开始储备；与此相反，农产品在特定的时间里收获，但在全年消费，所以一定的储存量提供了存货缓冲，使配送活动在受到采购和顾客需求的限制下提高效率。

除了经济效益外，在物流系统中，通过配送中心还可以获得间接利益。间接利益也许并不能降低成本，但可以使整个物流系统在空间利用和时间利用方面提高效率，改善服务。例如，在靠近顾客的地方增加一个配送中心，虽然在经济上增加了成本，但是却提高了递送频率，使门店的库存大为减少，大大提升了服务水平，增加了企业的市场份额、收入和毛利，进而增加了企业利润。与供应商的直配相比，配送中心提供的递送服务更快，也能更快地对门店的需求做出反应。所以配送中心的服务可以提高连锁企业的形象，提高连锁企业的市场份额，从而不断地增加企业利润。

知识拓展4-1　　阿米巴经营模式

“阿米巴经营”是日本经营之圣稻盛和夫独创的经营模式，其源于稻盛和夫早年创业的困境。当时他一个人既负责研发，又负责营销，当公司发展到100人以上时，觉得苦不堪言，非常渴望有许多个自己的分身可以到各重要部门承担责任。于是，他把公司细分成所谓“阿米巴”的小集体，并委以经营重任，从而培育出许多具有经营者意识的领导者。

“阿米巴经营”的第一个目的是确立与市场挂钩的部门核算制度。公司经营的原则是实现销售额最大化和经费最小化，在全公司实践这项原则，把组织划分成小的单元，采取能够即刻应对市场变化的部门核算管理。

“阿米巴经营”的第二个目的是培养具有经营者意识的人才。公司根据需要把组织划分成若干个小单元，重组成一个中小企业的联合体，把各单元的经营权下放给“阿米巴”领导，从而培养具备经营者意识的人才。

“阿米巴经营”的第三个目的是实现全体员工共同参与经营。全体员工为了公司的发展而齐心协力地参与经营，在工作中感受人生的意义以及成功的喜悦。

4.2　典型企业的岗位设置

4.2.1　百货商店的岗位设置

1）职业发展路径

对百货商店人力资源职业发展路径的描述，通常有两种：一是人才梯队培养模型；二是双通道晋升路线。

（1）人才梯队培养模型。人才梯队培养模型是企业从企业内部和市场中发现优秀人才资源，在实践中培养大批人才，同时激发人才的创造精神，形成继任者的人才源泉，为实现企业的愿景和战略目标提供坚实的人才保障。从纵向来看，百货业态的人才梯队按职业发展由低到高主要分为一线员工、柜长、值班经理、部长、区总部门经理、高管等职位。百货业态的人才梯队培养模型如图4-9所示。

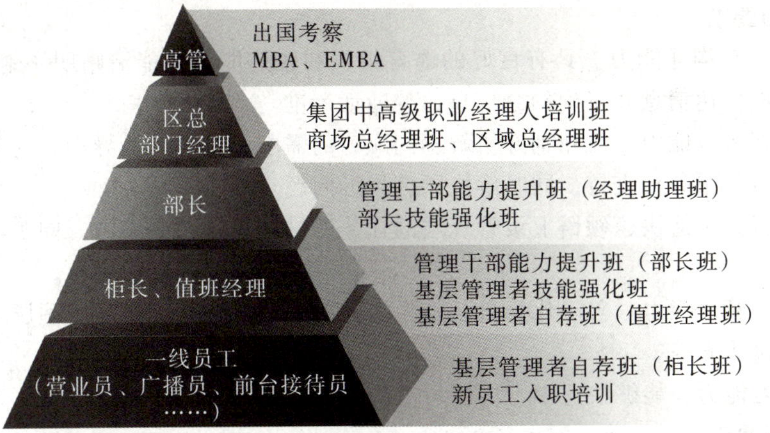

图4-9　百货业态的人才梯队培养模型

（2）双通道晋升路线。百货商店业态根据人才的工作内容和性质与人才的不同特征，将职业发展分为管理线和专业线两类，管理线主要面向管理类人才进行培养考核和晋升，按管理类人才培养方式，将一线员工2～3年培养成为中层管理类干部，3～5年培养成为中高层管理类干部；而专业线主要面向技术技能类人才，分为初、中、高、资深四个成长和晋升阶梯，专业线发展相对较快，2年左右成长为中级专业技术人员，3年左右成长为高级专业技术人员。百货业态员工双通道晋升路线如图4-10所示。

2）典型工作岗位

高等职业技术学院人才培养目标是培养满足企业发展需求的高素质技能型人才，未来在百货商店的主要岗位及职业发展路径如下：

（1）服务台员工→服务台柜长→值班经理。

（2）商品营业员→柜长→值班经理。

（3）统收收银员→收银柜长→收银值班经理。

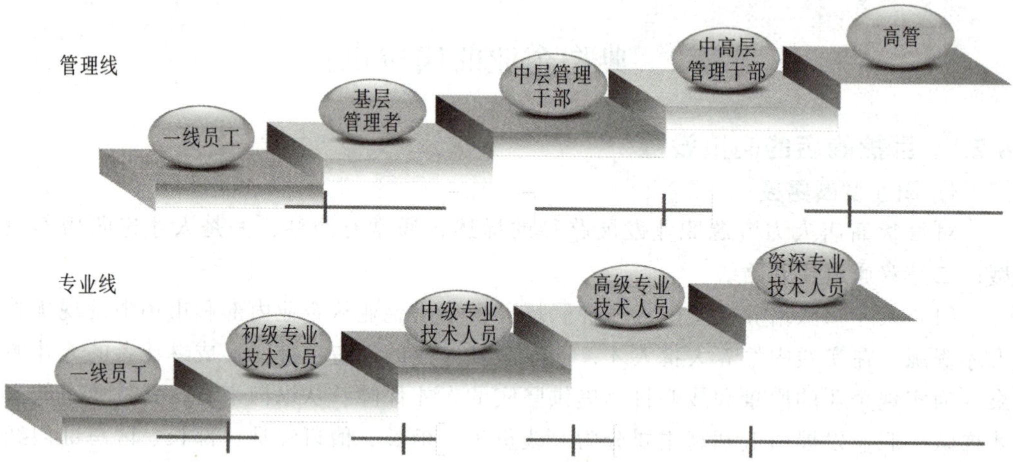

图4-10 百货业态员工双通道晋升路线

3）能力要求

（1）表达与沟通能力。具有良好的语言组织和表达能力，能清晰明了地向顾客、同事或管理层传达信息并正确领会信息，普通话标准。

（2）顾客服务能力。能甄别并了解不同顾客的需求，以顾客为导向，为其提供购物过程中所需的服务与支持，同时解决顾客投诉问题。

（3）执行力。能快速领悟上级管理层的任务安排并迅速付诸实施，同时可兼顾处理多重任务。

（4）情绪管理能力。善于化解自己及顾客的不良情绪，在一定的心理压力下仍能为顾客提供优质服务。

（5）学习能力。能够快速学习岗位所需的专业知识，善于补充新知识。

4）知识要求

（1）大专及以上学历。

（2）获取与行业相关的专业资格认证。

（3）零售行业专业知识。

（4）岗位领域专业知识。

（5）具备零售服务行业相关工作经验或同等岗位经验。

5）素质要求

（1）热情大方，乐于与人交流、合作。

（2）细心且富有耐心。

（3）能够吃苦耐劳。

（4）对零售业感兴趣，具备良好的为顾客提供优质服务的意识。

（5）愿意遵守灵活的工作时间。

4.2.2 超级市场的岗位设置

1）职业发展路径

超级市场的低成本运营模式，使其组织结构呈扁平型，职级较少。超级市场岗位设置与职业发展路径如图 4-11 所示。

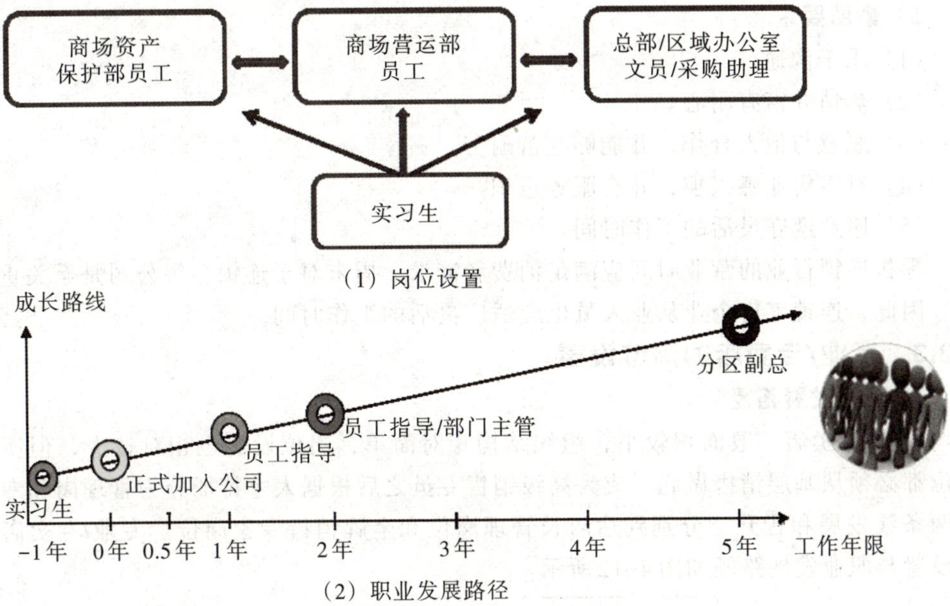

图4-11 超级市场岗位设置与职业发展路径

2）典型工作岗位

高职学生毕业后，在超级市场的主要工作岗位及职业发展路径如下：

（1）营运类岗位→营运课长→营运经理→店长。

（2）条码员/票据员工→条码员/票据员工主管→经理。

（3）客服部员工→客服主管→客服经理。

（4）采购部专员→品类采购专员→采购经理→采购总监。

（5）行政专员→行政组主管→行政组经理。

3）能力要求

（1）沟通能力。通过与顾客的沟通为顾客提供服务与支持，同时解决顾客投诉问题；与同事/管理层分享或交流信息。

（2）顾客服务能力。以顾客为导向，为顾客提供购物过程中所需的服务与支持。

（3）团队合作能力。从业者需要具备与团队成员共同合作完成任务的能力。

（4）执行力。能够快速领悟上级管理层的任务安排并付诸实施。

（5）同时处理多重任务的能力。超市的工作特点是工作节奏快速、繁忙，因此从业者必须具备同时处理多重任务的能力。

（6）学习能力。具备快速学习岗位所需专业知识的能力。

4）知识要求

（1）大专或同等学力。

（2）获得行业企业认可的专业资格认证。

（3）零售行业专业知识。

（4）岗位领域专业知识。

（5）具备零售服务行业相关工作经验或同等岗位经验。

5）素质要求

（1）乐于沟通。

（2）热情并富有耐心。

（3）愿意与他人合作，并能够吃苦耐劳。

（4）对零售业感兴趣，并有服务意识。

（5）愿意遵守灵活的工作时间。

零售连锁行业的营业时间应满足消费者需求，周末对于连锁零售公司是至关重要的。因此，连锁零售企业从业人员也应适应灵活的工作时间。

4.2.3 专业/专卖店的岗位设置

1）职业发展路径

专业/专卖店一般面积较小，组织结构相对简单，岗位设置也相对较少，但所有岗位都必须从基层销售做起，成为高级销售专员之后根据人才特征分为管理岗和专业岗两条线发展和晋升，分别到达店长管理岗位和金牌销售专家岗位。专业/专卖店岗位设置与职业发展路径如图4-12所示。

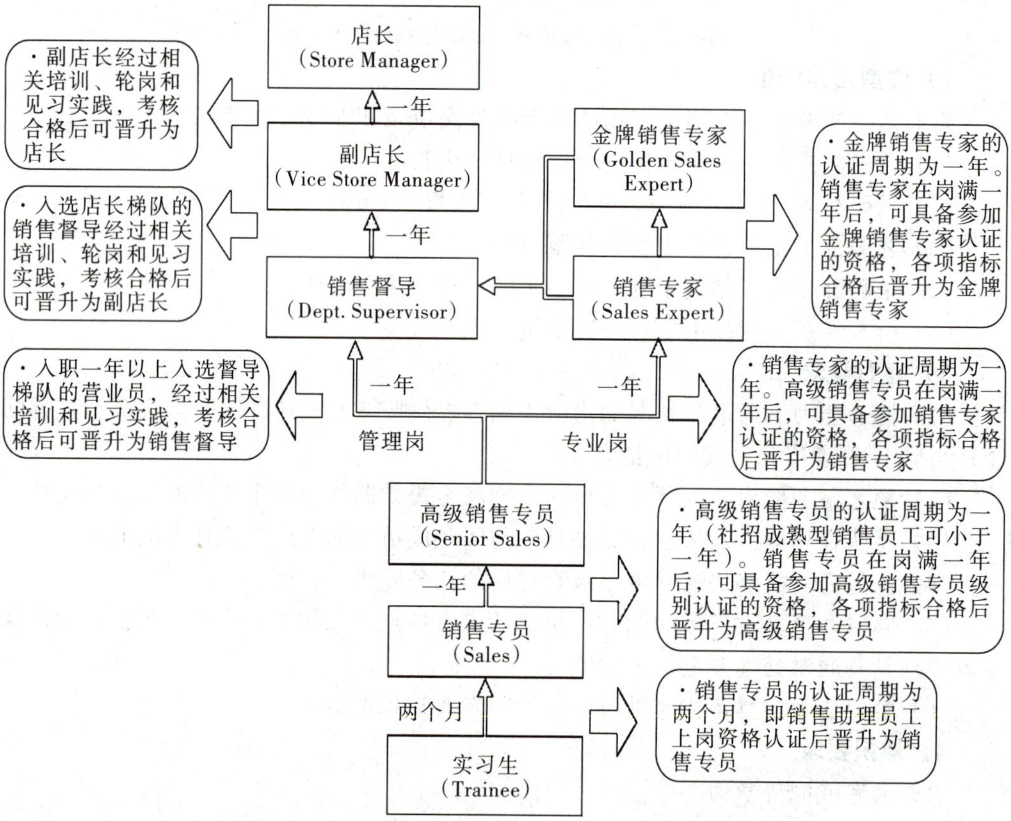

图4-12 专业/专卖店岗位设置与职业发展路径

2）典型工作岗位

高职学生毕业后，在专业/专卖店的主要工作岗位及职业发展路径如下：

（1）销售专员→销售主管→销售专家→金牌销售专家。

（2）销售专员→品类买手→品类主管→副店长→店长。

（3）销售专员→督导专员→行政督导→片区督导。

3）能力要求

（1）普通话标准，语言表达流利。

（2）掌握基本的电脑操作技能，电脑操作熟练。

（3）有一定的沟通能力和销售技巧，能有效促成销售。

（4）有良好的客户投诉处理技巧和解决问题的能力。

（5）掌握商品出样的相关技能，具备一定的陈列知识和相关基本技能。

（6）有很好的学习能力，能够快速学习岗位所需的专业知识。

4）知识要求

（1）具有一定的相关商品知识、服务礼仪及相关服务知识。

（2）一年以上零售工作经验或连续半年以上同岗位实习经验。

（3）掌握顾客接待、正常销售、支票销售、预付款销售、退换货和系统离线销售的标准操作流程。

（4）掌握商品养护、盘点、商品出货、现场投诉处理、市场调研、迎送宾客和交接班的标准操作流程。

（5）了解国家及企业相关商品销售与售后服务的政策法规。

5）素质要求

（1）积极主动、乐观开朗、适应性强，有较强的责任心。

（2）热爱服务性行业，具有良好的服务意识和团队合作精神。

（3）具有一定的抗压能力和吃苦耐劳的精神。

（4）思路清晰，具备一定的判断力、理解能力和应变能力。

4.2.4　网店的岗位设置

1）职业发展路径

网店组织结构的复杂程度与网店规模大小相关，连锁经营管理相关专业学生的初级岗位主要包括推广专员、网店客服和网店仓管等。网店岗位设置与职业发展路径如图4-13所示。

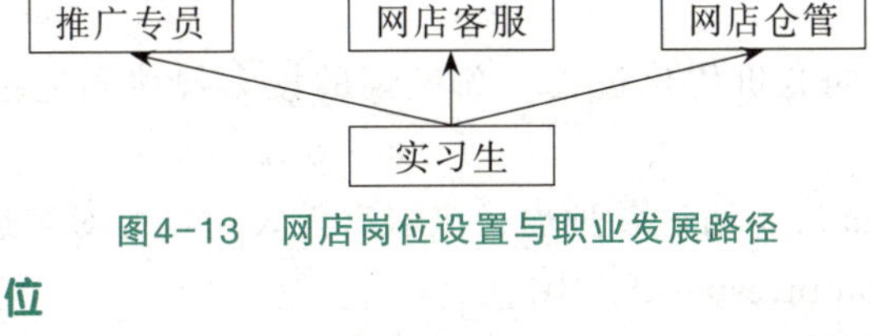

图4-13　网店岗位设置与职业发展路径

2）网店店长岗位

（1）岗位责任。店长是网店的管理者和负责人，整体把控网店运营的全部流程。其具体岗位责任主要有：

①负责收集市场和行业信息，提供有效应对方案。

②负责制订销售计划，带领团队完成销售业绩目标。

③负责网店的整体规划、营销、推广、客户关系管理等系统运营性工作。

④负责网店的日常活动策划、产品上架、推广、销售、售后服务等运营与管理工作。

⑤负责网店日常维护，保证网店的正常运作，优化网店及商品排名。

⑥负责执行与配合相关营销活动，策划网店促销活动方案。

⑦负责客户关系维护，处理客户的投诉和纠纷。

（2）能力要求。

①市场定位能力。

A.能找到好的类目和市场。既要对市场有很好的了解，又要多思考，对商品类目有充分的理解，不能单纯因为有方便的货源就盲目选择该商品。

B.对市场进行分析，找出产品的优点和弱点。在做每一个类目的时候，都可以进行SWOT分析，明确主营商品的优势和劣势、机会与威胁，从而避开劣势，躲开威胁，找到好的方向。

C.熟悉市场变化和规则。网店运营的规则在不断变化，店长要时刻关注这些变化，确认是否有与自己相关的信息，如活动的预告、规则的变化等。

②商品布局能力。

A.商品活动的布局。店长要懂得在什么时候做什么活动，要准备多长时间，要准备什么，什么时间开始上、下架等问题，这些都需要精心设计。

B.网店商品的布局。每一个网店都希望自己的商品排名靠前，每种商品都可以热卖，这就需要店长对商品做好布局。

③领导管理能力。

一般来讲，店长的所有工作都是围绕着网店展开的。也就是说，店长是整个团队的核心人物，店长既要懂得分配工作，也要协调好各岗位间的工作，让各个岗位相互配合，把工作做好。店长还要监督各个岗位的工作，想办法让整个团队高效工作，发挥团队最大的效力。

3）推广专员岗位

（1）岗位责任。推广专员主要负责提升网店流量。其岗位责任主要有：

①对平台的自然搜索认识深刻，通过对标题、关键词、转化率等相关因素的优化来提高产品排名。

②熟练掌握关键词竞价优化过程、关键词的搜索规律和途径，了解买家的搜索习惯。

③负责平台付费推广，通过各种途径提取有效关键词并对其进行优化，逐步提高投资回报率（Return on Investment，ROI）。

④报名参加平台的官方及非官方活动，引入优质流量，分析网店流量来源及流量质量。

⑤定期对广告及活动效果进行跟踪评估，负责统计、分析推广数据，定期向店长

提供统计数据、分析结果和优化方案，提升网店的营销能力。

（2）能力要求。

①站内外的引流能力。流量是网店的根本，推广专员要懂得如何去策划活动、打造爆款，怎么做才能给网店引入更多流量，如何提升流量转化率；对自然搜索、活动报名等免费推广方式，以及直通车、淘宝客、钻石展位等付费推广方式都要熟悉，这样才能给网店带来更多的收益。

②精准的数据分析能力。推广专员不仅可以通过市场行情的流量榜、热销榜及时了解行业最新动态，还可以结合运营分析中的数据，了解网店的流量和来源，利用这些数据可以有针对性地对网店进行改进和优化。

③店铺诊断的能力。推广专员不仅可以根据数据分析出网店存在的问题，还要知道如何调整以解决问题。比如，一个网店的展示空间很大，但是流量很少，那就要思考网店的引流是否精准，是因为主图没有吸引力，还是因为商品价格过高。

4）网店客服岗位

（1）岗位职责。客服是网店与客户沟通的服务岗位，是唯一面对客户的岗位，是实现网店转化率的重要保障。其岗位职责主要有：

①通过聊天软件耐心回答客户提出的各种问题，使双方达成交易，并处理订货信息。

②熟悉网店平台的各种操作规则，负责处理客户要求、修改价格等。

③解答客户提问，引导客户进行购买，促成交易。

④为客户提供售后服务，并以良好的心态及时解决客户提出的问题，满足客户的要求，处理客户投诉。

⑤对客户的订单进行确认和电话回访。

⑥做好每日工作报表的记录和提交，将收集到的问题及时反馈给店长和推广专员。

（2）能力要求。

①良好的沟通与协调能力。客服人员要善于倾听客户、了解客户、启发客户、引导客户，根据客户的需要提供服务和帮助，针对客户的抱怨和不满等，找出网店运营中存在的问题，对症下药，解决客户问题。

②“处变不惊”的应变能力。面对客户的差评、不理解等情绪，能处变不惊，灵活应对，稳妥处理，有一定的心理承受能力。

5）网店仓管岗位

（1）岗位责任。物流是网店的关键环节，仓储配送是用户满意度的重要保障。网店仓管岗位职责的要求有：

①负责商品的进库、出库与发货包装。

②准确无误地核对快递面单与商品货号、数量等。

③登记商品出入库记录。

④定期对库房商品进行盘点。

（2）能力要求。

①工作认真负责，听从安排，能吃苦、积极主动，有较强的执行能力和沟通协作能力。

②有较好的统计分析能力，熟悉商品知识，能对商品和单据进行盘点、整理及归档。

③熟悉仓库货品的进货、出货等管理流程，熟练电脑文书处理及ERP（企业资源计划）系统操作。

小资料4-2　　共享员工

共享员工，是指在新冠疫情的持续影响下，一些暂时难以复工的中小企业将员工以共享模式进行短期人力输出的合作用工方式。共享员工的做法是让员工在企业之间临时流动，实现人力资源的再分配。共享员工模式成为国内企业应对疫情进行积极自救的一次创新之举。

中南财经政法大学数字经济研究院执行院长盘和林认为，通过共享员工模式，人力资源得以实现流动，提升了社会资源配置效率，也恢复了一定的社会产出水平。共享员工在暂时劳动力过剩的传统餐饮业与暂时劳动力紧缺的新兴电商零售业之间流动，激发了劳动共享，解了传统餐饮企业、电商零售平台和员工三方的燃眉之急。

灵活用工将是未来中国人力资源供给的一个重大变化，共享员工是灵活用工的一次很好的实践。借助数字经济的发展，打破资源壁垒，拉近人力过剩企业和人力紧缺企业的距离，实现供求双方快速、精准匹配，使劳动力资源得以更有效流动。

温莎集团副总经理杨颖认为，由于许多行业有淡旺季，在淡季时，如果要保持旺季时的人力规模，企业用工成本会增加；而在旺季时，可能面临无法迅速组织员工的困境。对于企业用工需求而言，灵活用工的模式在未来可能会成为一种趋势。

4.3　连锁企业店长岗位职责

4.3.1　店长的定义及地位

微课：走进店长

连锁企业店长是门店的最高负责人，店长管理质量的好坏将直接影响到整个门店的营运绩效。店长对连锁门店的管理是依据连锁企业总部制定的营运手册来进行的，既要与总部保持良好的配合，又需协调与激励全体员工做好连锁门店的作业活动，从而不断地提高连锁门店的经营业绩。

1）店长的定义

通常对于连锁门店而言，连锁门店的最高管理者称为店长。连锁门店不是一家单体店，而是连锁店体系中的一分子，店长不是法定代表人，其工作重点是运营管理而不是经营，这是由连锁制经营方式决定的。在先进的连锁企业，店长对连锁门店的管理是依据连锁企业总部制定的营运手册执行的，这样既能保证连锁企业下属各门店的统一管理，又能保证店长作业的标准化和简便性。

2）店长的地位

（1）代表者。店长是门店的代表者，就企业而言，店长代表连锁企业处理与顾客、与社会有关部门的公共关系；就员工而言，店长是其员工利益的代表者，是员工呼声的代言人。

（2）责任者。门店不管设有多少部门、多少人员，也不管各部门、各类人员的工作表现如何，其最终的责任者都是店长，他对门店的经营绩效及门店的形象负有全责。

（3）执行者。店长是连锁企业总部政策及经营标准、管理规范、经营目标的执行者，他必须忠实地执行总部的一切决策。即使店长对总部的决策有异议或有自己的看法，也应当通过正常的渠道向总部主管领导汇报，而不能在下属员工面前表现出对总部决策的不满情绪或无可奈何的心情。

（4）规划者。为了实现总部所确立的店铺经营目标，店长应对门店的经营管理活动进行规划，如月度经营计划（包括营业总目标、部门营业目标、部门毛利目标）、促销计划、具体行动计划、每周业务管理重点等。

（5）指挥者。店长是门店的总指挥，他必须安排好各部门、各班次从业人员的工作，指挥他们按照总部的规范标准和门店各项计划要求来开展作业活动，通过最好的销售技巧和服务将最好的商品提供给顾客，以提升经营业绩。

（6）鼓舞者。店长应时刻激励全店员工保持高昂的工作热情和良好的工作状态，使全店员工都有强烈的使命感、责任心和进取心。

（7）协调者。店长负有上情下达、下情上传、内外沟通、协调关系的责任。所以，店长应具有处理矛盾和问题、与顾客沟通、与店员沟通、与总部沟通的耐心和技巧。

（8）控制者。店长必须对日常经营管理业务进行强有力的、富有权威的控制，控制的目的是保证实际执行工作与总部要求、门店计划、外部环境相一致，店长重点控制的要素有人员控制、商品控制、财务控制、数据控制以及环境控制。

（9）教导者。店长工作繁忙，并且常有外出活动，当其不在店内时，各部门的主管及全体店员就应及时独立处理店内事务，以免延误工作。为此，店长也应适当授权，并培养下属的独立工作能力，包括教育下属树立责任感、使命感和进取心，以及训练下属的工作技能，并在工作现场及时予以指正、指导与帮助。全店员工的素质提高了，店长管理门店就能得心应手。

（10）分析者。店长应永远保持理性，善于观察和收集资料，并进行有效分析以及对可能发生的情况做出预见。

4.3.2　店长的岗位能力与素质要求

连锁门店店长是具有特殊性质的管理者，拥有范围宽广的职务，是门店的全面负责者，但又不是一个具有各方面决定权的决策者。因此，店长这一特殊职务必须具备过硬的能力和素质。

1）基本指标

本书结合2018年CCFA发布的团体标准《零售店店长岗位要求》（T/CCFAGS 004—2018）及2019年CCFA金牌店长胜任力画像，总结出优秀店长的素质与能力要求。

从优秀店长应该具备的职业技能、职业素养和专业能力三个方面，共分解出29个指标。其中，职业技能包括学习能力、时间管理、沟通能力、决策能力、应变能力和创新能力6个指标（如图4-14所示）；职业素养包括职业操守、敬业精神、诚信意识、进取意识、服务意识和情绪管理6个指标（如图4-15所示）；专业能力包括战略解读、市场分析、经营筹划、品牌商管理、商品管理、场景管理、顾客服务、营销策划、业绩管理、数据分析、团队管理、带教管理、公关能力、财务分析、风险管控、项目管理和可持续发展17个指标（如图4-16所示）。

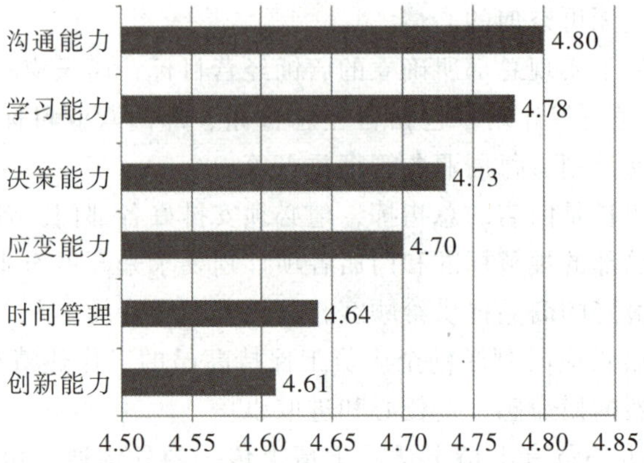

图4-14 金牌店长职业技能指标

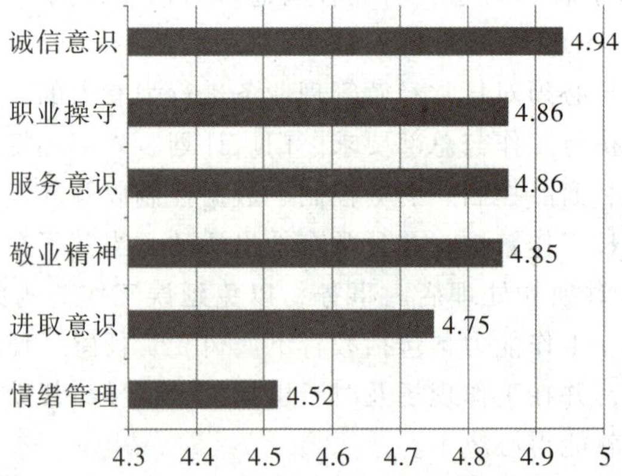

图4-15 金牌店长职业素养指标

2）各业态店长能力需求比较

（1）职业技能。

分业态来看，店长对本岗位所需职业技能的重要程度的认知略有不同（如图4-17所示）。学习能力是各业态店长均十分看重的职业技能。同时，超市、专业店的店长更加关注沟通能力，百货及购物中心的店长则对决策能力较为看重。此外，便利店和专业店的店长还将应变能力作为一项比较重要的职业技能。

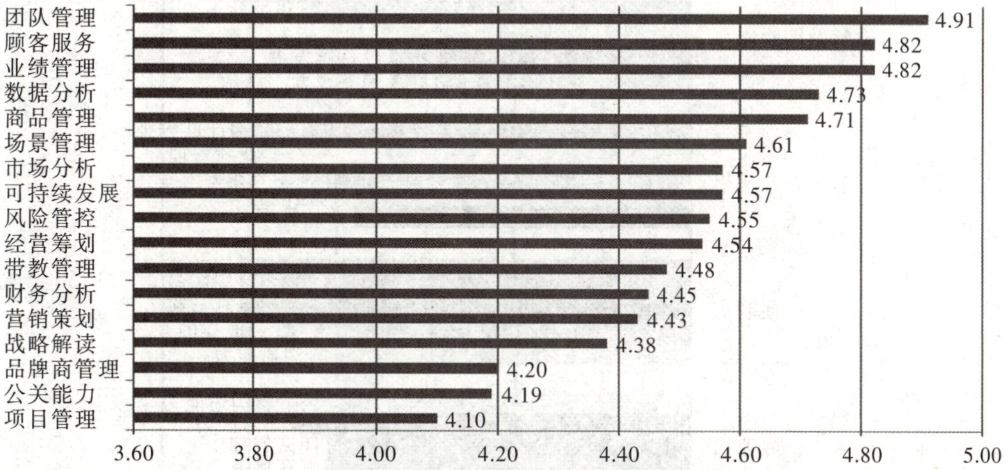

图4-16　金牌店长专业能力指标

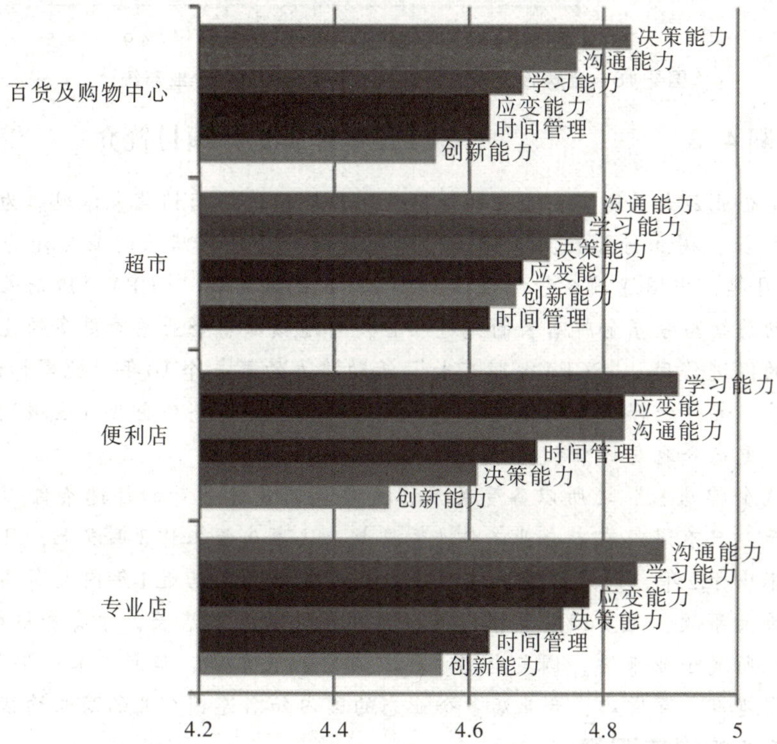

图4-17　金牌店长关于职业技能重要程度认知分业态统计

（2）专业能力。

分业态来看，各业态店长对本岗位所需专业能力的重要程度的认知略有不同（如图4-18所示）。从各业态店长评分排名前5的专业能力来看，团队管理和顾客服务是各业态店长均十分看重的专业能力。由于体量与经营模式的不同，百货及购物中心的店长对商品管理的要求不及其他业态，而更看重可持续发展的能力。超市的店长较重视业绩管理能力，而便利店和专业店的店长都很看重学习能力。

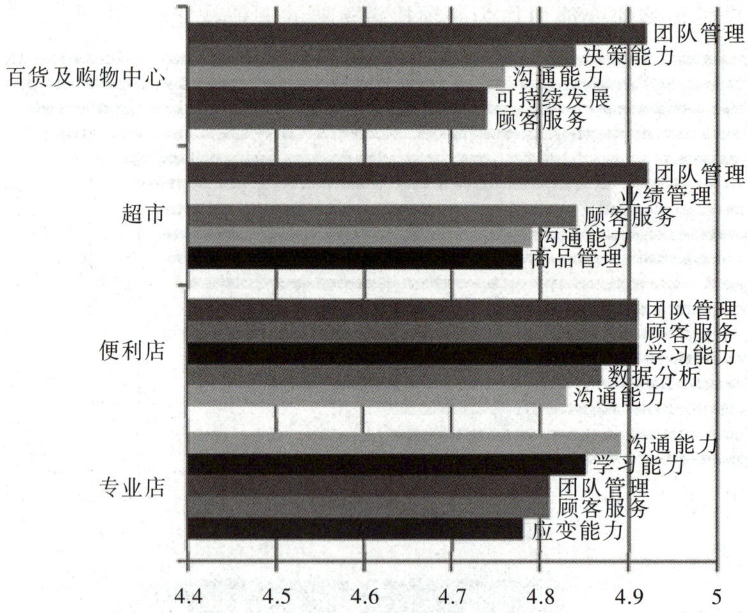

图4-18 金牌店长关于专业能力重要程度认知分业态统计

小资料4-3　　“CCFA金牌店长”项目简介

店长是企业最大的财富，企业的业绩优劣最终通过门店销售来体现。为表彰行业中的优秀店长，树立行业标兵，促进门店业绩提升，强化店长的业务能力培养，自2006年10月起，中国连锁经营协会推出每年一次的零售业“CCFA金牌店长”推选活动。该活动总结与分享金牌店长的先进经验，对连锁零售企业培养更多的优秀店长起到了积极的促进作用。“CCFA金牌店长”活动举办的第一个10年，就累计评出1 460位金牌店长，部分金牌店长已经走上了更高的岗位，负责整个企业（区域）的营运或采购业务，更充分地发挥个人能力。

“CCFA金牌店长”之所以备受关注，主要原因是其严苛的评选条件。组委会评选资料显示，只有满足在本企业工作4年以上，从事店长工作3年以上，且所在门店运营时间不少于2年，门店经营业绩位于本企业前列，门店近1年内无商品质量、食品安全等重大事故，无负面新闻报道等一系列条件的在职店长，才有资格申报评选。从上榜店长所属企业来看，国美电器、银泰百货、沃尔玛、华润万家等涵盖便利店、超市、大型超市、百货店、专业店多个业态的国内知名连锁企业的店长均榜上有名。

4.3.3 店长的岗位职责

作为一店之长，店长在遵守公司的各项规定，执行上级的指示，完成公司下达的任务，如营业目标，毛利、费用及利润目标等的同时，还要根据企业经营方针，依据商品特色和风格执行销售策略，重点做好人、货、场、客、财、科技、伙伴的全面管理。

1）员工管理

根据门店规模确定店铺人员设置；安排员工工作、选拔和考评；完成员工工作技能的指导、培养，关心和激励员工，提供员工晋升的机会。

2）商品管理

管理商品的价格变动、采购、退换货等，规范存货管理，减少商品损耗；负责门店货品补齐，规范库存盘点，确保畅销品有货，控制库存。

3）卖场管理

加强卖场防火、防盗、防工伤、安全保卫的工作；维护门店各种设备的正常运转，进行消防设施的核查、区域卫生的落实等；落实门店陈列方案，确保陈列效果；落实门店运营SOP（Standard Operation Procedure，标准作业程序）。

4）客户管理

落实客户服务的标准化作业程序，解决客户投诉，确保客户满意度；洞察VIP（Very Important Person，高级会员或重要客户）客户需求，提供个性化服务。

5）财务管理

负责盘点、账簿制作、商品交接的准确记录，做好各项报表的管理；将门店业绩指标分解到人，分解到季、月、周、日；跟进业绩达成情况，发现问题，调整策略。

6）科技管理

主动掌握自助收银、会员等新工具，并推动店员掌握；了解周围品牌的销售情况，登记店内客流量资料；主动通过微信、抖音等社交媒体开展营销，并推动店员应用。

7）伙伴管理

与店铺周边包括所在商场、社区、市场监管、卫健、消防等部门保持良好关系；建立客户档案，与消费者建立良好的关系，尽量满足其需求；维护与门店股东、业主的良好关系。

知识拓展4-2　　店长的类型和人才特征

一、店长的三种类型

1.做事型店长

小型门店。店长也要做店员的工作，会额外承担门店和人员管理工作，但管理色彩不重，更看重“店务规划力”。

2.运营型店长

总部强管控的中大型门店。店长在选品进货、商品陈列、营销策略和门店运营管理上都由总部指导，管理重心在于运营效率，以及员工执行力、稳定性和状态、士气等，更看重“店务规划力”和“团队影响力”。

3.经营型店长

总部授权的中大型门店。店长需要关注客户和市场，思考业务策略并做出决策，能看懂和经营“一盘生意”，相当于门店的“小CEO”，需要具备“市场敏感性”和“分析判断能力”。

当前店长群体的工作更接近“运营型”，与“经营型”店长还有一定差距。他们更加感性，依靠实操经验开展工作，而非深度思考和分析洞察，在经营策略方面需要依赖企业体系化管理的支撑。

二、店长群体人才特征

1.生意人担当

为实现业绩目标持续努力；敢于挑战更高的业绩目标，争取名列前茅。

2.店务规划力

分解业绩目标，落实到人，制订可执行的计划并及时调整，确保最终目标可达成；严格落实总部的各项制度和规范，跟进执行情况并及时纠正，确保员工的行为符合规范，为客户提供有品质的服务。

3.团队影响力

了解员工的基本情况，主动关心员工，用多种方式激励员工，保持团队士气；投入时间辅导带教，不断提升员工能力。

4.分析判断

关注门店经营数据，掌握门店经营状况，分析影响收入和成本的各项因素，发现问题；根据门店情况制定经营策略，对选品、定价、营销方案等进行调整，匹配对应资源。

5.市场敏感性

关注门店客户、竞争对手的动态和趋势，把握业务机会；主动学习抖音、小红书等新媒体平台的营销新方法，带领店员应用新技术、新工具，为门店引流、增加销售。

资料来源 《2022中国连锁企业人才管理报告》。

思政园地　习近平寄语青年

努力成为可堪大用、能担重任的栋梁之材

广大青年要坚持面向现代化、面向世界、面向未来，增强知识更新的紧迫感，如饥似渴学习，既扎实打牢基础知识又及时更新知识，既刻苦钻研理论又积极掌握技能，不断提高与时代发展和事业要求相适应的素质和能力……要坚持学以致用，深入基层、深入群众，在改革开放和社会主义现代化建设的大熔炉中，在社会的大学校里，掌握真才实学，增益其所不能，努力成为可堪大用、能担重任的栋梁之材。

——在同各界优秀青年代表座谈时的讲话（2013年5月4日）

成为有理想、有学问、有才干的实干家

“纸上得来终觉浅，绝知此事要躬行。”学到的东西，不能停留在书本上，不能只装在脑袋里，而应该落实到行动上，做到知行合一、以知促行、以行求知，正所谓“知者行之始，行者知之成”。每一项事业，不论大小，都是靠脚踏实地、一点一滴干出来的。“道虽迩，不行不至；事虽小，不为不成。”这是永恒的道理。做人做事，最怕的就是只说不做，眼高手低。不论学习还是工作，都要面向实际、深入实践，实践出真知；都要严谨务实，一分耕耘一分收获，苦干实干。广大青年要努力成为有理想、有学问、有才干的实干家，在新时代干出一番事业。我在长期工作中最深切的体会就是：社会主义是干出来的。

——在北京大学师生座谈会上的讲话（2018年5月2日）

本章小结

高效的组织结构有利于连锁企业经营目标的实现，连锁企业组织结构决定了岗位设置和人才需求状况，随着中国连锁业的不断发展，整体人才需求量大，就业前景看好。本章重点介绍了百货店、超市、专卖/专业店、网店四种业态人才培养需求和职业发展规划，试图吸引更多的高素质技能型人才加入到零售业；店长作为连锁企业门店的最高管理者，在组织中扮演重要的角色，店长的素质、能力对门店经营绩效有直接的影响，店长应根据企业岗位说明书有重点地开展日常工作。

基础训练

一、填空题

1.连锁企业组织结构是指连锁企业全体员工为实现企业目标而进行的分工协作，在________、________、________方面所形成的结构体系。

2.网店推广专员主要岗位职责是________。

3.________是网店唯一面对消费者的岗位，是实现网店转化率的重要保障。

4.连锁企业门店店长是门店的________，店长管理质量的好坏将直接影响到整个门店的营运绩效。

5.________是连锁企业的最高层组织，是连锁经营的指挥领导层、经营决策层和后勤服务层。

二、选择题

1.（　　）不是店长扮演的角色。

A.代表者　　B.执行者　　C.鼓舞者　　D.企业法定代表人

2.店长对商品的管理不包括（　　）。

A.缺货管理　　B.采购管理　　C.鲜度管理　　D.损耗管理

3.“10个瓶子7个盖，盖子轮流盖，还有3个没有盖。”这句话在业界广为流传，是形容（　　）的短缺。

A.店长　　B.主管　　C.收银员　　D.采购员

4.连锁企业组织结构由于（　　）不同而各有差异。

A.业态　　B.规模　　C.类型　　D.以上都对

5.配送中心是由（　　）部分构成。

A.分货配货　　B.生鲜加工　　C.流通库存　　D.以上都对

三、简答题

1.简述连锁企业总部的基本职能。

2.简述店长的岗位职责。

3.简述百货店、连锁超市和专卖/专业店人才的能力要求。

4.简述网店店长岗位的主要工作要求。

5.门店的主要职能有哪些？

四、案例分析题

永辉超市的合伙人制度

自永辉超市推出合伙人制度后，越来越多的业界同行关注仿效。在实体零售业内外交困的当下，合伙人制度的出现有望成为门店业绩增长和留住人才的灵丹妙药。

以下是媒体采访永辉超市管理者的资料分享：

合伙人制度的核心就是：总部与经营单位（合伙人代表）根据历史数据和销售预测制定一个业绩标准，如果实际经营业绩超过了设立的标准，增量部分的利润按照比例在总部和合伙人之间进行分配。所谓经营单位，就是总部与其进行利益分配的另一方。由于永辉超市有数万名员工，总部不可能与每一位员工开会敲定合伙人制度的一些细节和考核标准。因此一般是以门店或者柜组为经营单位，它们代表基层员工参与合伙人计划，与总部讨论至关重要的业绩标准。

“这也是一个试错的过程，我们希望能够在未来找到一种科学的机制，像华为和万科那样，与每一位员工共享利益。永辉超市的合伙人制度最初是希望做到‘增量利润的再分配’。”

2013年的一天，永辉集团董事长张轩松在门店调研时发现，基层员工收入低，工作积极性不高。他当时想，能不能给永辉超市每一位基层员工每个月增加300元的收入？正是这一朴素的想法诞生了后来永辉超市内部推行的合伙人制度。

据悉，最开始，合伙人制度只在某些生鲜品类的销售岗位试行，因为销售岗位的业绩比较容易量化。在随后的2014年，永辉超市在全公司进行推广，合伙人制度几乎适用于所有的基层岗位。

“事实上，一些后勤岗位也可以用量化的方式来推行合伙人制度。比如，防损岗位就有损耗率的考量，节省下来的钱就相当于利润。又如，工程部在保证质量的前提下，省下来的预算也相当于业绩。”

“一般情况下，合伙人以门店为单位与总部商谈。永辉超市总部代表和门店的店长、经理、课长一起开会探讨出一个预期的毛利额作为业绩标准。将来门店经营过程中，超过这一业绩标准的增量部分就会被拿出来，按照合伙人的相关制度进行分红：或者三七，或者四六，或者二八。店长拿到这笔分红之后就会根据其门店岗位的贡献度进行二次分配，最终使得分红机制照顾到每一位基层员工。”

可以看出，永辉超市的合伙人制度相当于总部与小团队的利益再分配。一个问题是，永辉超市推行合伙人制度的目的是激励基层员工，一些小团队的负责人会不会中间“截留”利益，使基层员工得不到奖励呢？

对此，永辉超市表示，首先，合伙人制度对基层员工的分红比例有明确的规定。其次，永辉超市总部将合伙人制度的相关条例完全透明公开，基层员工可以根据自己的业绩估算出将来的分红。在这种情况下，经营单位的负责人也不敢“中饱私囊”。

自合伙人制度推行以来，已经有不少基层员工从中获益。“实行合伙人制度以来，在原来工资、奖金一分钱不少的情况下，我基本上每个月都能拿到一两千元分红，多的时候达到3 000元，相当于在原来的基础上翻一番。”永辉超市一位肉禽部课长表示。

此外，合伙人制度还突破了一系列经营管理方面的瓶颈。永辉超市的离职率从8%降至4%，商品损耗率从6%降至4%，上货率、更新率大为提高，商品质量、服务质量也均有提升。

永辉超市的合伙人制度，看上去是老板将自己应该得到的利润拿出去分给员工，貌似“吃亏了”，但其实这是最高明的激励措施。正如一位管理学专家所说：激励就是用将来的钱换取员工当下的努力。

资料来源　佚名．永辉超市合伙人制度解密［EB/OL］．［2019-12-15］．http：//down.winshang.com/ghshow-712.html.

案例解析：企业的企字由“人”+“止”组成，缺少人才，企业将停止。从汉字形状分析，“人”靠两足支撑，那么企业靠什么支撑呢？企业的“两足”分为外足和内足，外足指的是顾客，内足指的是员工。所谓“把企业做小，把顾客与员工做大”，就是因为企业是靠顾客和员工支撑起来的。把顾客做大，是为企业创造价值；而把员工做大，则是让员工发自内心地为顾客创造价值。

请思考：

（1）合伙人制度的优势主要体现在哪几个方面？

（2）合伙人制度突破了企业哪些经营管理瓶颈？

实践训练

走访调查大卖场、专卖/专业店和餐饮连锁企业，了解这些企业总部组织结构和门店组织结构，将调查结果用PPT的形式进行演示。

第5章

连锁企业商品管理

——买卖要得时，商品要入时

教学指导

学习目标：熟悉商品的分类与结构；掌握商品选择定价方法；掌握连锁企业品牌管理；学习商品促销的方式。

技能要点：商品构成和定价管理；商品促销的正确使用。

本章结构：

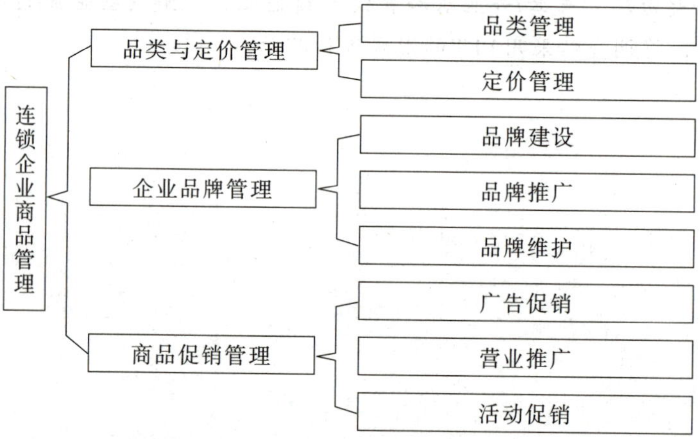

在连锁企业的经营过程中，商品管理扮演着重要的角色。通过对商品的正确选择和定位，以及恰当的价格策略，连锁企业能够更好地凸显品牌在企业发展中的地位和作用，并通过合适的促销手段，为企业经营助力。本章将从品类与定价管理、品牌管理和促销管理三个方面进行论述。

引例

小业态迅速扩张：干掉大卖场的“品类杀手”？

有一天，传统超市和大卖场可能会逐渐被小业态专业店所取代。也许这样的判断会有些武断，但事实是，传统超市和大卖场的市场份额正在被小业态专业店所蚕食。目前，小业态专业店正以惊人的复制能力迅速扩张，一场以小业态为核心的变革正席卷而来。深耕于某一行业或品类，具有专业、精细、差异化和便捷性的特征，更好地迎合消费者的需求，正是小业态专业店制胜的法宝。

深圳百果园实业发展有限公司（以下简称百果园）就把商品的专业、精细做到了极致，在水果商品的管理运营上精耕细作，从产地种植、物流运输到保鲜度和质量控制，再到零售终端的布局陈列，百果园的触角已深入到水果行业的全产业链中。

在质量控制上，百果园建立了一套自己的果品标准。水果按照“四度（糖酸度、新鲜度、脆爽度、细嫩度）一味（香味）一安全（安全性）”的分级标准，分为A级、B级、C级三个等级。不同的等级在采购地、价格、运输、包装、营销上都会有所区别。一般情况下，百果园主要销售A级果品，会有少部分B级果品，不出售C级果品。

在损耗管控上，百果园也有自己的一套系统。从产地发运开始到终端，百果园梳理出15个关键点，包括运输方式、包装、配送、陈列、营销等都跟损耗挂钩。百果园先将水果进行分类，按照耐储易损程度分为六个等级，不同耐储易损等级的水果在货架管理、库存管理、运输管理、门店终端销售等方面相互匹配，从而降低综合损耗率。

在新鲜度管理系统中，百果园为每种商品设定可售卖时间，当时间临近时，系统会自动报警提示尽快处理商品。在订单系统中，百果园根据历史数据、库存、天气情况、节假日、近期销售等因素，主动生成门店订单，店长需做好审核工作，即使是扔掉一个苹果，店长也要及时在系统中报损。

在水果来源上，百果园在国内有100多个直采基地，且国产水果直采比例达到90%。2002年，百果园在江西投资建立了约1.9万亩的种植基地。2004年，百果园又在海南投资建立了蜜瓜和木瓜种植基地。同年，百果园的葡萄园落户云南，面积约1 000亩。百果园指导种植基地按照百果园的要求种植水果，从而促使产品达到标准。百果园还有自己的进口水果全球采购系统，可以从美国、英国、阿根廷等16个国家的44个水果公司直接采购。

商品管理，是指一个零售商从分析顾客的需求入手，对商品组合、定价方法、促销活动，以及库存管理和其他经营性指标做出全面的分析和计划，通过高效的运营系统，保证在最佳的时间，将最合适的数量，按正确的价格向顾客提供商品，同时达到既定的经济效益指标。互联网时代下商业竞争日趋回归本质，B2C、C2B、O2O、F2B等电商模式虽然层出不穷，但它们的核心还是基于产品做加法。回归商业本身，依托产品自身革新，创新商品管理成为企业竞争突围的绝佳通道。

资料来源　姜海锋. 小业态迅速扩张：干掉大卖场的“品类杀手”？[EB/OL]. [2019-07-08]. http：//www.linkshop.com.cn/web/archives/2015/328960.shtml？ sf=wd_search.

5.1 品类与定价管理

5.1.1 品类管理

1）商品定位

（1）商品定位的定义和特征。商品定位，是指连锁企业针对目标消费者和生产商的实际情况，动态地确定商品的经营结构，实现商品配置的最优化状态。商品定位包括对商品品种、档次、价格、服务等方面的定位。商品定位既是企业决策者对市场判断分析的结果，又是企业经营理念的体现。连锁企业通过商品定位树立其在消费者心目中的形象。

连锁企业的商品定位具有以下特征：一是致力于提高顾客满意度，这是企业赖以生存的主要因素。二是具有长期性。企业只有长期满足目标消费者的需求，才能树立良好的企业形象。三是具有竞争性。企业只有从竞争的商品中显示出自己的独到之处，才能使消费者更容易选择并重复购买，从而使企业赢得竞争优势。

（2）商品定位的影响因素。影响商品定位的因素有以下几种：

一是业态。业态不同，商品定位就不同。例如，生鲜食品类是社区超市的主力商品，占比超过50%；而便利店以速食类和饮料类为主，生鲜食品类的占比在30%以下。因此，业态的确定会为商品定价的形成提供参考。

二是消费对象。影响消费者购买的因素很多，包括地理变数，如城市与乡村在消费水平、消费行为等方面的差别；人口变数，如消费者的年龄、性别、家庭规模、收入、职业、受教育水平、国籍等因素；心理变数，如消费者的社会阶层、生活模式、个性、价值观等因素。这些变数都会影响消费者的消费行为，甚至改变消费者的消费习惯。

三是消费区域。不同区域零售商的商品定位不同。购物中心、商业中心和交通便利的繁华区域的店铺租金贵、成本高，想要获取较大的利润，零售商必须经营适合消费者需求的中高档商品；而处于街头巷尾的零星小店，则经营价格低廉的生活必需品。

四是经济发展水平。一般情况下，按经济发展水平不同，商品结构可分为温饱型、小康型和富裕型三种类型。虽然它们在一个区域内可交叉存在，但不同的商品结构有不同的商品主体。连锁企业的商品定位必须适应不同的经济条件下消费者对商品的不同需求。

2）商品组合

商品组合，又称商品经营结构，是指企业经营的全部商品的结构，即各种商品线、商品项目和库存量的有机组合方式，是连锁企业经营的商品集合。

商品组合一般由若干个商品系列组成。所谓商品系列，是指密切相关的一组商品。此组商品能形成系列，有一定的规定性。有的商品系列是由于其中的商品能满足消费者某种同类需求，如替代性商品（牛肉与羊肉）；有的商品系列是必须配套在一起使用或出售给同一类顾客，如互补性商品（手电筒与电池）。

3）品类管理

单品是商品分类中不能进一步细分的、完整独立的商品，是零售企业商品经营管理的最基本单位。例如，200毫升的××滋润去屑洗发水，就是满足头发护理要求的一个具体单品。品类是一组易于区分、能够管理的产品和服务，消费者在满足自身需求时认为该组产品和服务是相关的，或是可以相互替代的。品类管理是以消费者为中心，以品类为业务单元，以数据为依托，通过零售商与供应商的有效合作，发现并满足顾客的消费需求，从而提高业绩的零售管理流程。

品类管理不是一次性的项目，而是一个流程，该流程包括品类定义、品类角色、品类评估、品类评分表、品类策略、品类战术、品类计划实施和品类回顾八个步骤，如图5-1所示。

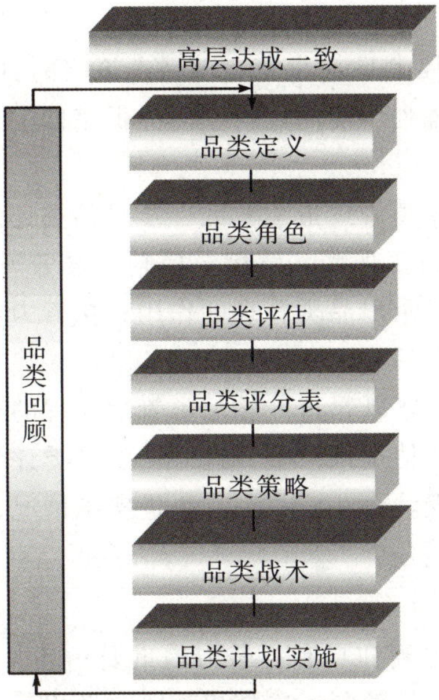

图5-1　品类管理流程图

（1）品类定义。品类定义是对品类的结构进行分类并描述，包括大分类、中分类和小分类等。品类定义通常以消费者需求为出发点，将杂乱无章的产品和服务进行归类，让它们按照消费者的分类找到自己的归属，每个产品和服务都“有家可归”。

（2）品类角色。品类角色是零售商根据自身的战略，运用一定的方法和衡量标准决定一个品类在门店所有品类中扮演的角色。品类角色研究如何对品类进行分工，给予其不同的角色与衡量指标，从而推动企业这个“庞然大物”不断前进。品类角色决定了零售商整体业务中不同品类的优先顺序和重要性，还决定了品类之间的资源分配。

（3）品类评估。品类评估是对品类现状的审查，是对品类机会的挖掘，充分的品类评估将促使企业的经营战略和营销活动得到全方位的改进。因此，品类评估必须全面，不能只局限于销售量、利润等财务指标，还要考虑市场发展趋势、品类发展趋势、品类相对于市场和竞争对手的表现、品类库存天数等因素。品类评估包括确定衡量指标、获取信息、信息分析、导出结论四个步骤。

（4）品类评分表。品类评分表是一个综合平台，是衡量品类管理的有效性和跟踪品类管理执行情况的重要工具，主要包括零售商和供应商双方共同关心的指标，如销售额、利润增长率等。由于零售商的营销目标不同，评分表的指标可能不同，如有些零售商当前的营销目标是增加客流量，那么渗透率便成为其所关注的指标。评分表的指标不应太多，否则便没有了重点。品类管理是一种科学系统的管理方法，而不是速效药，所以不能指望它在短期内迅速地解决各种问题。

（5）品类策略。品类策略是企业为实现品类经营角色和评估目标而制定的策略。品类策略的制定要做到因地制宜，根据零售商的目标和特点，基于顾客群分析、竞争对手分析、市场分析来制定。常用的品类策略有提高客单价、增加客流量、提升利润、强化门店形象等。

（6）品类战术。品类战术是企业为实现品类策略的目标所采用的具体操作方法，主要包括商品组合、商品陈列、商品定价、商品促销四个方面，也有人将供应链管理加入进来成为第五个方面。

（7）品类计划实施。品类管理最重要的一步是品类计划实施。前面的步骤靠几个人就可以完成，但这一步需要采购、营运、后勤、财务等部门的有效协作才能完成。执行力好的项目，会很快显示出品类管理的作用；执行力差的项目，品类管理会因为执行走样而饱受挫折。

（8）品类回顾。品类回顾既是这一轮品类管理流程的最后一步，用以评估目标的达成率，也为下一轮品类评估提供借鉴，进而调整品类评分指标、品类策略和品类战术，完成新一轮的品类管理。企业应每个月跟进实施情况，追踪品类表现，每三个月对品类进行一次全面的回顾。

5.1.2 定价管理

定价管理是确保企业盈利和具有竞争力的重要一环。连锁企业有两个终极目标：一是满足消费者的需求；二是盈利。这是相互依存又相互矛盾的两个终极目标。企业需要在二者之间找到一个平衡点，以维护经营者和消费者双方的合理利益。这就是连锁企业定价管理所要解决的问题，是定价管理的目标和宗旨。

1）商品定价的影响因素

连锁企业在市场竞争中牵涉到几种不同的力量：供应商、消费者、竞争者。这几种力量从不同的方面对连锁企业的定价产生影响。

一是供应商。无论是自有品牌的商品，还是其他品牌的商品，连锁企业销售的每件商品的成本都受供应商的影响。也就是说，供应商对商品的定价是成本层面的。由于原材料价格、其他费用等的变化使供应商的价格有所波动，因此连锁企业的商品采购成本会受制于供应商的生产成本及其他成本。企业在定价时需要考虑这些成本因素。

二是消费者。连锁企业需要在企业利益和消费者利益之间求得一种平衡。尽管企业是以营利为目的的，但是存在消费者对价格的承受力问题。另外，由于对商品的选择变得更丰富，因此消费者的议价能力或者对价格的选择性更强了。连锁企业不仅要满足消费者的需求，还要培养消费者的忠诚度。

因此，企业定价策略不可能不受消费者需求的影响，这种影响可以分为心理层面和需求层面两种。心理层面的影响，是指消费者对价格的感受和敏感程度，这种感受对他们的购买选择和行为产生影响。例如，在超市买饮料和在高档场所消费同样的商品，消费者会认为价格不同是正常的，对其有不同的承受力。需求层面的影响，是指消费者对不同价位、不同品牌、不同规格的商品的需求不同，其定价不能按照销售量成比例地升降。

三是竞争者。连锁企业为了扩大销售量会从服务和价格两个方面着手参与竞争，消费者对某些商品和服务是价格敏感型的，企业的定价策略要参照竞争对手的价格因素决定本企业的商品定价，这是一种博弈关系。

无论哪个层面的影响都不是一成不变的，需要连锁企业不断关注市场上各种因素对价格影响的变化，随时进行合理的价格调整以适应变幻莫测的市场竞争需要。定价管理原则上就是在上限与下限之间，按照市场的变化进行合理的定价。

2）商品定价的方法

考虑到定价的影响因素，常用的商品定价方法可分为三种：

（1）成本导向定价法。它具体包括以下方法：

一是成本加成定价法，即成本加上预期利润来定价。其公式为：

单位商品价格=单位商品总成本×（1+加成率）

拓展阅读：定价的秘密：十三种靠谱的定价方法

加成率是预期利润占商品总成本的百分比。不同时间、地点、市场环境下商品的加成率是不一样的。

该方法的优点是计算方便，在市场环境诸因素比较稳定的情况下，可以保证企业利润及企业的正常经营。该方法的缺点是没有考虑竞争对手和市场需求状况。

二是售价加成定价法，即以成本为基数，按售价的一定百分比来计算加成率，从而得出售价。其公式为：

单位商品价格=单位商品总成本÷（1-加成率）

该方法多为商品流通企业尤其是零售商采用。因为对于零售商来说，该方法更容易计算商品销售的毛利率（加成率）；而对于消费者来说，在售价相同的情况下，用该方法计算出来的加成率较低，更容易接受。

三是分类加成定价法，即对不同的商品采用差别毛利率定价的方法。

敏感商品和其他商品选用不同的加成率进行加成定价。与传统采用的统一毛利率定价法相比，分类加成定价法具有灵活性，更加符合市场竞争的需求，甚至能获得比统一毛利率定价法更高的利润。

（2）需求导向定价法。它具体包括以下方法：

一是心理定价法，是指依据不同类型的消费者在购买商品时的不同心理和不同需求来制定价格，诱导消费者增加购买，扩大企业的销售量。

① 尾数定价法，是指在定价时商品价格取尾数而不取整数的定价方法，使消费

者购买时在心理上产生便宜的感觉。例如，一双袜子定价9.8元，比定价10元好。

② 整数定价法，是指在定价时将商品价格定成整数，不带尾数，使消费者产生“一分价格一分货”的感觉，以满足消费者的某种心理需求，提高商品形象。对于名优的、紧俏的商品宜采取整数定价法。

③ 分级定价法，是指在定价时把同类商品分为几个等级，不同等级的商品其价格不同。这种定价法能使消费者产生货真价实、按质论价的感觉，因而容易被消费者接受。

④ 声望定价法，是指在定价时将有品牌声望的商品的价格定得比一般商品要高。这是基于消费者对企业品牌信任的心理而使用的定价方法。

二是需求差异定价法。

① 因地点而异。同样的饮料，在杂货店售价5元，在娱乐场所售价7元，而在高档饭店售价可达10元，同样能为消费者接受。

② 因时间而异。依据销售旺季、淡季的需求差异制定不同价格。旺季可将价格定得高些，而在淡季可将价格定得低些。

③ 因顾客而异。顾客因职业、收入、年龄等方面的差异会有不同的需求，门店在定价时给予不同顾客一定的优惠，可获得良好的销售效果。另外，针对顾客的求廉心理，有意将一种或几种商品价格大幅度降低，以吸引顾客进店购买商品，带动其他商品的销售。

（3）竞争导向定价法。它具体包括以下方法：

一是跟随市场定价法，又称随行就市定价法或流行水准定价法，是指以本行业的平均价格水平为标准的定价方法，是竞争导向定价方法中广为流行的一种。这种定价法的原则是使本企业的商品价格与竞争者的商品价格保持一致。

二是跟随领导者定价法，是指以行业领导者的定价为依据，根据自身在竞争中的地位，与领导者的商品价格保持适当距离的一种定价方法。这种定价方法往往是行业的追随者采用的。企业依据与竞争对手所提供的产品和服务在外观、质量、品牌、售后服务等方面的差别来确定价格，以便于消费者区分产品，树立企业的市场地位和市场形象。

【精选案例 5-1】　为何阿尔迪价格如此之低？

如果曾经光顾过阿尔迪，你就能体会到阿尔迪随时为你省钱，而且数目不菲。阿尔迪商品实在太便宜了，甚至让人怀疑商品在某个环节打了折扣。阿尔迪价格如此之低自有不少妙招，企业能够开创性地削减成本，从而将节省的成本返还给顾客。让我们来看看其到底是如何实现的。

1.只在购物高峰期营业

投资咨询公司分析，阿尔迪门店只在购物高峰期营业，通常在晚上7点、8点或9点关门。依照阿尔迪的说法，这样既减少了人员与水电费的开支，又杜绝了深夜噪声，使阿尔迪成为社区居民的美邻。

2.尽量削减包装

撕开一整袋薯片或麦片，你会发现其中一半是空气，对吗？这被称为“冗余包装”。据英国《卫报》报道，大力减少冗余包装是阿尔迪省钱的另一种方式。包装相同的商品，更少量的空气意味着可以使用更小的盒子或袋子。较小的包装从商品流通的各个环节上，都能节省一系列成本：商品包装成本较低；更适合托盘作业；更适合卡车运输；商品配送过程中消耗的燃料成本更低；商品占用空间更小；仓储效率更高。此举意义重大。

3.顾客亲自回收购物车

去阿尔迪购物，千万记得携带用于购物车租借的硬币，否则会相当麻烦。顾客只要将购物车放到回收处，就能取回硬币。由于顾客帮忙跑腿，将购物车返回门店前方的回收处，阿尔迪员工不必为此劳神费力，积少成多，每周加起来，就能节省一定的人工成本。

4.注重门店前期投入

阿尔迪发布文件详细说明了对门店位置的要求，可谓面面俱到。阿尔迪门店要求位于十字路口，毗邻其他商店，顾客可以轻松选购心仪的商品，不必在货架上四处翻找。同时，节省成本从门店建设开始。据阿尔迪介绍，公司选用质量优良、经久耐用的材料，精心建造门店。尽管前期投入较高，但是阿尔迪深谋远虑，着眼长远。随着时间的推移，由于维护成本低，设施更换少，设备磨损小，阿尔迪物业的分摊成本会很低，这样就带来双重好处——既为顾客省钱，又让阿尔迪成为美邻。

5.保持较少的商品品类

去阿尔迪购物，顾客不必在20种不同的糙米中左挑右选，因为阿尔迪有意识地限制了商品品类。一直以来，阿尔迪门店只销售1 400种核心商品。限制商品品类，形成集中采购，这样才能为顾客大量省钱。

6.大量销售自有品牌商品

据阿尔迪介绍，门店货架上陈列的商品，90%以上都是自有品牌。之所以如此，原因有很多：这样不仅能够严格推行质量管控、确保标准落实到位，还能完全管控供应链上的各个环节。阿尔迪消除了中间商这一增加成本的重要环节。

7.从不赠送购物袋

纵观阿尔迪全球的顾客，所有的购物袋加起来将是一个庞大的数字。不免费提供购物袋，为阿尔迪节省了大笔资金，阿尔迪不但将其如数返利给顾客，而且保护了地球环境，真是“一箭双雕”。

8.限量供应农产品和其他易腐食物

由于不能确保水果、蔬菜等易腐食物销售时完好无损，阿尔迪只能减少相应库存，从而降低经营风险。

9.门店商品存货不多

与其他商家不同，阿尔迪从不将大量资金积压在存货上，这意味着阿尔迪不在仓库和储藏室保留大量库存，从而降低运营成本。只有销售需要时才重新订购，这得益于阿尔迪对顾客需求和商品配送极强的监测能力。万一供应链崩溃，阿尔迪以自有品牌商品为主的经营策略，也大大增强了其抵御风险的能力。

10.商品上架，操作简便

将商品搬出卡车，运进门店，摆上货架，阿尔迪在商品上架的整个过程中都采用了科学的方法。商品通常采用统一格式的包装箱，直接上架销售。比起其他商家，阿尔迪员工只需花费很少的时间整理货架，可以腾出更多的时间处理其他事务，这样也大大削减了人工成本。

11.门店员工为数不多

从整理货架、收银到商品销售等，传统的商家全方位设立工作岗位，但阿尔迪要求员工掌握多种技能，胜任各种角色，从而将人员编制保持在最低限度。阿尔迪每家门店只有8~10名员工，而且任何时候，当班人员都不超过4人。

12.门店面积都很小

阿尔迪平均门店面积只有17 000平方英尺，其采用小规模门店形式，在电力和供暖等方面的花费较少，从而节省了资金。这也是最大限度降低运营成本的一种方式。

13.门店节能措施近乎完美

阿尔迪所有门店都采用环保设计并配备环保设施，还使用热能回收技术，将制热成本降低30%。

14.卡车也非常节能

阿尔迪节省成本的措施也延伸到了卡车的使用方面。阿尔迪的卡车车身更轻，并且采用流线型设计。卡车配备了更轻的轮胎，具备良好的燃油效率，甚至使用车载GPS，能让司机依照最佳路线行驶。

资料来源　DEBRA KELLY．为何ALDI价格如此之低？[EB/OL]．[2020-05-26]．http：//www.linkshop.com.cn/web/archives/2020/440526.shtml？sf=wd_search.

5.2　企业品牌管理

5.2.1　品牌建设

企业品牌传达的是企业的经营理念、企业文化、企业价值观及对消费者的态度，它能有效地帮助企业突破地域之间的壁垒进行跨区域的经营活动，并在各个差异性市场上展示统一的形象、做出统一的承诺，使不同的产品之间形成关联，整合了产品的品牌资源。

企业品牌是在商品品牌和服务品牌的基础上衍生出来的。只有拥有与商品品牌相匹配的超值服务，即企业建立有别于竞争对手的、富有企业文化内涵的、独特的服务品牌，才能不断提升商品品牌的价值含量，提高企业的美誉度，否则企业品牌的内涵就要大打折扣。正是有形的商品品牌和无形的服务品牌相互结合，才成就了提升企业核心竞争优势的企业品牌，一个优秀的品牌成就一个优质企业。

品牌对于企业的意义不只是区别于竞争对手，更重要的是锁定目标顾客，让一般顾客成为忠诚客户。当企业品牌深入人心之后，就会成为知名品牌，从而降低营销成本，成为企业的核心竞争力。

1）品牌建设的意义

品牌建设（Brand Construction），是指品牌拥有者对品牌进行的规划、设计、宣传、管理的行为和努力。

（1）增强企业的凝聚力。这种凝聚力不仅能使团队成员产生自豪感，增强员工对企业的认同感和归属感，还有利于提高员工素质，以适应企业发展的需要。全体员工以主人翁的态度工作，产生同舟共济、荣辱与共的思想，关注企业发展，为提升企业竞争力而奋斗。

（2）增强企业的吸引力与辐射力。优秀的企业品牌不仅使企业的投资价值提升，还能吸引人才，从而使资源得到有效集聚和合理配置。企业品牌的吸引力是一种向心力，辐射力则是一种扩散力。

（3）提高企业知名度和强化竞争力。品牌文化力是一种无形的、巨大的推动企业发展的力量。企业实力、企业活力、企业潜力以及可持续发展的能力都集中体现在竞争力上，而提高企业竞争力同提高企业知名度密不可分，这种提高是依靠“品牌”无形的文化力来实现的。优秀的企业品牌有利于企业知名度和竞争力的提高。

（4）推动企业发展和社会进步。企业品牌不是停留在美化企业形象的层面，而是成为吸引投资、促进企业发展的巨大推动力，进而促进企业将自己像商品一样包装后拿到国内市场甚至国际市场上“推销”，推动了企业的发展和社会的进步。

2）品牌建设的内容

（1）定位的差异化。品牌规划的前提是对品牌进行科学、合理的定位。所谓定位，就是告诉别人“我是谁”，我跟别人不一样。解决了“我是谁”的问题，就解决了“卖给谁”的问题，也就解决了品牌的目标消费群定位的问题。例如，“奔驰”品牌的定位是尊贵，其目标消费群就是有身份、有地位的人士。既然这样，产品价格自然不能太便宜，产品品质必定是一流的，广告传播的对象也一定是有身份、有地位的人士。“沃尔沃”品牌的定位是安全，其目标消费群就是追求安全的购车一族。连锁企业的品牌定位需要通过产品、门店形象、业态、服务等多种因素共同形成。

（2）形象的统一性。进行品牌定位后需要做的工作是建立品牌视觉形象，即品牌形象是以视觉的形式把品牌定位的核心理念表现出来。例如，麦当劳的黄色M、肯德基和蔼可亲的“肯德基爷爷”形象等都给人们留下了深刻的印象。一个品牌在定位之后，必须围绕其定位来确立视觉形象，必须在消费者面前把这种形象强烈地表达出来，深深地印在消费者的脑海里。

（3）传播的持续性。品牌定位和品牌形象建设完成后，剩下的工作就是持续不断地传播品牌定位和品牌形象。品牌定位可以以广告语的形式呈现在消费者面前。例如，麦当劳的广告语是“常常欢笑尝尝麦当劳”“我就喜欢麦当劳”，其表现的是麦当劳给消费者带来的快乐和优质的服务体验。品牌传播只有持续不断地表达品牌核心理念，才能使品牌深入人心。广告、公关、促销等营销行为切忌背离品牌核心理念。

3）品牌建设的关键因素

（1）品牌应该规划到战略中去。

品牌不是一个独立的部分，它与企业利润、企业市场环境、企业的内外部资源紧密结合，不可分开。企业在做战略规划时，就应该将企业的品牌塑造与企业宗旨有效结合起来。例如，当企业达到某一阶段时，应该让用户对品牌有什么样的认知，品牌的宣传范围应该有多广，应该如何将品牌与企业发展相结合等，都要有所考虑。

（2）媒体不是塑造品牌的全部。

通过赞助某项活动或举办项目评选等媒体活动，可以让品牌在一定时间内产生较好的社会影响，提高企业的销售利润。但是，把媒体当作塑造品牌的全部，完全没有考虑到品牌自身所蕴含的内在品质，这不利于品牌的长久发展。纵观中国企业品牌的成长历程，能够成为国内外优秀品牌的企业，是依靠服务、质量、价格起家的，那种单纯依靠媒体成长起来的“知了”型品牌，事实上活不了多久。

（3）让品牌融入到企业员工中去。

我们常会见到这样的现象，一方面企业在大力向消费者宣传自己的品牌概念，另一方面企业员工却无法解释自家品牌究竟是什么。对于外界大众来说，他们对企业品牌的理解仅仅是一个标志或者一种感觉，可能有些消费者能够说出企业品牌的理念和标志的含义。然而，如果企业员工和同行的人在谈到企业品牌的时候，无法做到详尽地表达品牌的概念和宗旨，又如何能希望该品牌被大众所接受呢？

（4）品牌建设需要一个过程。

品牌声誉不是短时间能够累积起来的，它是一个循序渐进的过程。品牌建设要经历品牌定位、品牌架构、品牌推广、品牌识别、品牌延伸、品牌资产等过程。那种短时间内建设的品牌，并不是真正意义上的品牌，只能说是一个符号，在一定的时间、一定的范围内被大众提起的符号。

（5）诚信是品牌建设的关键。

诚信是衡量品牌的重要标准，在品牌建设中尤其重要。品牌代表着企业信用和形象，是企业最重要的无形资产。在市场经济下，环境每天都在变化，谁拥有了诚信品牌，谁就掌握了竞争的主动权。

某些企业管理者认为，让消费者满意，就能提升自身的品牌价值。的确，这是衡量企业品牌的一个重要因素。但是如何让消费者满意，让消费者成为品牌的忠诚客户？答案只有“诚信”两个字。作为企业，要敢于坚持原则，讲诚信。妥协和沉默留给人们的印象可能是没有原则，缺少原则性的企业无法树立诚信品牌。

（6）多品牌战略的发展。

每个公司都有擅长和不擅长的方面，在品牌建设方面，首先要认准自己的长处和短处，依据自身特点，打造出企业的核心竞争力。

品牌是由企业创造出来的，再灌输给市场，让市场接受。但最终还是需要消费者认可。消费者的口味在变、风格在变，因此企业单纯依靠一个品牌很难获得长期发展。从宝洁到可口可乐，可以看出多品牌发展战略的重要性。作为企业，要充分了解消费者的心理需要，把握好他们的消费动机、购买需求、消费行为等，建立起多品牌的战略规划。

5.2.2 品牌推广

所谓品牌推广，是指企业以品牌的核心价值为统帅，在品牌识别的整体框架下，选择广告、公关、销售、人际等传播方式，将特定品牌传播出去，以建立品牌形象，促进市场销售。品牌推广是企业满足消费者需要、培养消费者忠诚度的有效手段，是目前企业经营者高擎的一面大旗。

有效的品牌推广，可以使品牌为广大消费者和社会公众所认知，使品牌得以迅速发展，还可以实现品牌与目标市场的有效对接，为品牌及产品占领市场、拓展市场奠定宣传基础。品牌推广是展示品牌个性的手段，也是形成品牌文化的重要组成部分。

1）品牌推广的方式

（1）广告推广。广告作为一种主要的品牌推广手段，是指品牌所有者以付费方式，委托广告经营单位通过传播媒介，以策划为主体、以创意为中心，对目标受众所进行的以品牌名称、品牌标志、品牌定位、品牌个性等为主要内容的宣传活动。

对于品牌而言，广告是最重要的传播方式，有人甚至认为，品牌=产品+广告，由此可见广告对于品牌传播的重要性。有资料显示，美国排名前20的品牌，每个品牌的广告费用平均每年为3亿美元。社会公众了解一个品牌的信息，多数情况下是通过广告获得的，广告是提高品牌知名度、信任度、忠诚度，塑造品牌形象和个性的强有力的工具。由此可见，广告是品牌推广的重心所在。

（2）公关推广。公关是公共关系的简称，是企业形象、品牌、文化、技术等推广的一种有效解决方案，包括投资者关系、员工推广、事件管理以及其他非付费推广等内容。作为品牌推广的一种手段，公关推广能利用第三方的认证为品牌提供有利信息，从而教育和引导消费者。

公共关系可为企业解决以下问题：一是塑造品牌形象，巧妙创新，运用新闻点，塑造组织的形象和提高知名度；二是树立美誉度和忠诚度，帮助企业取得公众心理上的认同，这点是其他推广方式无法做到的；三是通过体验营销的方式，让难以衡量的公关效果具体化，普及一种消费文化或推行一种购买哲学；四是提升品牌的“赢”销力，促进品牌资产与社会责任增值；五是通过危机公关或标准营销化解组织和营销的压力。

（3）销售促进推广。销售促进推广，是指企业通过鼓励消费者对产品和服务进行尝试，或是以促进销售等活动方式进行品牌推广，其主要工具有赠券、赠品、抽奖等。

尽管销售促进推广有着很长的历史，但是长期以来它并没有被人们重视，直到近20年，许多企业才开始采用这种手段进行品牌推广。

销售促进推广主要用来吸引品牌转换者。销售促进推广在短期内能产生较好的销售反应，但很难有长久的效益，尤其对品牌形象而言，大量使用销售促进推广手段会降低品牌忠诚度，增加消费者对价格的敏感度，淡化品牌的质量概念，促使企业偏重短期行为和短期效益。不过对于中小型企业的品牌形象而言，销售促进推广会带来好处，因为中小型企业负担不起与市场领导者相匹配的大笔广告费，通过销售方面的刺激，可以吸引消费者使用企业的商品，关注企业品牌。

(4) 人际推广。人际推广是企业与消费者之间的直接沟通，主要是通过企业销售人员的讲解、示范操作、服务等，使公众了解和认识企业，并形成对企业的印象和评价。人际推广将直接影响企业的品牌形象。

人际推广是形成品牌美誉度的重要途径，在品牌推广的方式中，人际推广最易被消费者接受。不过，要想取得好的人际推广效果，企业必须提高销售人员的素质，只有这样才能发挥其积极作用。

品牌推广与推广方式的选择和设计密切相关，如果推广方式选择不当、设计不合理，就不可能收到好的推广效果。因此，企业在进行品牌推广时一定要把推广方式的选择和设计放在重要的位置上。

2）品牌推广的“三元论”

“三元论”是以消费者对产品的情感因素为根本，采取步步为营的策略，并各有侧重，以图长久而成功地塑造、推广一个品牌。

一个成功、完整的品牌推广包括三个阶段：一是品牌宽度推广阶段，即建立品牌知名度；二是品牌深度推广阶段，即提升品牌美誉度、忠诚度；三是品牌维护阶段。

在品牌推广的过程中，品牌宽度推广是基础，是品牌的第一生命；品牌深度推广是根本，是品牌的第二生命。品牌深度推广建立在品牌宽度推广的基础上，主要是与消费者进行情感对话，提高品牌销售力。

(1) 品牌宽度推广阶段。这个阶段的目的是建立品牌知名度，主要的推广策略是强势打造，强制灌输，采用的推广方法包括广告宣传活动、事件推广等。

这个阶段主要是通过一些传统的推广手法宣传、推广品牌，让广大消费者了解、知晓品牌的基本内涵，属于与消费者的初级沟通。

(2) 品牌深度推广阶段。这个阶段的宗旨是让品牌深入人（消费者）心，主要实现提升品牌美誉度、忠诚度，提高品牌销售力的目标，采用的推广策略包括深度互动、创新推广等。

创新是策划的生命，尤其是在品牌深度推广阶段，要和消费者达成深度互动，让消费者从内心深处认可、接受品牌和品牌文化，就必须独辟蹊径，大胆创新，从而提高品牌销售力。

(3) 品牌维护阶段。这个阶段的宗旨是维护品牌高度，采取的主要策略包括宽度推广、深度推广等。

据统计，在国外，一个知名品牌的推广时间需要3~5年，品牌达到一定知名度后，每年至少投入1 000万美元用于维护。只有这样才能永葆品牌的青春活力和市场竞争力。

总之，企业只有找“对”消费者对品牌的情感切入点，与消费者进行心灵对话，产生共鸣，才能提升品牌推广的效果，降低推广费用；企业只有从需求和动机、感觉和知觉、消费和态度上捕捉、寻找、定位、剖析客户的情感因素，才能找到一个好的品牌推广方法，达到提高品牌销售力和解决问题的目的。

5.2.3 品牌维护

1）品牌维护的重要性

品牌作为企业的重要资产，其市场竞争力和品牌的价值来之不易。但是，市场不是一成不变的，因此企业需要不断地对品牌进行维护。

（1）品牌维护有利于巩固品牌的市场地位。在市场竞争中，企业品牌的知名度、美誉度下降以及销售量、市场占有率降低等现象被称为品牌老化。尤其是在激烈的市场竞争中，任何品牌都存在品牌老化的可能。因此，对品牌进行维护，是避免品牌老化的重要手段。

（2）品牌维护有助于保持和增强品牌生命力。品牌的生命力取决于消费者的需求。如果品牌能够满足消费者不断变化的需求，那么这个品牌就具有旺盛的生命力；反之，就可能出现品牌老化。因此，对品牌进行维护以满足市场和消费者的需求是十分必要的。

（3）品牌维护有利于预防和化解危机。市场风云变幻，消费者的维权意识在不断提高，品牌面临来自各方面的压力。如果企业没有预测到危机的来临，或者没有应对危机的策略，品牌将面临极大的危险。品牌维护要求产品或服务的质量不断提升，以便有效地防范内部原因造成的品牌危机。同时，强化品牌的核心价值，进行理性的品牌延伸和品牌扩张，有利于降低危机发生后被波及的风险。

（4）品牌维护有利于抵御品牌竞争。在市场竞争中，品牌竞争的市场表现将直接影响到企业品牌的价值。对品牌进行维护不仅能够在市场竞争中保持品牌的竞争力，而且对于假冒品牌也会起到一定的抵御作用。

2）品牌维护措施

（1）品牌维护意识和机制。多数企业做不好品牌维护，其根源在于品牌维护意识较差。因此，强化品牌维护意识是做好品牌维护的第一步。企业只有真正认识到品牌维护的重要性，才能树立起最基本的品牌维护意识。

当企业品牌具备了品牌声誉后，企业应随即建立起品牌维护机制，将品牌维护提升到战略高度加以考虑和规划，并在职能结构的设置和战略、制度的制定上加以反映，以完成从品牌树立到品牌维护的职能转变。

品牌的策划和树立阶段相对于品牌的整个寿命是十分短暂的，而品牌的维护阶段却是长期的。目前，多数企业都非常重视对品牌的宣传和推广，也有不少行之有效的方法使得品牌能够在短时间内获得知名度。品牌一旦拥有了知名度，就应当迅速转入品牌的维护阶段，但在这一阶段却经常出现问题。因此，在品牌维护阶段，企业应建立专门机构，明确其主要工作内容和目标。品牌维护的一般目标是保持品牌长期、健康和稳定地发展，累积品牌的声誉和影响力。企业为实现这个目标应在谋求品牌拓展、优化品牌结构和解决品牌危机等方面多下功夫。

（2）品牌结构优化。品牌在发展中通过种种尝试，势必会改变原有的品牌结构。为避免不合理的品牌结构分散企业资源、消耗企业实力，企业应对新的品牌结构进行监控和调整。品牌结构优化是在对现有品牌进行分析的基础上，对品牌的重新定位，或者对品牌进行扩张或收缩以增强品牌结构的活力。品牌结构优化的目的是进一步优化企业资源配置，使企业现有品牌优胜劣汰，巩固品牌地位，提高企业核心竞争力。品牌的结构优化主要包括以下方面：

① 品牌定位调整。当市场已发生变化，现有的品牌定位已不能很好地吸引和留住消费者时，企业应对这类品牌进行定位调整。品牌定位调整是根据已有的反馈做出的一种修改，只要客观把握并努力贴近消费者的心理定位，品牌定位调整就能获得成功。

② 品牌收缩。品牌定位调整是对有偏差但问题不严重的品牌进行定位改善，而对于那些已严重老化、改善余地不大、成为企业负担的品牌，为节约资源、集中优势，企业只能采取收缩放弃的战略。品牌收缩的目的是摆脱不良品牌，减少损失，集中资源支持优势品牌的发展及创新品牌的成长；明确核心品牌与核心产品，增强企业的核心竞争力，从而寻求企业持续、健康发展。

③ 品牌扩张。调整品牌结构的手段除了品牌收缩，还包括品牌扩张。品牌扩张，是指运用品牌及其包含的资本进行发展、推广的活动。它包括品牌的延伸、品牌的资本运作、品牌的市场扩张，以及品牌的转让、授权等内容。

（3）品牌危机预警机制。在企业的经营过程中，品牌只有经受住市场的考验才算成功。这种考验有些是突如其来的危机，对这些危机的公关便成为企业品牌能否存续的关键。品牌危机可能来自很多方面，如品牌的产品品质和服务质量、企业内部的管理、竞争对手的攻击、市场的变化、政策的调整等。甚至一些偶然事件也会引发品牌危机，如媒体负面的报道、企业管理人员或销售人员的口误等。面对这些潜在的危机，企业应树立忧患意识，建立危机预警机制，防患于未然。企业还应设置专门的危机管理部门或公关部门，以便在发生危机时能够及时控制和解决。

当危机发生时，无论是不是企业的责任，消费者都希望看到一个负责的企业形象。如果企业以勇于承担责任的形象出现，那么不仅危机能够快速、顺利地解决，良好的形象也会烙印在消费者的心中。沟通在危机中显得尤为重要，包括与消费者的沟通、与媒体的沟通、与政府相关部门的沟通。企业只有真诚、及时地与一切相关者沟通，才能得到他们的信任和支持，才能够避免负面的猜测和怀疑。

（4）品牌创新。当企业在市场中占有了一席之地以后，企业所面临的就是激烈的品牌竞争。要想在竞争中生存，企业就必须有核心竞争力，这只能来自企业的不断创新，以品牌的创新稳固现有地位，开拓新市场，击退竞争对手。品牌创新包含多种方式，如产品创新、技术创新、营销创新、管理创新等。其中，产品创新是品牌创新的基础，是与消费者最近、市场反应最明显的一种创新。如果没有产品创新作为支撑，任何的品牌创新都将成为空中楼阁。

（5）品牌延伸。维护品牌的最好办法是积极进取。企业只有不断丰富品牌的内涵，推出新品牌和新产品，才能使品牌得到发展。发展中的品牌才是有生命力的品牌。在品牌的发展中，既可以对现有品牌的产品进行深度或宽度的调整，也可以对品牌进行延伸，这两种方式都能起到丰富品牌的作用。比如，连锁企业自有品牌的产品就是利用品牌延伸增强企业的竞争力。

小资料 5-1　2022年凯度BrandZ最具价值中国品牌100强发布

2022年8月“2022凯度BrandZ最具价值中国品牌榜”正式发布。2022年对于中国和全球企业而言都是极具挑战性的一年，但2022年凯度BrandZ最具价值中国品牌100强的合计品牌总价值仍然连续第二年超越1万亿美元，达到了12 410亿美元。从品牌价值规模来看，最具价值中国品牌100强中有3个品牌价值突破1 000亿美元，有23个品牌价值在100亿~500亿美元，有18个品牌价值在50亿~100亿美元，榜单其余56个品牌价值在10亿~50亿美元。从行业分布来看，媒体和娱乐行业共计有12个品牌入围，上榜品牌数量居所有行业第一。其次酒类行业有10个品牌入围，食品饮料行业有8个品牌入围，零售和银行行业各有7个品牌入围，房地产行业有6个品牌入围。

该榜单由全球品牌数据与分析机构凯度集团发布，其将品牌创造的“财务价值”与消费者调查所获得的“品牌贡献”相结合，真实地反映出企业的“品牌价值”。此评选被誉为全球品牌界的“奥斯卡”。面对供应链中断、通货膨胀、能源涨价、新冠疫情反复等全球不确定性问题的挑战，强大的品牌支撑了许多企业的业务表现。

百强榜单中腾讯（2 044亿美元）连续第二年位居榜首，这得益于腾讯过去一年里聚焦主业，稳健发展，坚持科技创新，不断探索新技术在服务消费者、助力产业、解决社会议题上的潜力。排名第二的零售巨头阿里巴巴（1 370亿美元）也在通过各个独立的平台不断扩大自己的品牌矩阵。排名第三的白酒品牌茅台（1 085亿美元）作为中国最受欢迎的品牌之一，品牌价值基本保持平稳，证明了这一高端品牌的坚韧性。

资料来源　根据网络资料整理所得。

5.3　商品促销管理

促销，是指企业向消费者传递商品信息和企业信息，刺激或诱导消费者购买的过程。促销是门店经营过程中不可缺少的重要组成部分，其在竞争环境中促进销售业绩快速提升，改善营销问题，并与竞争对手拉开差距。

对于连锁企业来说，商品促销有以下功能：

（1）传递商品信息。通过发放宣传品、张贴宣传海报等促销手段，传达促销商品的各种信息，有利于顾客了解门店服务项目的内容、价格以及优惠方式等方面的信息。

（2）唤起顾客的购买动机和购买欲望。企业可以凭借各种促销工具、宣传用品来吸引顾客，使其对促销内容产生兴趣，形成购买动机。

（3）培养顾客的消费习惯。顾客在享受促销服务之后，如果他们觉得满意，就会再次进行消费。这时，尽管门店已经不再进行促销活动，但是顾客已经有了满意的消费体验，经过顾客的重复消费，建立起对某商品、某服务的消费习惯。

（4）有效抵制竞争对手的促销活动。当竞争对手开展大规模促销活动时，如果门店不及时采取应对措施，会将好不容易获得的顾客拱手让给竞争对手，使自己处于不利的竞争地位。

（5）塑造良好的企业形象。促销活动的设计不仅要从企业的角度去思考，还要结合顾客的需求，以达到顾客满意的效果。顾客满意的达成将带来企业形象的提升，并保持企业与顾客的良好关系。

（6）促进门店业绩提升。促销活动的成功必将对门店业绩产生极大的帮助。

5.3.1 广告促销

广告是企业借助一定的宣传媒体将有关商品或者服务的信息传递给受众的一种有偿宣传方式。广告促销是连锁企业经常采用的手段之一，是连锁企业树立品牌、应对竞争的有力武器。

1）POP广告促销

微课：POP广告

POP广告，是指在营业现场设置的各种广告形式。凡是在商业空间、购买场所、零售商店的周围、内部以及在商品陈设的地方所设置的广告物，都属于POP广告。利用POP广告强烈的色彩、美丽的图案、突出的造型、准确而生动的广告语言，可以创造强烈的销售气氛，吸引消费者的视线，促成其购买冲动。

（1）POP广告的主要功能包括新产品告知、吸引顾客进店驻足、促使最终购物、取代售货员、营造销售气氛、提升企业形象等。

（2）连锁门店使用的POP广告类型包括店头POP、悬挂POP、层面POP、货架POP、壁面POP、地面POP、招牌POP、标志POP、灯箱POP和卖场指引POP等。

（3）POP广告的设置与摆放。POP广告是一个统一的整体，门店为提高其促销效果必须将各种形式的POP广告进行有机组合，发挥其联动作用。例如，广告传单、宣传条幅、橱窗告示以及店内通道、电梯两旁的海报，摊位上的展示卡、价目卡，再加上手绘POP广告的灵活应用，从而实现综合促销的效果。

2）DM广告促销

DM是Direct Mail的省略表述，译为直接邮寄广告，即通过邮寄、赠送等形式，将宣传品送到消费者手中。

DM广告具有以下特征：

（1）针对性。由于DM广告直接将广告信息传递给真正的受众，具有强烈的选择性和针对性，其他媒体广告只能将促销信息笼统地传递给受众，不管受众是否为促销信息的目标对象。

（2）广告持续时间长。一则30秒的电视广告，它的信息在30秒后荡然无存。DM广告则明显不同，在受众做出最后决定之前，可以反复翻阅DM广告，并以此作为参考来详尽了解产品的各项性能指标，直到最后做出购买或舍弃的决定。

（3）灵活性。DM广告与报纸、杂志广告不同的是，企业可以根据自身具体情况来任意选择版面大小，自行确定广告信息的长短，选择全色或单色的印刷形式。企业只需考虑邮政部门的有关规定及其自身的广告预算，便可以按需制作出各种各样的DM广告。

（4）良好的广告效应。由于企业将DM广告直接寄送给目标受众，因此在其付诸行动之前，可以参照人口统计、地理区域等因素选择目标受众，以确保促销信息能最大限度地被目标受众所接受；当收到DM广告时，目标受众可随时了解其中的内容，不受外界干扰。基于这两点，DM广告较之其他广告更能产生良好的广告效应。

（5）可测定性。企业在发出DM广告后，可以借助产品销售量的变化情况了解广告信息产生的效果。

（6）隐蔽性。DM广告是一种深入潜行的非轰动性广告，不易引起竞争对手的察觉和重视，这是影响DM广告效果的主要因素。

微课：DM广告

3）互联网广告

互联网广告，是指通过网站、网页、互联网应用程序等互联网媒介，以文字、图片、音频、视频或者其他形式，直接或者间接地推销商品或者服务的商业广告。与传统的四大传播媒体（即报纸、杂志、电视、广播）广告及备受垂青的户外广告相比，互联网广告具有得天独厚的优势，是实施新媒体营销战略的重要组成部分。

（1）网幅广告。

网幅广告是以GIF、JPG、Flash等格式建立的图像文件，定位在网页中，大多用来表现广告内容，同时还可使用Java等语言使其产生交互性，用Shockwave等插件工具增强表现力，包括Banner、Button、焦点图广告、对联广告、全屏广告等。

（2）文本链接广告。

文本链接广告是以一排文字作为一个广告，点击可以进入相应的广告页面。这是一种对浏览者干扰最少，但却较为有效的网络广告形式。有时候，最简单的广告形式效果最好。

（3）电子邮件广告。

电子邮件广告具有针对性强（除非你肆意滥发）、费用低廉等特点，且广告内容不受限制。特别是电子邮件广告可以针对具体某一个人发送特定的广告，这是其他网络广告方式所不及的。

（4）插播式广告。

插播式广告，又称弹出式广告，是指访问者在请求登录网页时强制插入一个广告页面或弹出广告窗口。这有点类似电视广告，即打断正常节目的播放，强迫受众观看。插播式广告有各种尺寸，有全屏的也有小窗口的，而且互动的程度也不同，从静态的到全部动态的都有。访问者可以关闭窗口不看广告（电视广告是无法做到的），但是插播式广告的出现没有任何征兆，而且肯定会被访问者看到。

（5）富媒体广告。

富媒体广告（Rich Media）一般指使用浏览器插件或其他脚本语言、Java语言等编写的具有复杂视觉效果和交互功能的网络广告。这些效果的使用是否有效，一方面取决于站点服务器端的设置，另一方面取决于访问者的浏览器是否能查看。一般来说，富媒体广告能表现更多、更精彩的广告内容。

（6）其他新型广告。

其他新型广告包括视频广告、路演广告、巨幅连播广告、翻页广告、祝贺广告、论坛板块广告等。

5.3.2 营业推广

营业推广是一种适用于短期推销的促销方法，是企业为鼓励消费者购买商品、经销商销售商品而采取的除广告推销、公关推销和人员推销之外的所有营销活动的总称。营业推广旨在激发消费者的购买行为和促进经销商的营运效率。例如，展销会和许多非常规的、非经常性的销售尝试。

营业推广主要形式及营销方法如下：

1）赠送促销

企业向消费者赠送样品或试用品。赠送样品是介绍新产品最有效的方法，其缺点是费用高。样品可以选择在商场或闹市区发放，或在其他产品中附送，也可以在公开广告中赠送，或入户派送。

2）折价券

消费者在购买某种商品时，持券可以免付一定金额。折价券可以通过广告或直邮的方式发送。

3）包装促销

企业以较优惠的价格提供组合包装和搭配包装的产品。

4）抽奖促销

顾客购买一定的产品之后可获得抽奖券，凭此券进行抽奖以获得奖品或奖金。抽奖可以有各种形式。

5）现场演示

企业派促销员在销售现场演示本企业的产品，向消费者介绍产品的特点、用途和使用方法等。

6）联合推广

企业与零售商联合促销，将一些能显示企业优势和特征的产品在商场集中陈列，边展示边销售。

7）参与促销

让顾客参与各种促销活动，如技能竞赛、知识比赛等，以获取企业的奖励。

8）会议促销

在各类展销会、博览会、业务洽谈会的现场进行产品介绍、推广和销售活动。

9）微信促销

通过在微信朋友圈转发或集赞等方式，进行产品推广，获得促销价格。这种方式是新媒体营销中的促销方式。

5.3.3 活动促销

连锁企业可以利用一些事件和活动进行促销，其基本目的跟其他促销活动一样，是向消费者传递商品信息和企业信息，刺激或诱导消费者购买。活动促销是利用新店开业、周年店庆、节假日和特别事件等，采用多种形式的促销方法，达到促销目的。

活动促销具有短时间内聚集大量客户资源进行产品快速销售的特点。主题活动促销在众多市场营销手段中最易“夺人眼球”。连锁企业应从分析目标客户类型及其内在需求着手，引进社会资源，引导商户资源，运用“借力合力”的策略进行各类主题活动促销，追求对消费群体长期、潜移默化的影响，不断放大促销推广的边际效应。

【精选案例 5-2】 城市文旅营销新经典：淄博烧烤火出圈

2023年的春天，淄博烧烤突然火爆“出圈”，“大学生组团到淄博吃烧烤”“烤炉小饼加蘸料，烧烤灵魂三件套”“淄博烧炭小哥已经被熏黑了”……多个话题在网络上热度飙升。根据美团数据，“五一”期间淄博旅游订单（含酒店、景点门票）同比增长超2 000%。据淄博文旅估计，“五一”期间有12万人“进淄赶烤”。那么，淄博烧烤是如何“爆红”的？淄博如何基于“一把串”带动“一座城”，实现“长红”？

“淄博烧烤真的成了一种现象级文化IP了。”国内很多地方的文旅局长通过换装出圈为家乡做宣传，被人称为花式内卷，但淄博却通过一种最接地气的方式火出圈，利用“大学生组团到淄博吃烧烤”这一话题，及时推出“烧烤+”和“烧烤专线”等措施，文化营销定位迅速、准确。其他城市是通过线上宣传做引流，淄博却是先把线下流量进行包装定位，然后再通过线上营销推广，使流量急速裂变，在最短的时间内进行线下转化，这是一步妙棋。

文旅的六大要素是吃住行游购娱，而这6个要素的全面发力如果不是由政府主导则很难取得理想的效果，因为这是需要调动社会多方力量协同作业的。在淄博烧烤网络火爆一周内淄博市政府就闪电般地做出了反应，烧烤高铁专列有了，烧烤公交专线也有了，烧烤的监督标准有了，公安的安全保障跟进了，淄博的烧烤节在“五一”期间也启动了，淄博的470万人民被发动起来了，大家都以极大的热情欢迎外地来的游客，好客山东的品牌可谓打得淋漓尽致。仔细观察会发现，哪有什么一夜成名，更多的是厚积薄发。

资料来源 作者根据网络资料整理。

思政园地 打造民族品牌商标从汉字开始

“世界性的注册商标是一个国家的国宝；哪个国家拥有众多的注册商标，它就是未来世界的经济强国。”任何商标都离不开与本民族文化的内在联系，好商标是优秀国家文化和民族文化的载体。一个国家最优秀的品牌都是本国的民族品牌，唯有民族的优秀自主品牌，才能承载国家信誉。那么，能承载中国品牌的是什么呢？汉字商标，中国商标的民族根！中国汉字的文化传承和内涵已经得到了世界的认同，汉字商标的运用是中国文化自信的表现。

中国汉字是世界上最古老的文字之一，它是记录汉语的书写符号，体系庞大。汉字是中国人民智慧的结晶，具有集形象、声音和词义三者于一体的特性。这一特性在世界文字中是独一无二的，因此它具有独特的魅力。传承与发扬它并把其精神元素融入现代标志设计之中，必定会使企业形象设计更具文化性与社会性。中华文化是世界的文化宝藏，中国商标必将随着中华民族的复兴而名扬世界。民族的，才是世界的。

本章小结

在连锁企业发展的过程中，尤其是随着电子商务的出现和互联网、移动互联网在零售业中的不断运用，连锁企业只有对商品的组合和分类管理进行不断的探索和改进，才能适应新形势下消费者需求的不断变化，结合正确的定价方法，扭转实体连锁门店的经营困局。

企业品牌传达的是企业的经营理念、企业文化、企业价值观及对消费者的态度等，能有效帮助企业突破地域的壁垒，开展跨地区的经营活动，并在各个差异性市场上展示统一的形象、做出统一的承诺，在不同的产品之间形成关联，整合了产品的品牌资源。企业品牌是在商品品牌和服务品牌的基础上衍生出来的。只有与商品品牌相匹配的超值服务，才能不断提升商品品牌的价值含量，提高企业的美誉度。一个优秀的品牌可以成就一个优质的企业。

连锁企业门店是直接服务于消费者的前沿阵地，丰富多彩的经营活动离不开各种形式的促销活动的助阵。促销，是指企业向消费者传递商品信息和企业信息，刺激或诱导消费者购买的过程。促销是门店经营过程中不可缺少的重要组成部分，其在竞争环境中促进销售业绩快速提升，改善营销问题，并与竞争对手拉开距离。

基础训练

一、填空题

1.影响商品定位的主要因素有________、________、________和经济发展水平。

2.商品组合是一个企业经营的全部商品的结构，即各种________、________、________的有机组成方式。

3.分类加成定价法，是指________和其他商品选用不同的________进行加成定价。

4.企业品牌的内涵至少应包含________和________，并在二者的基础上衍生出企业品牌。

5.对连锁企业来说，门店促销有下面的功能：________、________、________、________、塑造良好的企业形象和促进门店业绩提升。

二、选择题

1.促销的一般目的是通过向（　　）传播信息，以促进销售、提高业绩。

A.供应店和超市　　B.超市和便利店　　C.超市和市场　　D.市场和消费者

2.品牌宽度就是品牌在市场上的影响程度，主要是指（　　）。

A.品牌知名度　　B.品牌美誉度　　C.品牌忠诚度　　D.品牌认知度

3.门店广告促销主要采用（　　）的方式。

A.活动促销　　B.门店POP广告　　C.网络推广　　D.直邮DM广告

4.品牌推广的方式有（　　）。

A.广告推广　　B.人际推广　　C.公关推广　　D.销售促进推广

5.营业推广常见的形式有（　　）。

A.折价券　　　　B.抽奖促销　　　　C.现场演示　　　　D.公关传播

三、简答题

1.商品定位的核心工作是什么？

2.商品定价的常见方法有哪些？

3.品牌建设的关键因素是什么？

4.如何理解品牌传播的“三元论”？

5.简述几种常见的促销方式的特点。

四、案例分析题

小米手机的定位和促销策略

小米是一家以手机、智能硬件和IOT平台为核心的互联网公司。小米自创业以来，之所以能取得不俗的成绩，离不开其硬件+新零售+互联网“铁人三项”的创新模式。一直以来，小米坚持做感动人心的好产品，通过精准的品牌定位、巧妙的价格策略和有效的促销策略成为智能手机领域中的领先者。

1.精准的品牌定位

小米手机是针对发烧友研发的智能手机，高配置、低价格、软硬件一体是其品牌定位，并依靠大众化媒介传播，强调小米手机的优质服务和商品特色，在消费者心中塑造了良好的品牌形象。

第一，高端配置和强大的功能。

以小米1为例，小米1是小米公司在2011年发布的首款智能发烧机。它是基于MIUI系统研发的，主要配置包括具有800万像素的后置摄像头与4英寸的大屏幕、双核1.5G处理器、1GB运行内存和4GB机身内存。自此以后，小米手机每年都会发布新款产品，每款手机都在不断提升配置，强化功能，受到了越来越多“米粉”的欢迎。

第二，“米粉”参与产品研发。

小米公司为设计出更多、更好地满足消费者需求的产品，让“米粉”通过米聊、论坛、社区等方式表达自己的想法和反馈小米手机出现的问题。技术人员可以根据“米粉”的想法、问题和建议进行改进，研发出“米粉”喜爱的产品。

第三，差异化产品策略。

自2019年起小米产品更加差异化，在保持性价比策略的基础上，兼顾品牌收益。小米和红米，各自按不同的方向发展：红米（Redmi）专注极致性价比，主攻电商市场；小米专注中高端和新零售市场。另外，MIX专做旗舰手机、POCO定位为海外性价比手机、黑鲨专做游戏手机，而美图则专做拍照手机。

2.巧妙的价格策略

第一，采用低价策略。

低价策略，又称渗透价格策略，是指在新产品上市时，通过采用较低价格来吸引消费者，从而有效快捷地打开市场，占领市场份额。因为大部分消费者对价格很敏感，所以以成本定价的小米手机一问世，便备受消费者喜欢，迅速地攻城略地，出货量在短短几年内迅速攀升。

第二，采用捆绑定价策略。

捆绑定价策略可以使企业利润增加，实现企业规模报酬。小米手机在官网上出售产品和配件时，都会设置多个套餐供消费者选择购买。每个套餐有不同的配件、小礼品，其所报的价格也都不同。小米使用捆绑定价策略既可以提升手机销量，也可以带动其他产品的销售。

第三，采用心理定价和招徕定价策略。

小米手机在心理定价方面也做足了功课，这方面主要是采用尾数定价方法，如小米官网所销售的大部分产品价格尾数都是“9”，可以让人感觉到很便宜，从而激发消费者的购买兴趣。此外，招徕定价也是小米手机运用得比较好的一种定价策略，其目的是有意把价格压低，引发消费者的购买欲望。

3.有效的促销策略

第一，高调发布。

小米公司CEO雷军具有一定的声望，又称自己是乔布斯的粉丝。2011年8月16日召开的一场酷似苹果发布会的小米手机发布会，使小米手机被炒得沸沸扬扬，也让小米手机获得了很多大众媒体和消费者的关注。继这场发布会之后，每年小米新款手机上市前都会举办类似的发布会，这使得小米手机受到越来越多的关注和青睐。

第二，事件营销。

小米手机一直被传是苹果的仿造品，但小米官方对此没有给出澄清和辟谣，这为小米手机增添了神秘的色彩，使其更加受到消费者的关注。在这方面，小米手机充分利用了网络媒体来吸引公众，以此提高产品的销量，并提升品牌知名度。

第三，口碑+粉丝营销。

病毒式营销是网络营销经常用到的一种方法，其依靠用户的口碑进行品牌推广等。小米手机在年轻人群体中非常知名，他们或多或少都会了解小米手机的一些信息。小米手机的优越性被更多人了解后，也会被不断宣传，很多人会将小米手机介绍给自己的亲人、朋友等。通过消费者之间的信息传播与互动，小米手机品牌很快被认知和推广。

第四，微博、微信营销。

小米手机正式发布前，其团队充分发挥了社交媒体——微博、微信的影响力。比如，在手机新品发布前，小米通过微信公众号发布新品上市的消息，利用微博与用户互动；在手机新品发布后，又掀起转发微博送小米手机等活动，以及分享图文并茂的小米手机评测等。在日常，雷军每天发微博的数量控制在两三条，但在小米手机新品发布前后，他不仅利用自己的微博高密度地宣传手机，还频繁地参与新浪访谈，出席腾讯微论坛等活动。

第五，饥饿营销。

小米在手机新品发布上通常设有数量限制，外界对其原因猜测不一，有的说小米实力不足，有的说小米搞饥饿营销。虽然小米官方否定这些消息的真实性，但是限制发行量的营销效果，直接引发了网络上更广泛的讨论。从网络营销的角度来说，引发广泛讨论是必备的，加之有限的数量、抢购的刺激，直接带动了销量，吸引到足够的关注。

资料来源　根据网络资料整理所得。

案例解析：小米手机受到众多消费者的青睐与其成功的品牌定位、价格机制和营销策略密不可分。小米手机以用户为中心，坚持做好产品，以高品质、低价格、多互动、勤曝光等特色构建了小米生态系统。创新让小米飞得更高，品质让小米走得更远。

请思考：

（1）比较小米手机与同类产品品牌定位的差别。

（2）案例中小米手机的促销策略有哪些可取之处？

实践训练

根据我国连锁企业发展的实际，结合自己对本地区零售行业的调研，分析连锁企业在商品结构、品牌经营和促销中存在的问题，并提出相应的解决办法。

第6章

连锁企业运营管理

——君子喻于义，小人喻于利

教学指导

学习目标：熟悉连锁企业运营管理系统的构成；掌握连锁企业运营管理系统的基本内容；了解采购的流程；熟知配送的基本要素；掌握门店运营管理的基本内容；明确消费者洞察的原则；掌握会员服务体系建立的主要工作内容。

技能要点：会选择门店开发的要素；掌握配送的模式；完成初步的消费者洞察。

本章结构：

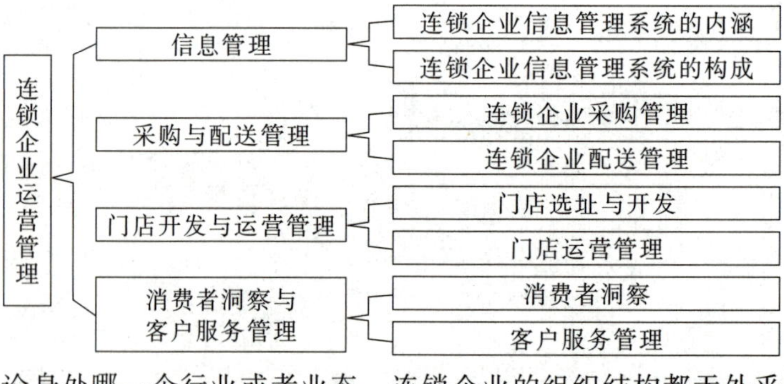

无论身处哪一个行业或者业态，连锁企业的组织结构都无外乎对总部和门店以及门店和总部之间的配送系统做连接。如何做好连锁企业的运营管理，让企业盈利、发展、壮大，是摆在每一个连锁企业经营者面前的现实问题。信息系统、采购和配送系统、门店经营和消费洞察系统均是解决这些问题的关键，本章将从这些方面分别展开介绍。

引例

多点Dmall的数字化零售操作系统变革

2020年，已经成立5年多的多点Dmall更加繁忙了，在新型冠状病毒感染的防控中多点Dmall大展身手，它与中百仓储、甘肃新乐连锁超市、深圳人人乐连锁商业集团等百余家连锁企业开展合作，相继上线多点Dmall智能购、O2O等服务，完成全国范围内数字零售网络的搭建。

多点Dmall成立于2015年，公司创立的初心是提供零售数字化的操作系统。公司一开始的目标就是通过数字化帮助零售业变革，帮助超市构建到家到店的一体化，改变传统超市的困境。现在多点Dmall是分布式电商的领头企业，不再是一个纯提供流量入口的平台，而是助力零售商进行数字化转型的超级中台角色。公司董事长张文中说，多点Dmall是一个联盟。

一是技术联盟。如今零售业面临的技术竞争是全方位的，零售系统需要快速迭代，多点Dmall有千人的技术队伍，能做到每两周更新系统，让传统线下零售有参与线上激烈竞争的技术基础。

二是会员联盟。多点Dmall的数字化会员数据更精准、更全面，一些门店甚至90%的会员都通过多点APP进行交易。人人在线、时时在线、物物在线的时代中，只有千人千面的精准服务，才能真正和消费者建立有效沟通。

三是商品、供应链联盟。多点Dmall通过数字化对供应链进行简化、优化、一体化的改造，供应链被复用的次数越多，效率越高。多点模式最大的不同是包容性增长，所谓包容，就是将传统零售的供应链体系、门店资源等价值进行高效复用。

四是标准的联盟。未来的数字化零售业，整体的运营方式都会发生根本性改变，如服务用户的标准。过去服务以零散的门店服务台为主，而现在通过多点APP的“全民巡检”功能，消费者的所有问题都能随时留言、拍照上传，由人工智能处理，所有线上线下的客服标准统一成线上的高标准。

多点Dmall的变革是在“看不到的深耕处”找到了传统零售商超转型的最佳模式，即OMO行业平台型商业模式。多点Dmall核心的商业模式是坚持以用户为中心，以Dmall OS操作系统为手段，以商业全面数字化为目标，实现线上线下一体化、全场景覆盖、全链条联通。助力企业服务消费者，提高零售企业运营效率，改善消费者体验。Dmall OS操作系统统一数据和业务中台，可实现模块化按需配置，帮助商家在会员、商品、营销、服务、管理和员工等零售各环节、各要素之间实现全面在线化和线上线下一体化，通过底层大数据整合分析实现效率提升。

多点Dmall服务商圈、社区、到家三个场景。商圈指的是用户到店需求，社区指的是自提货，到家指的是O2O。首先，多点Dmall建立平台聚集流量，生鲜是非常高频的入口，用户线上线下的需求都是巨大的，通过多点Dmall平台统一的运营，可以提高用户在平台上的购物频次，帮助零售企业获客。其次，多点Dmall构建一套零售数字化操作系统，底层需有一套数字化系统做支持。多点Dmall拥有一千多人的研发体系，负责自研系统，基于系统支持合作的超市，让一个店铺、一套供应链能够同时满足用户到店、到家的需求。

资料来源 根据网络资料整理所得。

6.1 信息管理

6.1.1 连锁企业信息管理系统的内涵

连锁企业信息管理系统是一个以人为主导，利用计算机硬件、软件、网络通信设备以及其他办公设备进行信息的收集、加工、传输、存储、更新和维护，它以实现连锁企业的经营战略、提高经济效益和效率为目的，支持企业的高层决策、中层控制、基层执行的集成化人机系统。对连锁企业来说，一个完善的信息管理系统是提高其市场适应力和国际竞争力的战略选择，也是引领和改造传统企业实现跨越式发展的强大推动力，更是打开企业财富之门的金钥匙。

1）提供准确及时的信息，提高管理效率

连锁企业借助信息管理系统和现代通信网络，可以实时采集市场、销售、库存等方面的信息进行快速处理，并及时传递给商品的生产者、中介批发商和消费者。这种物理信息采集、处理、传输渠道可以保证提供的信息详细、及时性强、错误少，使连锁企业按需进货、中介批发商及时调整库存结构、商品生产者按照市场需求生产。同时，信息管理系统的建立优化了连锁企业的运营过程，提高了整个企业的管理效率。例如，连锁企业通过销售信息系统了解各部门的销售状况，实现配送中心和各部门的信息资源共享，利用及时、准确的信息进行有效的市场营销及配送。又如，连锁企业通过条形码管理系统实现了POS机数据有效输入，实时为销售统计提供准确的数据支持，同时简化了人工操作，便于库存盘点，减少误差。

2）提高计划和决策的可行性

连锁企业信息管理系统可以向企业经营者提供商品的进、销、存以及整个物流系统的信息，使经营者可以真正做到以销定货、以销定存，最大限度地降低商品的库存量，直至零库存。连锁企业通过运用信息管理系统，可以对成千上万种商品进行逐个跟踪管理，使单品管理得以实施，使经营计划和决策的可行性得到提高。

3）促进经营方式和观念转变

采用信息管理系统可以加速信息处理的速度，提高经营管理的效率。连锁企业信息的自动化、网络化改变了信息传递的方式，使信息采集更加及时，达到了实时的程度。如今互联网展示的网络广告、网上贸易、网上购物、网络银行、网络结算等均改变了商品流通和经营的方式，也使商品经营者的观念发生了根本变化。

信息化管理是连锁企业提升管理水平的技术支持和保证。在一定程度上，企业的信息化水平代表着企业的核心竞争力，信息管理系统对企业竞争力的影响非常大。

6.1.2 连锁企业信息管理系统的构成

常见的连锁企业信息管理系统主要由总部信息管理系统、配送中心信息管理系统、门店信息管理系统、数据通信系统四个部分组成。总部、配货中心、门店各系统之间通过数据通信系统连接成为有机的整体。

1）总部信息管理系统

在整个连锁企业信息管理系统中，总部信息管理系统是灵魂，它控制和维护企业所有的基本资料，并监控各个部门（门店）的营运情况，享有最高的订货权和调价权。因此，总部信息管理系统主要是为高层管理者和业务主管提供有力的决策支持。总部信息管理系统主要包括决策管理、订货管理、进货管理、库存管理、销售管理、财务管理、报表分析、综合查询等子系统。总部信息管理系统结构如图6-1所示。

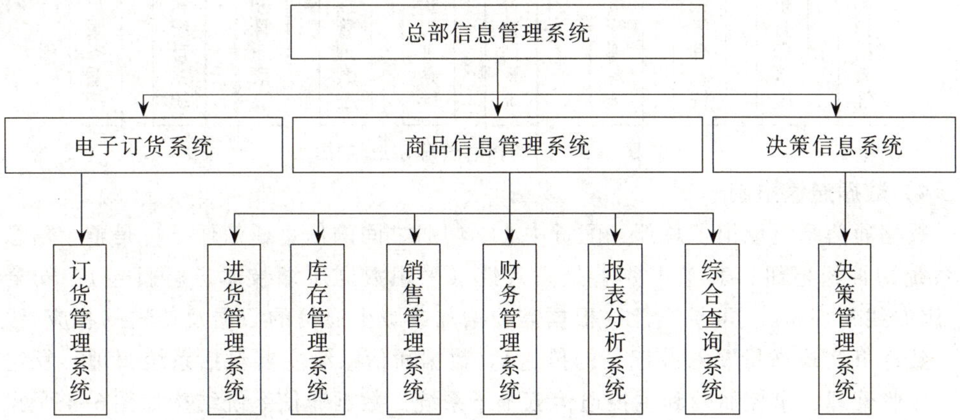

图6-1　总部信息管理系统结构

2）配送中心信息管理系统

作为物流枢纽，配送中心信息管理系统是连锁企业信息管理系统中不可缺少的部分。配送中心信息管理系统主要包括订货管理、入库管理、出库管理、库存管理、查询统计、配送调拨等子系统。配送中心信息管理系统结构如图6-2所示。

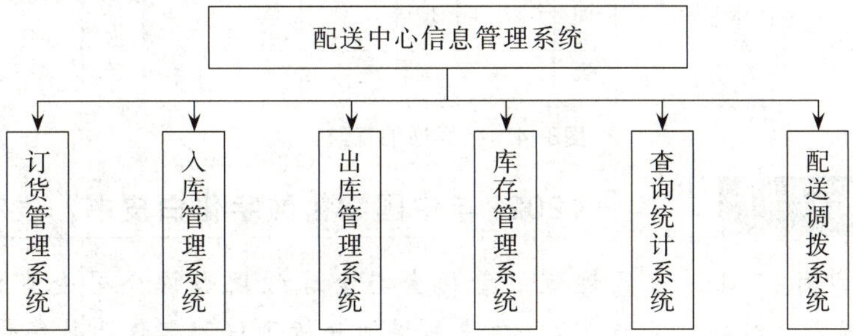

图6-2　配送中心信息管理系统结构

3）门店信息管理系统

门店信息管理系统，又称POS系统，是连锁企业信息管理系统的基础。其主要功能是对整个门店经营过程中商品的销售、补货以及库存全过程信息的管理与控制，完成门店范围内的信息采集，为高层经营分析与决策奠定基础。门店信息管理系统主要包括收银管理、订货管理、盘点管理、客户服务、财务管理、销售统计和综合查询等子系统。门店信息管理系统结构如图6-3所示。

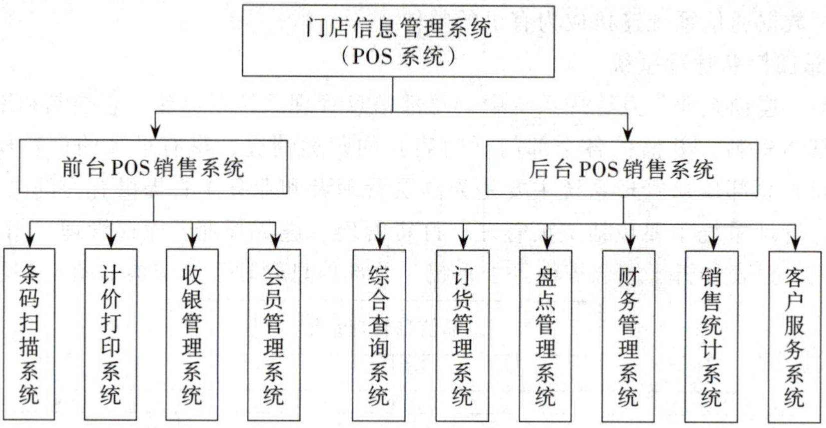

图6-3 门店信息管理系统结构

4）数据通信系统

数据通信系统承担了总部、配货中心、门店之间的信息通信任务，是整个信息管理系统的神经枢纽，其基本要求是高效性（采用数据压缩技术进行打包）、安全性（采用专线及加密）、可扩充性（根据需要增加或减少通信的数据及传送的相应指令）和一致性（实现增量及修改记录的传送）。数据通信系统主要包括系统管理、发送管理、接收管理、隶控通信和主控通信五个子系统。数据通信系统结构如图6-4所示。

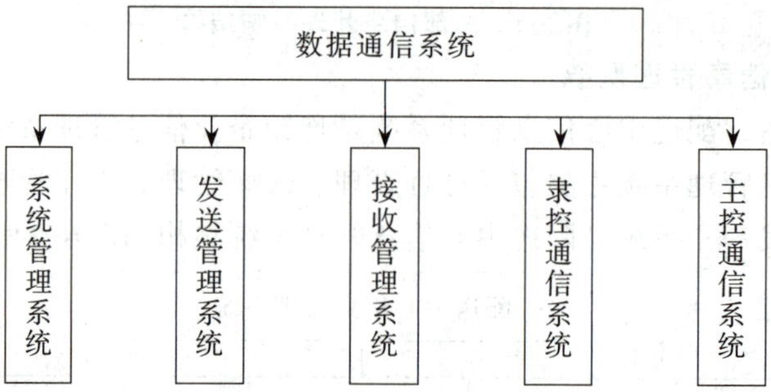

图6-4 数据通信系统结构

【精选案例6-1】 《2022年中国零售数字化白皮书》发布

2022年7月27日，中国连锁经营协会与全球管理咨询公司麦肯锡共同发布《2022年中国零售数字化白皮书》，白皮书详细分析了中国零售业数字化转型现状，揭示了正在重塑中国零售市场的四大主要趋势，并从中提炼出对零售企业的关键启示。

过去10年来，中国零售业发生了翻天覆地的变化，其行业格局正在以前所未有的速度被颠覆、被重塑，新的技术、业态和商业模式层出叠现。零售行业正上演着可能是程度最为激烈的市场竞争，同时也孕育着众多锐意求变、数字化能力居时代前沿的领先企业。

白皮书深入访谈了20多家零售商，并对30多位CXO进行调研，将零售企业数字化进程划分为四大阶段：

数字化1.0：信息化 IT基础设施升级改造，业务流程系统化、信息化。

数字化2.0：线上化 布局线上渠道，实现全渠道运营，数据洞察辅助部分经营决策。

数字化3.0：数智化 全面应用基于大数据分析的经营决策，实现运用自动化和智能化，大规模降本增效。

数字化4.0：平台化/生态化 行业或价值链整合、生态圈构建，数据科技驱动新兴业务、赋能产业和行业。

当前，中国零售行业的数字化转型正面临以下现状，转型旅程依然"道阻且长"：

现状一：零售商数字化转型整体处于探索"线上化"（数字化2.0）并向"数智化"（数字化3.0）迈进的阶段。

现状二：多数零售企业的数字化建设仍聚焦于前端渠道和流量运营，而价值链中上游、改造难度更高的领域，仍是数字化"短板"。

现状三：零售商普遍将数字化转型作为企业未来发展的关键战略方向，大力投入数字化建设，但投入产出比仍不明朗。

现状四：为驱动数字化转型成功落地，零售商积极拥抱组织、人才方面的变革，但现实推进却困难重重。

麦肯锡全球董事合伙人夏辰安博士介绍，"数字化转型是很多零售企业最重要的战略方向之一，但很多企业的数字化转型旅程通常并非一帆风顺。比如近年来诸多零售商争相布局的全渠道拓展，尽管拉动了一些营收增长，但整体利润水平仍不尽理想。因此，越来越多的零售商意识到，数字化不是单纯的线上渠道布局，而更关乎其背后企业核心运营能力的全链路数字化改造。零售数字化的价值创造不再简单围绕着'线上开店、商品上翻'展开，而更多回归了零售的本质，即在商品力、体验和效率等方面打造竞争优势"。

资料来源　中国连锁经营协会官网。

6.2　采购与配送管理

6.2.1　连锁企业采购管理

1）采购的定义

采购，是指商业企业为实现销售目标，在充分了解市场要求的情况下，根据企业的经营能力，运用适当的采购策略和方法，通过等价交换，取得适销对路商品的经济活动过程。俗话说"采购好商品等于卖出一半""只有错买，没有错卖"。零售企业如果想采购到适销对路、品质优良的商品，采购过程中就应遵循一定原则。零售企业要根据各类商品的进货渠道和来源等不同特点，结合本企业的实际情况，采用相应的商品采购方式。

微课：配送认知

（1）连锁企业采购是从资源市场获取资源的过程。

连锁企业采购就是帮助人们从资源市场获取所需要的各种商品。资源市场由能够提供这些资源的供应商组成，从资源市场获取这些资源都是通过采购来完成的。

（2）连锁企业采购既是一个信息流过程、商流过程，也是一个物流过程。

连锁企业采购的基本内容是将各种所需要的商品从资源市场的供应商手中转移到仓库或货架上。企业在这个过程中，一是要实现对资源市场中所需信息进行搜集、传递和加工处理，这个过程就是信息流过程，主要是获得有用的信息；二是要实现将商品的所有权从供应商手中转移到连锁企业，这个过程是一个商流过程，主要是通过商品交易、等价交换和租赁等方式实现商品所有权或使用权的转移；三是要实现将商品的物质实体从供应商手中转移到连锁企业，这个过程是一个物流过程，主要是通过运输、存储、包装、装卸、流通等手段实现商品空间位置的转移，使商品到达用户手中。连锁企业采购过程必须由信息流、商流、物流结合起来才能完成。

（3）连锁企业采购是一种经济活动。

连锁企业采购是其经济活动的主要组成部分。企业在整个采购活动过程中，一方面，通过采购获得资源，保证企业正常销售活动的顺利进行，这是采购的效益；另一方面，在采购过程中也会发生各种费用，这是采购的成本。企业要追求采购效益的最大化，就要不断地降低采购成本，以最小的成本获取最大的效益，其关键就是要努力实现科学采购。

2）采购的流程

采购的流程包括采购组织管理、资源与需求分析管理、采购计划制订、采购计划实施、采购评估与分析、采购监督与控制等一系列工作。

（1）采购组织管理。采购组织管理是采购管理最基本的组成部分，需要一个合理的管理机制、一个高效的采购部门和一些能干的管理人员、采购人员。

（2）资源与需求分析管理。资源分析的重点在于供应商分析和品质分析，即要弄清楚连锁企业需要采购什么品种的商品、数量是多少、何时需要等问题。商品采购部门应当掌握连锁企业的商品需求情况，制订商品需求计划，从而为制订科学合理的采购计划作充分准备。

（3）采购计划制订。采购计划，是指根据品种需求情况和供应商情况，制订出切实可行的计划，包括选择供应商、供应品种、订货策略、运输进货策略、具体实施进度计划等。

（4）采购计划实施。采购计划实施，是指把制订好的采购计划分配落实到人，根据既定的进度实施，包括联系供应商、进行贸易谈判、签订订货合同、运输进货、到货验收入库、支付货款以及善后处理等，通过这些具体活动完成一次完整的采购活动。

（5）采购评估与分析。采购评估，是指在采购活动完成以后对其进行的评估，或对一定时期内（月末、季末、年末）的采购活动进行的总结评估。其主要目的是评估采购活动的效果，总结经验教训，找出问题，提出改进办法。通过总结评估，可以肯定成绩，发现问题，采取措施改进工作，不断提高采购管理水平。

（6）采购监督与控制。采购监控，是指对采购活动进行的监控活动，包括对采购有关人员、采购资金、采购事件活动的监控。

连锁企业采购流程如图6-5所示。

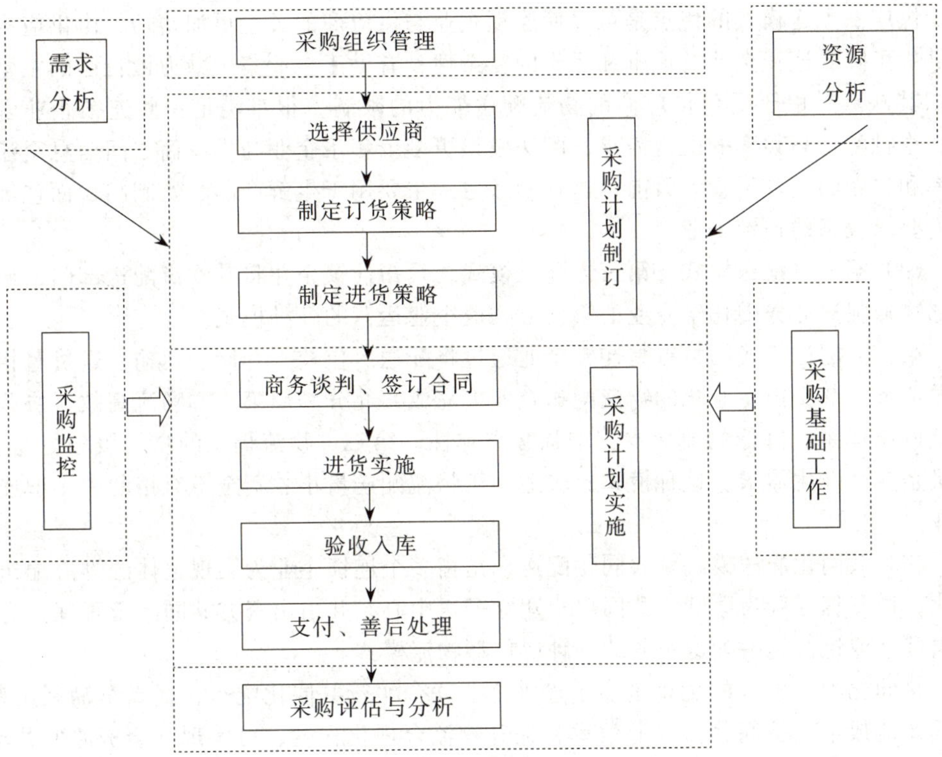

图6-5　连锁企业采购流程

6.2.2　连锁企业配送管理

物流配送是连锁企业核心竞争力的一个重要组成部分，配送能力的强弱直接决定着连锁企业经营成本的高低，影响企业盈利能力，关乎连锁企业的进一步发展。因此，连锁企业必须高度重视物流配送能力的建设。企业经营者要从供应链管理的角度正确理解连锁配送的重要意义，选择适当的配送模式，重视专业人才以及管理人才的培养，提高信息化管理水平，加强物流中心建设。只有这样，才能使连锁企业在激烈的市场竞争中立于不败之地，促使其向着健康的、充满活力的方向蓬勃发展。

1）常见的连锁配送模式

（1）自营配送模式。自营配送模式，是指企业物流配送的各个环节由企业自身筹建并组织管理，实现对企业内部及外部货物配送的一种模式。

自营配送模式的特点是有利于连锁企业保证和保持良好的服务水平，便于对企业物流各个环节的管理和监控，更好地发挥连锁经营统一管理和分散经营的功能；有利于迅速响应各连锁门店的需求，实现统一进货、统一配送，实现价格优势。但是，这种模式投资大、风险高，比较适合物流量大的连锁企业。连锁企业尝试自建物流中心，提供社会化服务，这不仅能分摊运营成本，还能提高配送中心的服务水平。

（2）供应商配送模式。供应商配送模式，是指由供应商直接进行商品配送，各连锁门店向供应商发出订单，由供应商直接将连锁零售企业采购的商品在指定的时间范围内送到各个门店甚至上架的一种方式。

供应商配送模式的优点是可以使连锁企业与供应商的关系更加密切，由供应商直接供货可降低连锁企业的成本和运作的复杂性，有助于企业集中精力做自己的主营业务。其缺点是由于受到供应商的物流配送能力的限制，很难满足一些连锁企业多品种、小批量、高频率的配送需求，配送效果更多依赖于企业与供应商之间信息交流的效率和二者的地理位置。目前，这种配送方式主要用于生鲜产品、奶制品、面包等保鲜度要求较高的连锁企业。

（3）第三方配送模式。第三方配送模式，是指连锁企业将其物流配送部门，或者全部物流配送业务委托给专业的第三方物流企业运营的一种模式。

第三方配送模式的特点是连锁企业通过将配送、包装、仓储、运输、送货等相关配送业务环节交由专业化的物流配送企业去完成，充分利用第三方物流高效、协调的物流网络体系，降低物流成本，增强客户弹性。第三方物流提供的物流服务更专业，满足企业个性化需求。这种模式比较适用于物流配送量小、资金不充裕的中小型连锁企业。

（4）共同化配送模式。共同化配送，是指多个连锁企业为实现整体的物流配送合理化，以互惠互利为原则，共同出资建立配送中心，并由出资方共同经营管理，为所有出资企业提供统一配送服务的一种协作型物流模式。

共同化配送模式的优点是多个连锁企业联合实行共同化配送，提高车辆利用率，降低物流成本，提高物流作业效率，提升物流合理化程度；可实现社会资源的共享、互补，达到资源充分有效利用。其缺点是多个连锁企业之间协调管理难度加大，不易使每个连锁企业都达到利益最大化。

2）配送的基本要素

（1）备货。备货是配送的准备工作或基础工作，包括筹集货源、订货或购货、集货、进货及有关商品的质量检查、结算、交接等。集中用户的需求进行一定规模的备货是配送的优势之一。备货是决定配送成败的初期工作，如果备货成本太高，就会降低配送的效益。

（2）储存。配送中的储存有储备和暂存两种形态。配送储备，是指按一定时期的配送经营要求，形成对配送的资源保证。这种类型的储备数量较大，储备结构较完善，根据货源及到货情况，可以有计划地确定周转储备、保险储备的结构和数量。配送暂存，是指在具体执行日配送时，按分拣配货要求，在理货场地所做的少量储存准备。由于总体储存效益取决于储存总量，因此这部分暂存数量只会对工作方便与否造成影响，而不会影响储存的总效益，在数量上控制并不严格。还有另一种形式的配送暂存，即在分拣、配货之后形成的发送配载的暂存，这种配送暂存主要调节配货与送货的节奏，暂存时间不长。

（3）分拣及配货。分拣及配货是配送系统中不同于其他物流形式的功能要素，也是配送成败的一项重要性工作。分拣，是指将需要配送的物品从储位上拣取出来配备齐全，并按照配装和送货要求进行分类，送入指定发货地点堆放的活动。配货，是指将拣取分类后的货品经过配货检查，再装入容器，做好标记，运到发货准备区，待装车后发送。分拣及配货方式的选择对配送效率和服务质量提升有着决定性影响。

（4）配装。配装，又称配载，是指充分利用运输工具的载重量和容积，将不同门店需要配送的货物进行搭配装载。配装可以大大提高送货水平、降低送货成本，是配送系统中有现代特点的功能要素。

在单个用户配送数量不能达到车辆有效载运负荷时，配送系统存在如何集中不同用户的配送货物进行搭配装载以充分利用运能、运力的问题，这就需要配装。与一般送货不同，配装送货可以提高送货水平，降低送货成本，因此配装是配送系统中有现代特点的功能要素，也是现代配送不同于传统送货的重要之处。

（5）配送运输。配送运输，是指将配好的货物按照配送计划确定的配送路线送达用户指定的地点，并与用户进行交接。配送运输属于运输中的末端运输、支线运输。与一般运输形态不同，配送运输是距离较短、规模较小、额度较高的运输形式，一般使用汽车作为运输工具。配送运输的路线选择是一般干线运输所没有的。干线运输的干线是唯一的运输路线，而配送运输由于配送用户多，一般城市交通路线又较复杂，所以如何组合成最佳路线、如何使配装和路线有效搭配等是配送运输难度较大的工作。

（6）送达服务。送达服务，是指商品送达后的协调、移交、结算等相关手续及送达后的卸货、搬运等服务。送达服务是配送系统中的特殊业务。货物送达用户不是配送工作的完结，因为在用户接货时还可能会出现问题，使配送前功尽弃，所以要圆满地实现运到货物的移交，并快速、有效地处理相关手续和完成结算，企业还应协调卸货地点、卸货方式等。

（7）配送加工。配送加工，是指按照最后销售需求进行的流通加工，是商品从生产地到使用地的过程中根据需要进行包装、分割、计量、分拣、刷标志、贴标签、组装等简单作业的总和。在配送中，配送加工不具有普遍性，但却是具有重要作用的功能要素，即配送加工可以提高用户的满意程度。配送加工是流通加工的一种，它不同于一般的流通加工，即配送加工只取决于用户要求，其加工目的较为单一。

【精选案例 6-2】　京东配送服务模式

1.“211”限时达

上午11：00前提交的现货订单（部分城市为上午10：00前），从订单出库后完成拣货的时间点开始计算，当日送达；夜里11：00前提交的现货订单，从订单出库后完成拣货的时间点开始计算，次日15：00前送达。

2.次日达

在一定时间点之前提交的现货订单，从订单出库后完成拣货的时间点开始计算，将于次日送达。

3.隔日达

在当日截至下单时间前提交的现货订单，隔日配送完成（现货订单以提交时间点开始计算，先款订单以支付完成时间点计算）。

4.极速达

极速达是为用户提供的一项个性化付费增值服务。如果用户选择极速达配送服务，则需通过“在线支付”方式全额付款或“货到付款”方式成功提交订单，并勾选极速达服务，京东会在3小时内将商品送至用户所留地址。

5. 定时达

在定时达区域，用户可以享受7天内3个时间段（09：00—15：00，15：00—19：00，19：00—22：00，晚间时段为支持夜间配区域）的预约配送，大家电商品可以享受10天内预约配送。

6. 京准达

京准达提供的是一项可以选择精确收货时间段的增值服务。如果用户选择京准达配送服务，则需通过“在线支付”方式全额付款或“货到付款”方式成功提交订单，京东会将用户选择的支持京准达服务的商品（赠品除外）在指定的送达时间段内送至订单所提供的收货地址。

7. 夜间配

夜间配是为用户提供更快速、更便利的一项增值服务。如果用户需要晚间送货上门服务，则下单时选择“19：00—22：00”时段，属夜间配服务范围内的商品，京东会尽可能安排配送员在用户选定当日19：00—22：00送货上门。

8. 自提

自提是京东为方便用户收货，为用户提供的一种固定地点提货的模式。用户可以在提交订单页面“收货人信息”一栏选择附近自提点信息，配送方式显示“上门自提”，当订单到达自提点后，系统会以短信形式通知用户取货。

6.3 门店开发与运营管理

6.3.1 门店选址与开发

门店选址是连锁企业的一项长期投资，如何选店址关系着连锁企业未来的经济效益和发展前景。不同行业的门店选址方法是有所区别的。两个同行业同规模的连锁企业，即使商品构成、服务水平、管理水平、促销手段等方面大致相同，但是由于所选的门店地址不同，经营效益就可能有较大的区别，企业在门店选址时必须考虑以下方面的因素：

1）选择符合连锁店性质的设店区域

每一行业的连锁店其顾客对象是不同的消费群体，对于不同的设店区域和场所，经营者一定要知道自己的顾客属于哪一类型，哪些区域能吸引消费者，做到心中有数，才不会盲目选择。下面是不同区域与消费者关系的一些分类：

（1）位于居民区的门店。该区域只能吸引狭小范围的顾客，适合经营一些消费者选择性不强而又经常需要的日常生活用品，如便利店、社区超市、食杂店等。经营这类商品和服务的门店要尽量接近顾客，以顾客步行的距离计算，一般选择半径在300米之内，步行10~20分钟的辐射范围为宜。

（2）位于商业街的门店。由于该区域的顾客来自不同的地方，且消费者的目的性很强，其所购买的多是挑选性较强的商品，因此该区域适合经营一些较为高档的商品，如服装、电器、钟表等。

(3) 位于繁华商业中心的门店。由于该区域的门店租金极贵，适宜经营一些价格较高，顾客需要考虑再三才决定购买的高档商品，如珠宝首饰、钢琴及高级家具等。

因此并不是越繁华的地方越适合开店，门店的选址取决于企业的经营性质。例如，时装店最好设在人来人往的闹市区，因为客流量决定了门店的效益水平；相反，便利店定位于薄利多销，没有必要设在闹市区，最好设在居民区。

2）分析潜在顾客数量和客流规律

所有的人都是消费者，也是门店的潜在顾客，经营者在选择店址时必须了解当地的人口总数、人口密度、人口增长情况、人口年龄结构等。国外调查资料表明，现代化的超级市场有50%的顾客来自门店250米内的区域。因此，在选择超级市场的店址时，一般要求在计划区域500米半径范围内常住人口数量必须有1万人以上。

人来人往的地方，当然有利于设店，但是并非人多的地方就适宜开店。企业首先要了解过往行人的年龄和性别，因为有些过路者是儿童，他们可能是快餐店的顾客，但不会是服装店的顾客；其次要了解行人来往的高峰时间和稀少时间；最后要了解行人来往的目的和停留时间。

在商业集中的繁华区，客流一般以购物为主流，其特点是速度缓慢，停留时间长，流动时间相对分散。因此，可以将经营挑选性较强商品的门店设在这里，如服装店等；有些区域虽然有相当规模的客流量，但是多属于非商业因素，如车站、码头、学校、公共场所等，其客流的主要目的不是购买商品，而是以其他目的为主，购物只是顺便；还有些区域客流速度较快，停留时间短，流动时间比较集中，可以将经营挑选性不强商品的门店设在这里，如烟酒副食店、冷饮店、快餐店等。

3）分析交通地理条件

交通的便利性也是选址要考虑的重要因素。方便的交通要道，如接近车站、码头以及公共汽车的停车站，由于行人来往较多，客流量大，具有设店的价值；交叉路口的街角，由于交通四通八达，能见度高，也是设店的好位置。但是，有些地区的道路中间隔了一条很长的中央分向带或栏杆，限制行人、车辆穿越，则会影响设店的价值。

由于交通条件、公共场所设施、行走方向习惯、居住范围和照明条件等因素的影响，一条街道两侧的客流量往往极度不均衡，同一侧街道也可能因地段不同而客流量不同。因此，企业在选址时要分析街道客流量的特点，选择在客流量较多的街道一侧或地段开设门店。

坐落在上海南京路的Y安公司，其创办者郭氏兄弟当年在选择Y安公司的店址时颇下了一番功夫。1915年，郭氏兄弟携港币50万元到上海筹建Y安公司。他们在上海闹市区南京路选好地方后，却因店址建在路南还是路北而犹豫不决。于是便派两个人分别坐在路南和路北，只要各自身边走过一个人，就往口袋里放一粒豆子。结果，路南的行人多于路北，郭氏兄弟便把Y安公司的店址选在了路南。由于Y安公司的店址选得正确，至今生意兴隆。

4）分析竞争程度

如果门店是经营挑选性不强、购买频率较高的日常用品，且在同一地区已有过多的同行在恶性竞争，争夺市场份额，则势必影响门店的经济效益，除非新设的门店有特殊的经营风格、能力或不同寻常的商品来源，否则难以成功。

但是，在某些环境中，上述情况并不完全如此。有些业态因同行集中在一起，反而会形成一个别具特色的商业街，如广州的“女人街”“电器城”等。由于竞争对手相对集中，相邻而设，商品品种繁多，有利于顾客比较、挑选，能够吸引更多的远方来客，促进经营。商业街的各门店经营的商品有互补、连带关系，既便于顾客购买，又促进各自销售；若各门店经营的商品无互补、连带关系，则会产生消极影响。

因此，连锁企业在选择店址时，应详细了解在该区域附近有多少类似的门店，这些门店的规模、装修、商品品种、价格及待客态度如何，自己的加入将是增加竞争、分薄利润，还是互惠互利。

5）分析其他因素

门店地址一旦选定，一般不会轻易迁移。因为迁移必须付出一定的代价，所以连锁企业在选址时应从长远的、发展的角度着眼，详细了解该区域的街道、治安、卫生、交通、市政、绿化、公共设施、住宅，以及其他建设和改造项目的规划，使选定的店址既符合近期环境特点，又符合长期发展规划，以避免造成损失。

城市的长远规划会对连锁企业的门店经营带来重大影响。有些区域从近期来看可能是店址的最佳选择，但是随着城市改造和发展，出现新的变化而不适合设店；相反，有些区域从近期来看可能并不是店址的理想选择，但从规划前景来看却很有发展前途。

此外，有些区域附近有许多空置建筑物，会令人感到景象衰落而不愿涉足；有些区域被传闻治安状况欠佳；有些区域环境质量差，如气味不良、噪声大、灰尘多等，这些都会影响客流量，降低开店的价值。

6.3.2 门店运营管理

微课：店长的一天

门店每天的业务繁琐复杂，迎客、销售、补货……似乎永远有忙不完的事情。但是，仔细分析门店业务，就会发现其中有70%~80%的工作是重复性的，仅有20%~30%的工作是非例行性的。因此，门店管理者要懂得采用二八法则管理好店铺，使卖场维持正常的运作，并保持一定的服务水准。80%的门店工作可以通过流程化制度进行管理，另外20%的工作重点就是对人、财、物、信息的管理，见表6-1。

表6-1 门店运营管理内容

序号	人员管理	财务管理	商品管理	信息管理
1	顾客管理	现金管理	缺货管理	顾客信息管理
2	店员管理	收银管理	效期管理	财务信息管理
3	供应商管理	收货单据管理	耗损管理	商品信息管理
4	—	—	活性化管理	—

1）人员管理

（1）顾客管理。顾客就是上帝，顾客是门店绝大部分利润的来源。因此，门店管理者必须了解顾客，如门店周围的人流量，顾客的行为特点、年龄、性别等。门店管理者还需要了解顾客的需求，并根据其需求进行营销，或者根据其投诉采取措施。

（2）店员管理。店员管理是门店管理者非常重要的工作。通常店员的工作安排非常紧凑，几乎每日都有人轮休，如果出现有人突然休假或者缺勤就会影响工作效率，可能会在出货、补货、服务等业务上出现问题。因此，门店管理者需要对店员的出勤人数、休假人数、排班表、迟到早退等情况非常清楚，才不会影响门店的整体运营。另外，门店管理者还需要清楚店员的状态、服务素质、人力费用等情况，才可以保证门店运营顺畅。

（3）供应商管理。虽然供应商派驻的业务人员（如促销员）不是门店的员工，但是对顾客来讲，只要是门店的工作人员就是店里的人。因此，无论从形象到出勤，门店管理者都要对其进行统一管理。面对供应商的业务人员，门店管理者要有长期合作的心态，通过他们获取产品信息、品类发展、竞争对手的情况，同时要维系好关系，避免以甲方心态去面对他们，争取得到更多的支持。

2）财务管理

连锁门店的财务管理主要体现在现金管理，尤其是对收银台的现金管理。根据不完全统计，熟练收银员的收银误差率可控制在万分之四以内，而新入职收银员的收银误差率则往往超过万分之十。这看起来是很小的数字，但是若整个收银组的误差率不控制在万分之四以内，则一个月的现金差额就会很多。例如，以门店月营业额300万元计算，若收银误差率是万分之十，则现金损失可达3 000元，一年累计可达3.6万元。

此外，收银常见的问题有伪钞、顾客欺诈、收银员作弊、亲友结账少过机等，这些都是门店管理的重点。同时，收货单据的管理是门店管理的另一个重点。收货单据是重要的财务凭证，盖章签字后，供应商就可以凭它结款。因此，门店管理者一定要管理好收货单据，避免单据误差，确保验收正确、记录清楚，严禁压单，才能避免损失。门店管理者在日常管理中应养成每天检核单据的习惯，亲自或督促填报相关报表。

3）商品管理

（1）缺货管理。缺货是零售业最大的敌人。缺货使顾客的需求无法获得立即满足，导致顾客流失。如果门店经常缺货，顾客一定会大量流失，营业额会急剧下降。有研究表明，便利店缺货3%就会影响1%的销售额，可以想象缺货对门店业绩的影响。因此，有效地控制缺货率是门店管理者的重点工作之一。

（2）效期管理。效期管理，是指门店管理者对商品新鲜度的管理，使商品在后场、卖场内均能维持恒温状态，以鲜活的状态卖给顾客，使其损耗降至最低。在门店经营的商品中生鲜食品和保鲜品均是效期管理的重点，门店管理者应严格按照先进先出的原则，严禁出现过期产品。另外，对药品的有效期管理要求更高，药店经营者必须严格按照《药品经营质量管理规范》的要求对药品进行严格管理。

（3）耗损管理。由于连锁企业竞争激烈，商品耗损成为是否获利的关键性指标，是节流管理中重要的环节。耗损常因进货不实、顾客偷窃、员工处理不当、残货过多、标价错误、变价不实等导致，门店管理者必须采取措施预防或改善这些管理漏洞。门店管理者一定要牢记的原则——减少耗损就是增加纯利。

（4）活性化管理。活性化管理，是指门店管理者配合季节主题进行促销活动，把商品的质感、量感、关联性、活性表现出来，让商品加快周转，提高门店经营水平，增加盈利。

4）信息管理

门店信息管理是围绕人、财、物的信息化管理，包括顾客信息管理、财务信息管理、商品信息管理等。连锁企业POS系统中的各种数据为其运营提供相关信息，可以作为门店运营、管理、计划等方面的参考信息。

门店管理者应定时从POS系统中输出表单，包括营业日报表、商品销售排行表、促销效果表、顾客意见表、顾客档案表、费用明细表、盘点表、利润表等。门店管理者还可以把每天的销售额、客流量、客单价记录下来或描绘在一张图表上。门店管理者可以对一周的报表进行统计分析，发现问题或变化，如果再将其与上一年同期数据进行对比，就会知道产生这些问题或变化的原因，然后针对问题或变化的原因提出改善方案。因此，信息管理是门店管理的重要组成部分。

【精选案例 6-3】 2023年良品铺子第六代门店上市

2023年，良品铺子再次对门店作升级换代，推出了全新的六代店。六代门店的面积更大，产品品类更丰富，增加了咖啡、烘焙等高频、刚需的产品线，并对现有的产品进行了质量升级，将产品的差异化做得更加明显，在产品包装、产品核心卖点透传、产品陈列等产品价值传递方面也有升级。同时，六代店以用户为中心设计店面体验空间，对货柜等作了调整，例如以儿童更容易接触的专用中岛摆放儿童零食、糖巧礼品礼盒；用透明容器陈列碧根果等产品，让消费者能一眼感知到产品质量，凸显产品的价值等。六代店是一个基于用户需求、提升用户逛店旅程体验、传递品牌价值，同时具备全面性、最丰富模块化的专业零食店，将良品铺子“好原料造就好味道”的高品质零食品牌打造得更加深入人心。目前，公司已经在深圳、成都、南京、广州、武汉等地打造了多个不同场景的六代店样板，示范效果明显。

良品铺子2022年发布年报称实现营收、净利润双增，实属不易。良品铺子业绩逆势增长，主要受益于公司的产品研发和渠道建设推广两方面。

在产品研发上，良品铺子以用户的细分需求为导向，向健康型、功能型、方案型产品方向升级，不断优化产品矩阵。针对学龄儿童、健身人群、爱美人士、白领上班族、企事业单位等客群，分别推出了儿童零食、健身零食、胶原糖果零食、早餐晚餐代餐、节庆礼盒等多类产品。尤其是节庆礼盒，良品铺子聚焦传统节日送礼需求，推出健康粗粮粽、减糖鲜果月饼、金选坚果三大礼盒系列。2022年礼品礼盒品类销售额同比增长41.5%。

渠道布局方面，良品铺子是休闲零食行业唯一实现“线上线下”结构均衡且高度融合的“全渠道”销售公司。截至2022年年底，良品铺子共在全国23个省（区市）拥有3 226家门店。未来良品铺子将继续完善以门店为核心的全渠道发展体系，在区域分布上主要聚焦现有优势地区进行加密布局，且新开门店面积更大、品类更丰富，同时会新增咖啡水饮、“短保”烘焙等引流型、便利组合型产品。

资料来源：根据网络资料整理所得。

6.4　消费者洞察与客户服务管理

21世纪是服务经济时代，服务不再是商品的补充物，而是“代替商品成为社会中的主要经济提供物”。好的客户服务离不开消费者洞察，这要建立在对消费者的消费心理与消费行为深入理解的基础上。

6.4.1　消费者洞察

当前，中国正迎来新一轮消费升级的浪潮，消费者从应付生活转变为经营生活、享受生活，由此诞生出一大批主打理念和情怀的新品牌。尽管决定一个品牌能否成长的因素有很多，但是能否准确理解消费者，并对消费者的心理、行为变化做出及时反应却是关键一环，这就是通常所说的“消费者洞察”。

消费者洞察意味着对消费者的深入理解，并有意识地将这样的理解用于帮助消费者实现他们的需要。消费者洞察也意味着智慧品牌能够以此更好地定位自己，从而满足顾客或者利益相关者的需求，获得盈利，控制预算等。

“消费者洞察”是相对于“消费者调查”提出的概念，但洞察不同于调查，调查的内容是静态的，是针对被调查者所做的、所说的内容；消费者洞察是一种体验和反省的总结，通过消费体验和反省更好地感悟目标顾客到底在想什么。消费者洞察以定性研究为主要手段，从心理学角度研究消费者对产品、品牌的态度和心理，从而进一步挖掘其消费习惯、经验和价值。

1）消费者洞察的意义

消费者洞察不是万能的，但不做消费者洞察恐怕是万万不能的。它最大的贡献在于，能够帮助企业找到表象背后的真正原因和市场机会，让企业更加准确、高效地走出市场困境，采用更具差异化的营销策略，进而避免恶性竞争。

（1）帮助企业找到更加精确的品牌定位。

品牌定位是产品和目标顾客沟通的核心价值所在。它一定要精确反映消费者和产品之间最重要的交易关系，而且这种关系还要和竞争品牌有明显的差异性。

找到一个精确而有效的品牌定位不是件容易的事情，这种定位往往是一种价值取向，是消费者头脑甚至潜意识里的一种足以驱使他们采取购买行动的心理因素。因此，寻找这种因素，通过简单的市场调查是难以完成的，必须通过消费者洞察进一步挖掘或验证，结论才会更可靠。

（2）让产品的开发和改进更加有的放矢。

如果品牌定位是产品开发的方向和原则，那么产品特征设计和改进则是品牌定位的演绎和巩固。只有精确的品牌定位还不够，必须把它精确落实到产品的特征上，这时就需要更加细致地对消费者的需求进行研究。

目标顾客的物质需求是相对容易理解的，难的是准确定位他们的心理需求。在现实生活中，我们经常遇到这样的“怪事”：并不具备突出功能的产品却卖得异常火爆。比如，休闲食品和饮料等品类就常常会发生这种现象。如果从常理上去理解，很难做出解释，但是从消费者的心理角度去解释，这一切就可以迎刃而解。所以，有目的的消费者洞察，会让企业产品的开发和改进更加有的放矢。

（3）使品牌传播与推广活动更加科学、高效。

一个不严谨的传播活动是营销资源的最大浪费，甚至这种活动的影响力越大，这个品牌就死得越快。这种不严谨的传播活动主要体现在广告创意、媒介投放和促销活动等方面。如果从目标顾客的角度去洞察他们的动机和行为，就不会出现这些失误。因为通过消费者洞察，我们可以较好地掌握消费者对目标产品的态度、习惯和消费经验。

2）消费者洞察的基本原则

（1）紧贴企业的细分市场。

消费者洞察一定要紧贴企业的细分市场，围绕企业的目标顾客来做。目标顾客到底在哪里？到底如何进一步细分？可以用两种分析工具：一是目标顾客群分类；二是目标顾客角色分类。

①目标顾客群分类。

首先，要锁定核心顾客群，洞察他们的消费动机和行为。他们为什么放弃企业的品牌？不满意的因素有哪些？这些因素是由企业的营销活动导致的，还是由竞争对手的营销活动导致的？

其次，要锁定潜在顾客群。他们对品类的消费并没有下降，却更多地选择了竞争对手的品牌，原因是什么？是竞争对手推出了更好的产品、提供了更优惠的价格，还是开展了更有吸引力的促销活动？从“人性”的角度来看，企业怎么做才能让顾客“回心转意”？

②目标顾客角色分类。

研究这种分类的主要目的在于，首先要精确地找到对销售起到关键作用的那个角色，其次重点去洞察这个角色的消费动机和行为及其背后的原因。

（2）研究工具要与问题匹配。

专业机构做消费者洞察，常用的研究工具基本分为三大类，即实验室法（如仪器测试、规则游戏等）、准实验室法（如小组座谈会、深度访问等）和非实验室法（如投射研究、神秘顾客、无提示监测等）。这些工具的应用条件不同，如果你用一个不恰当的方法去洞察消费者，可能得到的结论与实际背道而驰。

①鉴别问题的性质。

在做消费者洞察时，一定要明确我们到底想解决什么问题，是挖掘消费者潜在需求，还是解除消费者在购买行为中的种种担忧，或者使用过程中的后顾之忧。如果这样一步一步把问题的性质搞清楚，最合适的研究工具自然就找到了。

②不断审视洞察过程。

有时候，一个看似千真万确的研究工具也会导致很多错误的结论，所以不管采用什么工具，一定要合理控制变量，从过程的角度不断审视可能发生的问题。

不少企业召开小组座谈会之前会设计很多问题，但有时所问的问题没有顾及消费者心理感受，结果往往适得其反。比如，您为什么要用名贵化妆品？对这类问题，消费者给你的答案很可能和他的真实想法有差距，甚至是恰恰相反。

(3) 体验消费与反省思考。

在没有从根本上把握消费者最真实的一面之前，消费者洞察是不会结束的。因为只靠固定的研究工具和模型，有时也达不到满意的效果，这时就要采用亲自体验或换位思考的方式来继续洞察。

① 体验消费。顾名思义，就是企业要成为消费者，去全程体验目标顾客的消费状况，感受他们是怎样了解这个产品的，怎么购买这个产品的，又是怎么使用的，使用过程中有什么样的感受和想法等。这么做，可以挖掘出一些其他研究工具难以发现的东西。

② 反省思考。反省思考就是一种换位思考、一种感悟，是对体验消费的有效补充。有些产品难以体验，这时企业只能通过换位思考来捕捉消费者的真实情况。

一个产品能否畅销，有一个简单的辨别原则：企业的员工是否愿意购买自己企业的产品，或把它推荐给其最亲密的人？这就是一种反省。如果企业的员工不愿购买，也不愿推荐给其最亲密的人，那么企业的产品怎么可能打动消费者，又怎么可能打败竞争对手呢？

(4) 慎重对待文化因素。

文化是“人性”的一种后天形成的意识形态，如果你不触及它，似乎感觉不到它的存在，一旦触及，就会发生出乎人们意料的事情。

① 区域文化研究。区域文化是一个区域中大部分人所认同的价值观、性格特征及生活习惯的综合。比如，上海人精打细算、北京人海纳百川、广东人吃苦耐劳、成都人喜欢热闹等。这些区域文化特征看似没必要研究，对营销改进也没有太大帮助，但实际上深入研究区域文化特征，对区域市场的运营会有巨大的贡献。

② 民族文化研究。每个民族都有悠久而独特的文化特征，面对不同民族的消费者，企业可能需要对营销策略进行相应调整，从而更容易贴近这个民族，更有效地扩大市场份额。

娃哈哈的非常可乐初进内蒙古市场时，是第一个在当地蒙语频道做广告的品牌。这对蒙古族同胞来讲，是一种更加便捷的信息沟通，更是一种对少数民族的尊重。其实，大多数蒙古族都听得懂汉语，也认识汉字，从表面来看似乎任何品牌都不必做蒙语版的广告，但对少数民族而言，你用他们的母语跟他们沟通，会使他们产生天生的亲切感。事实也证明，娃哈哈的广告十分有效。

3）消费者洞察的方法

(1) 问卷调查法。

问卷调查法有效性的基本要求是“问该问的问题”。调研者把所需调研的事项做成问题或表格，可以直接从被调研人那里获得资料，以测量被调研人的所知所闻、个人的喜好与价值观或态度信念，还可以用问卷调查法去发现事实及经验或正在进行的事。

（2）用户访谈法。

同样是需求调研的方法，问卷调查趋于定量，用户访谈趋于定性。

用户访谈法是市场调研中非常实用和有效的方法，也是问卷调查所无法达到的效果。用户访谈法的精髓在于通过倾听来了解消费者内心的真实想法。

用户访谈通常要问三类问题：你正在解决什么样的问题？目前你如何解决这个问题？有什么方法能帮你做得更好？

（3）数据分析法。

数据分析是对用户行为进行量化分析。很多时候，用户通过问卷调查和用户访谈表达的都是自己想要的，而不是真正需要的，但用户行为所遗留下的数据却是最真实的。从痕迹倒推出行为，可以使企业真正了解用户。

数据不代表一切，数据能展示行为、展示结果，但不能展示动机、展示原因。

消费者未被满足的需求包括直接表达的需求（显性需求）和没有表达的需求（隐性需求）。对消费者的隐性需求，可以通过观察和想象加以揭示。例如，在汽车出现之前，顾客会告诉你（企业），我们需要一匹更快的马。其实，用户需要的是更快的速度。在一种前所未有的新技术或新产品出现之前，消费者不太可能知道那些颠覆性创新所能满足的需求。

6.4.2 客户服务管理

1）会员体系的建立

随着我国连锁企业的日益成熟，市场竞争也越来越激烈。一个连锁企业销售业绩的增长可能意味着另一个连锁企业市场份额的丢失。不难看出，留住客户比发展新客户更为重要。建立会员体系的宗旨是维持顾客关系，回馈顾客，使其成为承载企业运营的一个常态、稳定的平台。会员体系的建立有助于打造忠实的消费群体，建立企业稳定的运营平台。会员体系为企业制定市场策略提供信息和依据，为企业宣传提供有效渠道并降低宣传成本。会员体系为行业发展、市场变化趋势提供线索。

一个真正的会员体系不仅是前端的会员卡，更重要的是后台进行的操作、记录、分析，并采取针对性的营销策略，这样才能体现客户关系管理（CRM）的精神。因此，企业打造一个真正的会员体系要完成以下工作：

（1）会员制度的拟定。它包括会员章程拟定、会员卡设计制作、会员卡的使用和管理。

（2）会员回馈系统设计及流程制定。它包括会员享受的直接优惠、间接优惠以及会员享受这些优惠的流程和企业提供优惠的流程。这是吸引顾客成为会员的关键所在。

（3）会员服务软件管理系统开发及功能模块设计。由于每个企业的管理制度和模式不同，应有针对性地开发会员管理软件，由各个直接参与部门提出管理要求，从满足会员使用方便性的角度开发系统功能模块。

（4）会员体系及流程制定。建立会员体系仅依靠一个部门是无法独立完成的，它从建立到成熟运作有一个必经的、逐渐完善的过程，在零售业中此过程涉及营运、财务、市场、售后服务、采购、信息管理等多个部门，在会员体系的设计中需体现出企业的管理思想和管理流程。

（5）会员体系市场推广规划。它包括吸纳会员的营销手段、提高会员忠诚度和参与度的营销手段、会员专享活动的策划、整个会员体系的市场推广策略的制定等。就创造会员体系的吸引力来说，有时候直接的优惠往往比不上在会员专享活动中获得的优越感和尊贵服务，因此这也是会员体系中非常重要的环节。

（6）建立完善的会员分析系统。它包括对会员基本资料的分析，对消费数据的长、短期跟踪分析，对会员个人以及相似群体的交叉分析，对商品组合、促销效果、成交率的分析。

（7）会员卡的外延增值服务扩展。通过与异业联名、合作等方式增加会员身份的价值，这些举措将进一步提升会员身份对顾客的吸引力，逐步增加企业会员的保有量并稳定既有会员。

2）顾客满意度的管理

（1）顾客满意度的重要性。

顾客满意度，是指顾客感觉状态下的一种水平，它来源于顾客对企业某种产品、服务所设想的绩效或产出与自己的期望进行的对比。也就是说，“满意”不仅是顾客对服务质量、服务态度、产品质量、价格等方面直观的满意度，更深一层的含义是顾客对企业所提供的产品、服务与其自身期望、要求的吻合程度。因此，就产生了顾客对企业产品、服务的不同满意程度。

当今，“顾客满意”已成为每一个企业努力的目标，是企业综合努力的结果，这包括其品牌概念、产品和服务的质量、管理的有效性、改进和创新的能力、企业的理念和形象等。

企业深刻认识到“顾客满意”对其发展的重要性，只有不断提高顾客的满意度，才能增强企业的市场竞争力，才能有更多的忠诚顾客，才能获得更多的客户价值，才能使企业拥有生存和发展的坚实基础。因此，顾客满意度的管理概念、理念和方法已引起众多企业的关注，越来越多的企业正在努力引入“顾客满意”的新观念、新理念和新方法，这些企业已从持续的顾客满意度的管理活动中受益。“顾客满意”在提升企业管理、企业形象、企业竞争力等方面产生了综合性、持续性的效果。

做好“顾客满意”工作的重要性体现在以下方面：

① 有利于测定企业目前的经营管理水平，有利于分析本企业与竞争对手之间的差距。

② 了解顾客的想法，发现顾客的潜在要求，明确顾客的需求或期望。

③ 检查企业的愿景，为提高顾客满意度制定新的质量改进目标。

④ 有助于提高企业的盈利能力。

⑤ 为达到顾客满意，企业应明确经营战略或经营方向。

⑥ 通过对顾客满意度的衡量把握商业机会。

（2）顾客满意度的维护。

①改善顾客服务氛围。顾客服务氛围，是指连锁门店为顾客购物营造的氛围。“氛围”是指一种借以影响顾客的“有意的环境设计”，包括清洁、干净的卫生，着装整洁、亲切热情的门店员工，独特的陈列布局等。连锁门店必须保持这样一种服务氛围，适合目标市场，并能诱导顾客购买。

顾客服务氛围总体上由以下因素组成：

A.视觉。连锁门店为顾客展示“视觉商品化”，从门店外观上，顾客可以看到洁净、明亮的大门，一尘不染的玻璃橱窗，清洁、干净的设施、设备等；从门店员工身上，顾客可以看到着装统一、整洁、规范的服务人员；从门店商品上，顾客可以看到陈列别致、色彩层次分明的产品。这些视觉感受组成了连锁门店的“视觉商品化”，每时每刻吸引着进入连锁门店的顾客。总之，视觉感受是顾客产生购买欲望的一个重要因素。

B.气味。连锁门店内的气味会影响氛围，如咖啡店、水果店、花店和家具店等都可使用气味营造氛围吸引顾客。水果店可巧妙地使用成熟水果的气味引发顾客的购买欲望；花店可以利用花香达到良好的氛围效果；家具店可以利用木材的气味或木制家具打蜡后的气味，使顾客产生一种豪华气派的感觉。

C.声音。连锁门店播放的背景音乐也会影响氛围。关于零售店播放音乐的一项研究指出，门店的人流量会因其播放不同音乐而有所变化。例如，服装店播放舒缓的背景音乐，与播放激情四射的劲歌所营造出的氛围是大不相同的。若想营造一种安静的氛围，则可以使用低天花板、厚地毯、舒缓的背景音乐以及门店员工轻声细语的服务态度等，这种氛围往往适用于咖啡店、专卖店。若想营造一种奔放的氛围促进销售，则可以使用空旷的空间、激情的音乐等。

②规范顾客服务礼仪。顾客服务礼仪规范，是指连锁门店员工在为顾客提供服务的过程中所应遵守的服务礼仪，包括仪容仪表、行为规范、待客礼仪。

A.仪容仪表。连锁门店员工整洁的仪容仪表是为顾客提供服务的前提条件。没有顾客会排斥一位仪容整洁、着装干净的店员为自己服务；相反，没有顾客会喜欢一位邋遢的员工为自己服务。所以，连锁门店员工应保持端庄、大方的发型，洁净、清爽的面容，统一、干净、合体的制服等，使顾客感到赏心悦目。

B.行为规范。连锁门店员工的行为规范是体现连锁门店服务形象的重要内容之一。顾客在购买商品的同时，也在注意着门店员工的行为。如果门店员工在服务过程中塌腰、耸肩、晃动身体、玩东西，甚至满口粗语，顾客一定会感到不舒服，甚至想马上离开现场。门店员工的这些行为不仅无法体现连锁门店的优秀形象，而且损害了连锁门店的形象。因此，连锁门店应规范员工的站姿、坐姿、行姿以及与顾客接触时的动作行为、礼貌用语等，向顾客展示门店的良好形象。

C.待客礼仪。连锁门店员工不仅应当有整洁的仪容仪表、规范的行为动作，还应该有良好的待客礼仪。仪容仪表、行为规范带给顾客的是一种表面感受，而良好的待客礼仪带给顾客的则是更加深刻的服务体验，对顾客的满意程度产生更加重要的影响。因此，连锁企业应统一待客礼仪，如当顾客临近门口即将进入时，门店员工应该致以“欢迎光临××连锁”的问候，并应面带笑容、亲切有礼、声音清脆，语速适中；无论顾客是否购买，在其离开时都应热情相送，致以“谢谢光临”的告辞语。这样顾客会有一种被尊重的感受。在顾客进入时，离顾客最近且不在服务中的门店员工要主动接待，不能出现顾客等待多时而无人接待的现象；所有门店员工要保持微笑，在任何情况下都不得与顾客争吵；对待顾客应有耐心，讲话语气应保持温和、亲切等，这些得体的待客礼仪能够使顾客更深刻地体会到连锁门店的优秀之处。

3）顾客忠诚度的培养

培养顾客忠诚度的关键是顾客关系的维护，这对连锁门店来说是至关重要的一项顾客服务内容，尤其是一些采用会员制的连锁门店。顾客关系维护包括售后服务和顾客回访两个方面的内容。

（1）售后服务。

售后服务，是指商品售出后继续为顾客提供服务。由于商品的特性、质量和服务等因素导致顾客在购买商品后发生一些问题，要求连锁门店提供进一步的服务。这类服务的目的是让顾客对连锁门店感到满意，树立良好的口碑，使其成为连锁门店的常客。售后服务包括增值（如服装店的免费剪裁、修补、清洁等服务）、退换（符合要求的合理退、换货服务）、赔偿（由于连锁门店及其相关人员的行为给顾客造成损失的一种补偿服务）、解决投诉（对顾客不满或异议的处理服务）等。

（2）顾客回访。

为了与顾客保持长期关系，提高顾客满意度，促使顾客重复购买，连锁门店应对现有顾客进行回访，包括新顾客回访、熟客回访和流失顾客回访。出于成本方面的考虑，大多数连锁门店一般采用电话回访的方式维护顾客关系。对于新顾客，连锁门店应在其消费后进行回访，主要询问商品质量、服务建议等问题。对于熟客，连锁门店应建立熟客档案，在熟客生日或重大节日时以电话回访的方式向其表示祝福或赠送小礼物。此外，连锁门店也应在新商品上市、重要信息发布时进行回访。对于流失顾客，连锁门店应了解顾客久未消费的原因，了解顾客对商品质量、价格和服务等方面的意见、建议。

总之，连锁门店销售的不仅是商品，更多的是在展示服务理念。连锁门店应以顾客为中心，做顾客的朋友，并与之建立一种友好、长期的关系。

知识拓展6-1　　如何打动消费者

如何让产品打动消费者？管理心理学专家陈禹安从“能耗悖论”出发，认为要抓住消费者，就要抓住他们的“三心二意”。

“三心”就是三种激发消费者情感活动的情绪动机，分别是好奇心、好胜心和好善心；“二意”就是消费者所能获得的情感价值，分别是有意思和有意义。

当消费者的“三心”被激发出来时，能耗就不是衡量消费的主要标准了，消费者会不惜代价地去追求“二意”的满足。

好奇心对应的情感价值是有意思。苹果手机之所以能够吸引众多消费者，很大程度上是因为它很多创新的设计激发了人们的好奇心，新奇好玩的东西会自动引发人们去关注和探索。

好胜心对应的情感价值是既有意思又有意义。悍马汽车对于主要在都市生活的消费者并不适用，但这恰恰是它的价值所在。因为购买“中看不中用”的悍马，可以让消费者充分满足自己的好胜心。

好善心对应的情感价值是有意义。共享经济的本质是使用权大于所有权，对使用权进行分割，以满足更多人的需求，这其实打破了人类自私本性的限制。

资料来源 佚名. 如何打动消费者？请抓住他们的“三心二意”[EB/OL]. [2019-08-28]. http: //www.linkshop.com.cn/club/dispfile.aspx? rootid=819071&sf=wd_search.

思政园地

儒家思想与经营之道

诚信为本的商业伦理

在儒家思想中，诚信是道德规范、社会交往的基本准则，是做人做事的基本原则和安身立命之根本。孔子说过：“人而无信，不知其可也。”曾子也提出：“为人谋而不忠乎？与朋友交而不信乎？”

以义取利、见利而思义的经营宗旨

“义”和“利”的关系是儒家思想的核心内容。儒家强调“正其义不谋其利，明其道不计其功”“见利思义”。中国商人主张“君子爱财，取之有道”，谨慎地在义利之间保持平衡。他们深知：“经商之道首重信，次讲义，不以权术欺人，第三才是利；视财利甚轻，笃信取一分得一分，重义。”

尚中贵和的经营原则

尚中贵和是儒家思想中“仁学”的基本精神之一，“中”是指“中庸之道”，“和”是指“以和为贵”。孔子认为，“礼之用，和为贵”；孟子也提出，“天时不如地利，地利不如人和”；《中庸》强调：“和也者，天下之达道也。”尚中贵和是解决问题、处理矛盾的良好方法，而将其运用在商业经营中更能达到多方共赢互利的效果。商业实践中非常重视与社会各方面的和谐相处，坚信“和气生财”，对待顾客无论老幼，诚实无欺，服务周到。

勤俭敬业的经营精神

勤俭是中国传统文化的古老道德信条，也是儒家思想一贯重视和提倡的作风。孔子认为，“礼，与其奢也，宁俭”，“奢则不逊，俭则固”。管子提出：“审度量，节衣服，俭财用，禁侈泰，为国之急也。”

对于敬业，儒家思想也非常推崇，认为敬业是自强不息的进取精神的体现。孔子赞扬“知其不可而为之”的奋斗精神；《易传》有“君子以自强不息”；《大学》提倡“苟日新，日日新，又日新”。

资料来源 翟婧. 儒家思想对晋商兴衰的影响[J]. 牡丹，2017（9）.

本章小结

在连锁企业经营的过程中，商流、物流、资金流和信息流是四个最重要的要素，在被称为大数据时代的今天，在信息流的统一引领下，有效地对其他要素进行整合，才能体现连锁企业总部的统一经营。

连锁企业信息管理系统是连锁企业提高其市场适应力和国际竞争力的战略选择，也是引领和改造传统企业实现跨越式发展的强大推动力，更是打开企业财富之门的金钥匙。在互联网和移动互联网飞速发展的今天，连锁企业无论是经营管理、企业决策，还是网络营销，只有建立一张铺设在总部、连锁门店和配送中心之间的信息网络，才能在竞争中取得连锁企业特有的规模优势。

物流配送是连锁企业核心竞争力的一个重要组成部分，配送能力的强弱直接决定着连锁企业经营成本的高低，影响着企业盈利能力，制约着连锁企业的进一步发展。因此，连锁企业必须高度重视物流配送能力的建设。企业管理者要从供应链管理的角度正确理解配送的意义，选择适当的配送模式，重视专业人才和管理人才的培养，提高信息化管理水平，加强物流中心建设。

门店选址直接影响连锁门店的经济效益和发展前景，不同行业的门店选址方法是有所区别的，两个同行业同规模的门店仅仅由于所处的地址不同，其经营效益就可能有较大的区别。此外，连锁企业必须做好门店的运营管理。门店运营管理是人力资源管理、财务管理、商品管理和信息管理的综合。

市场日趋成熟，竞争日益激烈，企业的竞争策略应该从价格战、广告战转换为服务战、增值战。做好客户管理就是最好的竞争手段，通过建立客户服务体系，创造跟顾客联系、沟通的机会，感动顾客；通过客户满意度、忠诚度的培养和管理，让顾客养成品牌消费习惯，进而产生品牌归属感。消费者洞察通过更好地理解消费者，并对消费者心理、行为变化做出及时的反应，能够优化客户服务与商品营销。

基础训练

一、填空题

1.连锁信息管理系统的构成包括________、________、________和________。

2.连锁企业在门店选址时应该考虑________、________、________和________等因素。

3.连锁企业的物流模式主要有________、________、________、________等方式。

4.顾客关系维护主要包括________和________两个方面。

5.目标顾客的进一步细分，一是________，二是________。

二、选择题

1.门店管理指的是除了（　　）的其他项。

A.人的管理　　　　B.信息管理

C.直接投资、经营、管理　　　　D.提供物资配送并因其盈利

2.门店商品管理的重点内容不包括（　　）。

A.效期管理　　B.缺货管理　　C.订货管理　　D.耗损管理

3.在门店选址的各种因素中，（　　）是最重要的。

A.符合连锁店性质的设店区域　　B.潜在顾客数量和客流规律
C.分析交通地理条件　　D.分析竞争程度
4.消费者洞察的方法包括（　　）。
A.问卷调查法　　B.数学计算法　　C.数据分析法　　D.用户访谈法
5.售后服务包括（　　）。
A.增值服务　　B.退换　　C.赔偿　　D.解决投诉
三、简答题
1.连锁门店的前台POS系统有哪些主要功能？
2.如何选择连锁企业的物流模式？
3.简述客户忠诚度的重要性和培养方法。
4.简述消费者洞察的意义。
5.会员体系建设的主要工作有哪些？
四、案例分析题

胖东来的企业运营管理秘诀

这个被中国连锁经营协会原会长郭戈平称赞为“中国最好的店”，2012年被《世界经理人》评为人性化代表企业，在2020年抗击新型冠状病毒感染中又一次一夜爆红，这家企业就是开在河南二三线城市的“胖东来”。在疫情期间，胖东来做出“所有蔬菜按进价销售，绝不加一分利润”的决定，并捐资5 000万元用于抗击新型冠状病毒感染。

胖东来成立于1995年，由40平方米的烟酒店发展至今，已是一家集购物广场、超市、百货、专卖店、便利店于一体的商业集团公司，产业涉及服饰、珠宝、电器、医药、餐饮、影院等。胖东来经营所在地集中在许昌、新乡，均为河南的二三线城市。在2008年，胖东来的人效、坪效在中国民营零售企业中排名第一，即使跟国际大牌企业相比也具有绝对的实力。胖东来曾让沃尔玛在河南筹备6年不敢开业。

胖东来成功的运营管理秘诀是其超越经商和盈利的商道管理。

1.胖东来开放的服务理念

《哈佛商业评论》发表的一项研究报告指出，公司利润的25%~85%来自再次光临的顾客，而吸引顾客再次光顾的因素首先是服务质量的好坏，其次是产品本身，最后才是价格。在商品同质化日益严重的今天，服务已成为零售企业提供给顾客附加价值、实现差异化竞争的有效手段。服务增值，即在商品之外提供更多、更好的附加服务来满足消费者的需求。

胖东来的创始人于东来带着“比别人价格便宜点、态度好点”的朴素经营理念开启了创业之旅。1999年，于东来提出了“不满意，就退货”的全新理念。结果，一下子出现了不少恶意退货的现象。例如，有的人要结婚就到胖东来买一套西装，等办完婚礼后再退货。于东来并未因此放弃，反而劝解员工们说，这种恶意退货的现象毕竟是少数，不能因为少数人的行为而取消大多数人应该享有的服务，而且这些人明明有需要，为什么还要退货？说明他们有困难，就当是帮他们一把。也是在这一年，胖东来率先推出了包括存车、打气、饮水、电话、衣服熨烫、裁缝裤边等在内的免费服务。不仅如此，顾客的电器产品不论是在哪购买的，胖东来的电器维修部均提供免费的维修服务。如果产品一时难以修好或排在等待名单靠后的位置，为了不耽误顾客的使用，胖东来准备了常用小家电让其拿回家备用。一些高端电子产品在许昌没有维修点，胖东来替消费者去郑州维修，除厂家维修点收取的维修费用，跑路费等费用胖东来分文不取。在胖东来或其他商店买不到的商品，胖东来原价代购，不加费用。这些服务抓住了顾客的心。

2.胖东来独特的产品文化

在胖东来产品文化中，始终坚守"精选商品，杜绝滥货"理念。商品分区管理，在每一个分区中，各类商品都有区分。无论是从颜色还是从种类，每一个货架上都是考究摆放的，让消费者尽情地挑选。超市销售较好的商品一般摆放在顾客触手可及的地方，并保持货物的充足。如果顾客找不到需要的商品，超市的任何店员都会为其提供最大的帮助。

在零售业中，胖东来恐怕是第一家把商业当作文化来经营，把商品当作展品来看待的企业。它不仅在销售商品，还在传播商品知识和商业文化。胖东来希望把门店做成商品的博物馆和商业的卢浮宫，让顾客享受商业之美和艺术之美。在胖东来所有的电子屏幕上，播放的都是特意为顾客查找的趣味短片、新闻联播，或者是宣传胖东来企业文化的视频，而其他的商业广告都被禁止播放。店内可用于张贴广告的墙面不允许张贴商业广告，取而代之的是相关产品知识的普及性介绍。例如，在洗衣机区域，顾客会看到一面从世界第一台洗衣机的产生到目前洗衣机在全球发展状况的"历史墙"。胖东来的时代广场还从全国各地搜集了一批被典藏起来的历史旧物供顾客参观。例如，在电子产品区域，胖东来设有手机、单反机身、镜头等的展示区。在产品的摆放上，无论顾客何时去，都会让其感觉有人在喊向左向右看齐。

3.胖东来人性化的员工管理

胖东来的员工管理体现在高工资、高关怀、高成长的三高人性化管理上。胖东来有一整套完善的福利体制，除了比同行业高出数倍的工资之外，胖东来对员工的健康体贴入微。例如，上班时间允许员工坐着休息，以避免静脉曲张的职业病；每周二闭店，让员工获得充分休息；员工上班时可以上网、看书、聊天，当然前提是保证顾客的服务到位；周二闭店、春节放假以及时代广场的活动中心，这些都是人性化的体现。

当然，人性化管理的核心是帮助员工和企业一起成长。胖东来对员工的考核要求也是相当高的，无论是五星级或工匠级水平的员工，还是停车保安，都会进行英语考核，相关岗位的员工对产品的产地、原料、成本、特征等都要熟知。

4.胖东来精细的制度管理

不少企业制度制定得很详细，但执行得不到位。胖东来对制度的执行是很严格的，如果员工犯错了，一般企业是处罚员工，而胖东来是各级管理层都会承担连带责任，且管理层比员工罚得重。胖东来为顾客提供更好的体验，除了上述的措施外，还规定如果顾客对其服务不满意可以投诉，且会给投诉的顾客500元奖励。这些措施促使胖东来的全体员工不断优化自己的服务，进而为顾客体验提供更好的制度保障。

资料来源 根据网络资料整理所得。

案例解析：厦大EMBA河南教学中心在品牌战略及创新经营课程中提到，品牌就是商品累积在消费者头脑中印象的总和，品牌可以决定一个企业的成功与否。胖东来就是这样一家用真心建立的优秀民营企业品牌。胖东来的成功源自一系列的精细化管理，包括制度管理、客户服务管理、供应链管理、员工管理、商品管理等，但其真正的成功是企业的文化、企业家的文化，以及这些带来的商业文化的提升、优秀社会文化的认同。

请思考：

（1）企业的运营管理包括哪些内容？

（2）胖东来成功的根本原因是什么？

实践训练

调查分析本地连锁企业在信息化的基础上利用大数据进行经营和O2O转型的情况，分析其存在的问题，并找出解决办法。

第7章
连锁企业战略创新管理
——小胜在智，大胜在德

教学指导

学习目标： 理解连锁企业三大战略管理的意义；掌握连锁企业三大战略的主要内容；掌握商业创新模式的主要维度；熟知几大常见的商业创新模式。

技能要点： 树立战略管理理念；分析企业战略特点；分析创新型商业模式特点。

本章结构：

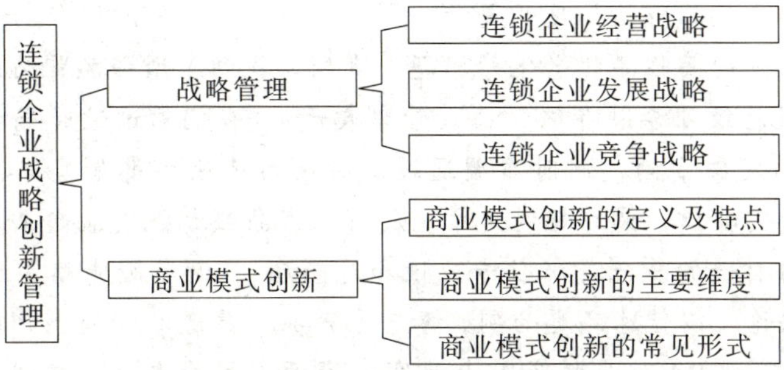

互联网的出现改变了商业竞争环境和运营规则，“数智经济”时代已来临。连锁企业战略管理是企业根据内外环境的实际情况及变化趋势，制订战略方案并给予实施、评价和优化的动态过程；商业模式创新是企业改变价值创造的基本逻辑，以提升顾客价值和企业竞争力的活动。战略管理和商业模式创新都是企业为更好适应“数字经济”时代做出的重要决策。

引例

战略转型中的李宁惊艳亮相

2023年5月10日，坐落于深圳南山区科技园内的深圳李宁中心旗舰店正式对外营业，与旗舰店一步之隔的深圳李宁篮球公园也将随之正式启用。作为李宁在深圳布局的第一家品牌旗舰店，店铺与篮球公园的运营联动，将为深圳本地的体育爱好者和广大消费者提供集购物、运动、休闲为一体的全新零售体验。这是李宁公司近年“开大店、开好店”渠道策略的体现，也是李宁持续优化产品体验、运动体验和购买体验的重要实践。

早在2010年，身为行业NO.1的李宁距离百亿销售额仅一步之遥，之后却出现品牌盲目升级、贪恋轻资产模式、品牌战略不清等一系列的失误。在2012—2014年的国产运动鞋行业大洗牌中，李宁累计亏损30亿元，不仅升级失败，难敌阿迪、耐克，还被安踏“弯道超车”，丧失中低端市场，拱手让出行业NO.1的宝座。

李宁的战略转型分为两个阶段：第一，2012年从批发向零售转型，主要举措是增加自营比例、搜集店铺数据；第二，2015年以消费者为导向的数字化零售运营模式的转变。从李宁的两次战略转型来看，三个关键点让其重回事业巅峰：一是产品力的打造；二是拥抱数字化转型；三是沉浸式运动空间打造。

一、产品力的打造

2018年2月，纽约时装周，李宁惊艳亮相，其国际时装周的商品主打中国文化+时尚，这得益于其在2017年10月首次打出“中国李宁”，掀起“国潮”热，更得益于消费者对中国的文化品牌认知度的提升。

曾经，李宁一度面临品牌老化等问题，直到其找到了增强品牌力的新方式——时尚。李宁时尚线总经理李刚在微信公众号中表示：“我们通过做时尚找到了一个正确的、适合李宁的发展方向，同时希望通过做时尚为其他品类如篮球、跑步等积累经验。以时尚作为突破口，最终目的是希望所有的产品线都能发展起来。”

李宁产品力打造的重点是抓住专业性和时尚度，“两条腿走路”已成为李宁核心品类发展的方法论。以篮球品类为例，李宁在产品、渠道和营销上都已向国际运动品牌看齐，包括整合CBA职业联赛等专业赛事资源、寻求与高端专业篮球资源合作、聚焦科技创新与明星款、加强街头潮流形象，以及线上流量与线下球迷活动结合，通过预售活动引发话题度。

近年来，李宁聚焦“单品牌、多品类、多渠道”策略，深耕篮球、跑步、健身、羽毛球以及运动生活等五大品类，秉持“以体育精神服务大众”的理念，持续探索文化生活的流行趋势，通过对流行元素的精准捕捉以及对潮流引领群体的深入研究，提升品牌在年轻消费者中的影响力。

二、拥抱数字化转型

从货架上拿起鞋，面前的LED屏幕就跳出了同款鞋的简介；对着摄像头大笑，商品的价格就根据你的微笑程度实时调整。这是李宁门店数字化改造的一个缩影。要以消费者为导向，核心是在全渠道触点提供更好的消费体验，快速响应的数字化运营平台是支撑一切的关键。

李宁全国有7 000多家门店，上海世博源店是第一家数字化标杆门店，也是一块“试验田”。从电子货架、物联网（IOT）技术、视频识别到刷脸支付，各类黑科技一应俱全，俨然一个披着服饰店外壳的科技空间。每天有多少人到店，顾客在店内怎么走，对每个货架看了多久、回顾几次……源源不断的数据汇入后台的“大脑”，输出“顾客进店率”“试衣率”“购买转化率”等关键性指标。这时，经营者就可以直观地看到——门店的“死角”在哪里，哪些“爆品”需提前备货，是不是需要发放更多优惠券吸引顾客到店。

通过对消费者的洞察，以及获得的商圈、商业体等外部数据，李宁经“数字大脑”计算出一套最优组货建议。线下7 000多家门店，其形态、位置、大小都不同，通过“智能组货”，实现了店货匹配。调补货是门店的常规动作，过去李宁的工作人员每周至少要花一天的时间专门做这件事，如果业务部门繁忙，很可能就被搁置了。而现在，系统每周会定时自动给出调补货建议，经检查和确认后，就会自动传到业务系统，自动执行。李宁一个子公司100家门店规模的调补货决策，最快2小时就可以搞定。进入李宁的数字化门店，如果发现看好的商品缺货，不用遗憾而归，在店里的云货架下单，可以直接送货到家。这个简单的举动让线上线下店铺的销售额增长了5%。

三、沉浸式运动空间打造

为了更好满足消费者的运动体验和购买体验，深圳李宁中心旗舰店还配备了户外篮球公园，用运动点燃激情。在二层跑步区域，除了专业跑步鞋服产品陈列、为跑者提供多样选择之外，还特别规划了“畅快开跑”体验区。消费者可以在跑步机上，面对180°环绕屏幕，结合深圳本地实景采集的路跑画面，体验李宁多系列专业跑鞋，还有机会连线李宁北京运动实验室，了解最新的李宁跑步平台科技成果。门店还配备了智能科技跑步机，可监测跑步姿态，通过专业数据分析帮助消费者寻找最适合的跑鞋，以科技化、智能化、本地化的功能和服务，助力跑者“畅快开跑”。

深圳李宁中心旗舰店，通过创新的设计理念，融合品牌历史沉淀和运动文化，打造智能与动感相碰撞的空间，是李宁式体验价值的全新诠释，将成为李宁在深圳展示品牌实力和文化的重要抓手。深圳李宁中心旗舰店和李宁篮球公园的全新揭幕，标志着深圳李宁中心旗舰店已升级为功能齐备的运动休闲中心和体育文化活动中心。

企业成功的关键因素首推战略规划，且战略发展中要有创新。李宁在一次次战略创新中，真正为消费者着想，不断拥抱变化，构建一个连接了科技与时尚、产品与文化、线上与线下的品牌体验中心。

资料来源　根据网络资料整理所得。

7.1　战略管理

微课：中国电子商务的发展历程

7.1.1　连锁企业经营战略

连锁企业经营战略是连锁企业为实现既定的经营目标，在对连锁企业外部环境和内部条件进行科学、合理评估的基础上制定长期性的、全局性的重大决策。它是企业组织活动长期性的基本设计图，主要解决企业组织与市场环境相结合的问题。连锁企业经营战略主要有以下五个方面的特征：

（1）经营战略是根据企业总体发展的需要而制定的，追求的是企业的总体效果。

（2）经营战略阐述的是企业与市场环境相联系的方针。战略的要点并不在于企业内部管理，而主要是考虑环境对企业的要求。

（3）经营战略不限于短期的利益，它是企业为谋求长期生存和发展而进行的统筹规划。

（4）经营战略是与行动有关的设计，不是简单的口号和观念，它注重与现实的结合。

（5）经营战略不仅是无生命的财和物的设计图，也是有生命的人员组织活动的设计图，战略设计最重要的内容就是人。

连锁企业经营战略主要包括顾客满意战略、市场化战略、规模经营战略、标准化战略和专业化战略。

1）顾客满意战略

顾客满意战略，是指连锁企业从消费者的立场考虑和处理问题，并将这种理念运用于从商品采购到最终销售的全过程。

（1）顾客的价值。顾客满意战略的实施首先必须正确认识顾客的价值。顾客的价值不在于他一次购买的金额而是他一生能带来的总额，其中包括他对亲朋好友的口碑效应（顾客宣传后有几个人成为企业的新顾客）。顾客的价值可先用某位顾客的购买总额除以交易频率，得到该顾客平均购买的价值，然后估计顾客在一定时期内的购买次数，计算其购买总量，最后加上该顾客的口碑效应，即需用该顾客个人购买量乘以放大乘数N+1，所得结果就是顾客相对某商品在一定时期内的价值。

（2）顾客满意的价值。顾客满意与企业利润存在线性因果关系，而且忠诚顾客与企业利润之间存在正向相关关系。实践表明，在企业90%以上的利润中，1/10的利润是由一般顾客带来的，3/10的利润是由满意顾客带来的，6/10的利润是由忠诚顾客带来的。

（3）获取顾客满意的价值方法。实施顾客满意战略的企业在探求顾客的期望时，需要注意以下方面的因素：将焦点放在最重要的顾客身上；找出顾客和企业对服务定义的差异，消除企业与顾客之间信息的不对称；了解顾客真正的期望。另外，企业要树立员工第一的观念，因为员工与顾客接触程度最密切，员工的服务质量直接影响顾客的满意度和忠诚度。企业需要协调员工服务模式、员工行为模式和消费者行为模式，贯彻顾客第一的经营理念。

2）市场化战略

市场化战略，又称商业化运作战略，是以市场为主导，在明晰的产权关系下追求利润最大化。

市场化的标准包括：

（1）明晰的产权，连锁企业内部权、责、利明确。

（2）按市场运行规律运作，讲求实用和效率。

（3）以市场为主导，即一切跟着市场走，紧紧把握市场的脉搏才能使企业立于不败之地。

（4）追求利润，努力扩大销售，降低成本。

3）规模经营战略

规模经营战略，是指连锁企业通过扩大经营规模和增加门店数量获取经营利润的策略。它包括两个方面：一是扩张原有店面的经营规模；二是增加门店数量。连锁企业实现规模经营战略的主要途径是增加门店的数量，因为不同地域的销售量一般不会出现明显的变化，通过增加门店数量扩大顾客居住地域的覆盖面，从而争取顾客群体的扩大，实现规模化经营。连锁企业的规模经营手段是多地区、多门店的，通过不断扩张规模，降低经营成本，提升企业的竞争力，以便实现企业的经营目标。

4）标准化战略

标准化战略是连锁企业适应市场需要而采用的新形式。随着市场竞争的加剧、消费需求的多样化，顾客对商品的认可已转移到对门店的认可，采用连锁企业的标准化战略可以树立统一的门店形象，进而赢得更多的顾客。

连锁企业经营标准化主要表现为商品服务的标准化和企业整体形象的标准化。标准化是连锁企业区别于其他企业的明显特征，也是连锁企业的竞争优势。连锁企业为提升整个行业的标准化管理水平出台了相应的行为规范标准，但是这些标准仍需进一步健全和完善。连锁企业为吸引更多的顾客必须在标准化上下功夫，必须制定具有标准化思想的经营战略，以促进企业朝着正规化、标准化方向不断迈进。

5）专业化战略

专业化战略，是指连锁企业各组成部门的专业分工明确，每个部门都有具体的业务职能，各司其职，以保证连锁企业经营运作良好。连锁企业由总部、配送中心和门店构成，这三个组成部分都有明确的专业分工。总部负责整个企业的经营、统筹进货、培训与指导员工、制订促销计划、拓展经营规模、融资以及收集处理信息等工作；配送中心负责商品转运、配送到各个门店以及对部分商品进行加工、处理等工作；门店负责产品销售和顾客服务。这三个组成部分专业分工明确，各司其职，各尽其责，是连锁企业实现高效率运转的有效保证，也是连锁企业实现较大效益及具有较强竞争力的有效保证。因此，制定连锁企业的经营战略必须体现专业化的内容。

7.1.2 连锁企业发展战略

连锁经营的本质是通过门店的不断复制实现规模的扩张，实现规模效益。连锁企业发展战略是实现其规模扩张的战略规划，是对企业发展的谋划，是连锁企业生存发展的原动力。

连锁企业发展战略具有整体性、长期性、基本性和计谋性四个特征。制定连锁企业的发展战略，首先必须对连锁企业的内外部环境进行评估。因为不同连锁企业面临着不同的竞争者，处于不同的经营环境，所以连锁企业选择的发展方法、发展模式必然不同，在制定相关发展战略时其主导思想必然存在差别。连锁企业制定发展战略时要做好对发展的资本来源、发展方向、发展方式和发展速度的选择。

1）密集型发展战略

密集型发展战略，是指在现有的业务领域内寻找未来发展的各种机会的战略。

(1) 市场渗透（Market Penetration）。市场渗透，是指利用当前的零售方式，争取扩大对现有顾客的销售。其主要方式是在现有的目标市场区域内开设更多的连锁门店，引导现有顾客更加频繁地光顾，或设法吸引那些处于零售商目标市场范围内却从未在其店中购买过商品的顾客光顾，鼓励销售人员进行交叉销售。交叉销售（Cross-selling），是指一个部门的销售人员除向顾客推销本部门商品之外，也向顾客推销其他部门的配套商品。越来越多的交叉销售将会使零售商从现有顾客处获得更多的销售量。另外，通过营造赏心悦目的购物环境或是更多的购买体验，也可以刺激顾客超计划购买。

(2) 市场拓展（Market Expansion）。市场拓展，是指将现有的零售方式运用于新的市场区域，即企业通过不断新建连锁门店进入新的市场区域，由地区性零售商成长为全国性或全球性零售商，为更多的顾客提供产品和服务。

(3) 产品开发（Product Development）。连锁企业采用引进新商品或改进现有商品的方式来增加企业在市场上的销售量。零售商可以调整商品组合，即追求额外的商品种类，或是调整其经营商品种类的广度和深度。调整商品组合或服务只需要较少的投资，而提供一种完全不同的零售商品则需要大量的投资和知识储备。

2）多业态发展战略

业态影响零售企业的经营模式与存在形式或组织架构。许多零售商出于历史原因只经营单一的业态，要么是百货店，要么是超级市场，又或是专业店、便利店。随着消费需求的日趋多样化和个性化，越来越多的零售商开始尝试多业态混合经营，以满足多样化的消费需求，占领更多的细分市场。

所谓业态多元化，是指零售商为满足消费需求的多样化，在以某种业态为主的前提下，同时经营其他几种相互补充的业态，以实现经济效益最大化。纵观国际零售巨头的发展历程，它们基本都是从经营单一业态开始，随着企业规模的扩大和核心竞争力的形成，逐步走上多业态发展之路。正如山姆·沃尔顿在自传中所写的“若要成功就必须走在变化的前面”。众所周知，沃尔玛以折扣百货店起家，经过不断的发展，现已有折扣商店、超级广场、山姆会员店和社区店四种业态。我国百强连锁企业中采用多业态经营的企业占到一半以上，大商集团是中国最大的零售业集团之一，百货店、大型综合购物中心（新玛特）、大型综合超市以及以电器、家居为代表的专业店是大商集团的四大主力业态。

因此，连锁企业在对业态定位时，首先需要认真研究各种业态特征，在综合权衡企业的能力、资源与具体市场环境的基础上打磨出适合自己的主力业态，然后在时机成熟时向多业态经营；其次在业态选择上，切忌业态过多过滥，要本着相互支撑、错位经营的原则，采用适合企业特点的业态组合，通过业态创新形成独特的竞争优势。

3）一体化发展战略

一体化发展战略，是指企业充分利用产品（业务）在生产、技术和市场等方面的优势，沿着其产品（业务）生产经营链条的纵向或横向，以业务经营的深度和广度扩大经营规模，提高收入和利润水平，使企业不断发展壮大。

一体化发展战略分为纵向一体化战略和横向一体化战略。

（1）纵向一体化战略，是指企业在业务链上沿着向前和向后两个可能的方向延伸、扩展企业现有经营业务的一种发展战略。它具体包括前向一体化战略和后向一体化战略（如图7-1所示）。

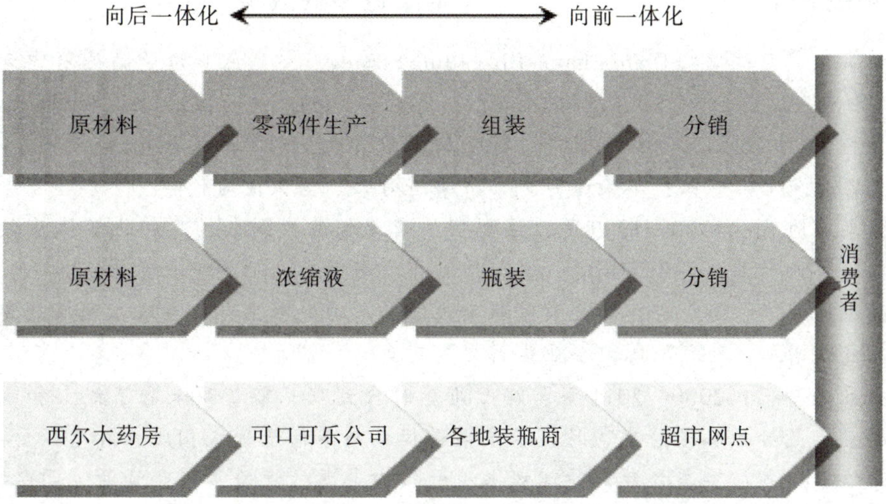

图7-1 纵向一体化战略

① 前向一体化战略，是指以企业初始生产或经营的产品（业务）项目为基准，生产经营范围的扩展沿其生产经营链条向前延伸，使企业的业务活动更加接近最终用户。对连锁企业而言，前向一体化战略就是向顾客延伸，如在销售、服务终端的基础上发展会员制，或者成为顾客的采购代理，使这些顾客成为终身顾客。

② 后向一体化战略，是指以企业初始生产或经营的产品（业务）项目为基准，生产经营范围的扩展沿其生产经营链条向后延伸，发展企业原来生产经营业务的配套供应项目，即发展企业原有业务生产经营所需的原料、配件、能源、包装和服务业务的生产经营。对连锁企业而言，后向一体化战略就是向供应链的上游环节延伸扩张，如开设批发业务，或者直接介入商品的制造业务等。

双向一体化战略是前述两种战略的复合，即当企业在初始生产经营的产品（业务）项目的基础上，沿其生产经营链条向前、后分别扩张业务范围。

（2）横向一体化战略，是指企业通过购买、联合、合并与自己有竞争关系的企业扩大经营规模，获得更多利润的发展战略。横向一体化战略的目的是扩大企业的实力范围，增强竞争能力，是企业在竞争比较激烈的情况下采用的一种战略选择。

实现横向一体化的主要途径包括联合、购买、合并和成立集团公司。

① 联合，即两个或两个以上相互竞争的企业在某一业务领域进行联合投资、开发或经营，共同分享盈利，共同承担风险。

② 购买，即一个实力雄厚的企业购买另一个与自己有竞争关系的企业。

③ 合并，即两个实力相当，且有竞争关系的企业合并成一个企业。

④ 成立集团公司，即由业务相互关联、有竞争关系的一群企业共同以契约形式组成具有经济实体性质的联合体。这个联合体的内部经济关系的密切程度是不一样的，集团公司的主要任务是合理调配资源、把握集团的最高发展方向，以及协调内部各子单位的关系，使其承担单个企业无法进行或虽能进行但经济效果较差的项目。

知识拓展7-1　　全渠道零售战略

全渠道零售战略（Omni-channel Retailing Strategy），是企业为了满足消费者任何时候、任何地点、任何方式购买的需求，采取实体渠道、电子商务渠道和移动电子商务渠道整合的方式销售商品或服务，提供给消费者无差别的购买体验。

零售业演变三部曲：单渠道时代、多渠道时代、全渠道时代。

单渠道时代：1990—1999年，巨型实体店连锁时代到来，品牌化实体店数量减少，是砖头加水泥的实体店铺时代。单渠道模式经营的企业困境在于渠道单一，实体店仅仅覆盖周边的消费者，加之商铺租金上涨和人力成本上升，在收入没有改变的情况下，成本增加，利润微薄，企业生存岌岌可危。

多渠道时代：2000—2011年，网上商店时代到来，零售商采取了线上和线下双重渠道，是鼠标加水泥的零售时代。多渠道模式与单渠道模式相比，其路径更丰富，但也面临着瓶颈：渠道分散，管理成本上升；内部恶性竞争，抢夺资源，团队内耗，资源浪费；外部价格不同、促销不同、服务不同，消费者体验冰火两重天。

全渠道时代：2012年至今，企业关注消费者的购买体验，有形店铺地位弱化，是鼠标加水泥加移动网络的全渠道零售时代。全渠道零售的成因：信息技术进入社交网络和移动网络，形成了在全渠道上工作和生活的群体，导致全渠道购物崛起，一种信息传递路径就成为一种零售渠道。面对全渠道零售，实体店零售商需要考虑不变的零售业本质（售卖、娱乐和社交）和零售五流（客流、商流、信息流、资金流和物流）发生的变化，并根据目标消费群和营销定位实施多渠道组合策略。

全渠道具有三大特征：全程、全面、全线。

全程，即一个消费者从接触品牌到最后购买的过程。其全程有五个关键环节：搜寻、比较、下单、体验、分享。企业必须在这些关键节点上保持与消费者全程、零距离接触。

全面，即企业可以跟踪和积累消费者购物全过程的数据。在这个过程中，企业及时与消费者互动，掌握消费者在购买过程中的决策变化，向消费者提供个性化建议，提升其购物体验。

全线，即渠道的发展经历了单渠道时代、多渠道时代两个阶段，达到了渠道全线覆盖，进入了线上线下全渠道阶段。这个全渠道覆盖包括了实体渠道、电子商务渠道、移动商务渠道的线上与线下的融合。

资料来源　根据网络资料整理所得。

7.1.3 连锁企业竞争战略

竞争战略是企业发展到一定的市场规模后，为实现企业价值最大化而同业内其他企业之间产生在市场份额和客户占有率方面的争夺策略。现代市场经济必然存在竞争，竞争是企业发展的动力。受价值规律的支配，商品生产者和经营者为了获取更多利益必须相互竞争，通过相互竞争，可以使企业更好地提高生产率，提高适应市场需求的能力，增强企业活力。市场竞争的意义主要表现在以下方面：

（1）最大限度地确保企业活动的自主性。企业在平等条件下参与竞争，不受任何组织指示、命令的控制，自主地开展经营活动。

（2）合理分配资源。在满足一定条件的基础上，市场竞争能带来合理的资源分配。

（3）充分调动经营者的积极性和主动性。优胜劣汰是市场竞争的规律，市场竞争必然会产生失败者，企业要想在竞争中获胜必须付出加倍的努力。另外，竞争本身所具有的挑战性，可以激发经营者的上进心和成就意识。例如，世界著名的连锁集团沃尔玛、麦德龙等都是在激烈的市场竞争中逐步发展起来的，它们都是身经百战，经验丰富，具有自己独特的竞争优势。

为适应激烈的竞争环境，连锁企业产生了不同价值观支配下的不同环境、不同发展阶段、不同行业的竞争战略。

1）总成本领先战略

总成本领先战略，即追求成本优势，使企业的成本低于竞争对手的成本，在市场上以低成本取得领先地位形成优势的策略。连锁企业赢得成本优势，意味着可以获得高于行业平均水平的收益，当其他企业在竞争过程中利润为零甚至亏损时，本企业仍然可以获利。

总成本领先战略的核心是较低的经营成本或费用。这就要求企业必须确保以低价购进原材料，采用先进的技术设备，建立高效的生产经营体制，努力降低各种费用。根据木桶原理，在残酷的市场竞争中，只要有一个环节的成本降不下来，就会影响整体成本优势的发挥。因此，企业在追求成本优势时必须控制每一个环节的成本，使其降到最低。

2）差异化战略

差异化战略，又称错位竞争战略，是指企业向顾客提供一种区别于竞争对手的、独特的产品或服务的战略，是一种追求标新立异、与众不同的战略。差异化战略并不意味企业可以忽视成本，但成本在此不是战略的根本目标，如果总成本领先战略是从企业内部建立的竞争优势，那么差异化战略则是从企业外部，即根据市场需求的差异性及其在这方面的竞争情况建立的企业优势。这是差异化战略的根本意义。

随着市场范围的不断扩大和互相渗透，连锁企业在努力降低成本和扩大利润空间的前提下，仅依靠价格竞争有时很难达到扩大销售的目的。因此，差异化战略成为企业竞争的又一战略选择。差异化战略的核心是与众不同，即人无我有，人有我优，人优我全。这种与众不同可以体现在连锁企业经营的各个环节上。例如，商品特色、服务特色、促销活动等都是赢得顾客青睐的最有效手段。

差异化战略是回避直接竞争的基本手段，其解决的主要问题是确定在哪些方面或把哪些要素差异化。实现差异化战略的具体步骤：

第一，找出可能建立的差异，如商品、服务或在其他方面的差异。找出与其他企业的不同是实现差异化的关键环节，也是建立差异的起点。

第二，对差异建立的可能性和可行性进行分析。在确定可能建立的差异之后，企业应对这些差异建立的可能性进行系统的分析和科学的论证，即所要建立的差异能否给整个连锁企业带来更多的收益，这是差异能否建立的主要标准。同时，企业还要分析建立这种差异的可行性，即以企业拥有的资源和能力能否支持这种差异的建立。

第三，确定增强差异性的强化点——差异因素。建立差异的可能性和可行性论证通过后，企业应确定影响差异的关键因素，并逐一列出，进行相关的研究和考察。

第四，制订实施计划并建立差异。上述几个步骤完成后，企业即可调动资源，制订实施计划并执行该计划，建立符合市场需求的差异。

3）目标集聚战略

目标集聚战略，是指确定企业的重要目标，通过长期的、集中的资源投入实现主要目标，带动企业整个经营活动的开展。

对连锁企业来说，实施目标集聚战略可以有效地抵御来自各个方面的竞争。因为目标集聚战略不是对竞争者的所有商品和服务展开全面竞争态势，而是针对竞争者的弱势产品或弱势服务展开有的放矢的竞争，集中开发商品和服务，所以企业能够比其他竞争者更经济地、更周到地满足消费者的需求，建立一个竞争者所不能比拟的竞争点，使得企业在竞争中获得更多的主动权，在其选择的细分市场中获得较高的利润。

目标集聚战略的实施对连锁企业的发展具有十分重要的意义。目标集聚战略使连锁企业的经营目标和范围更加集中，管理相对简单方便，可以集中使用企业的各项资源；能够深入研究与本企业产品有关的各项技术，深入了解市场上用户的具体需求；可以在一定程度上提高企业的实力，从而提高企业的经济效益。由于实行目标集聚战略，企业还可以通过目标市场的选择，寻找现有竞争者的最薄弱环节，避免与实力强大的竞争者正面冲突，因此这种战略特别适合中小企业。

应当指出的是，目标集聚战略并非必胜法宝。在稳定的客观环境中，连锁企业实行目标集聚战略会获得相当大的收益。当市场、用户、技术或国家政策等外界因素发生变化直接导致环境不稳定时，连锁企业实施目标集聚战略可能会因经营范围过窄而面临很大的危机。

如果企业能够成功地贯彻以上三种竞争战略中的一种战略，即可成为产业中的低成本领先者，或者在产品或服务的某些方面取得独树一帜的经营差异性，或者集中资源在某一特定的细分市场取得成本优势或新异性，那么企业就可以获得高于行业平均利润的超额利润。

如果企业在追求多种基本竞争战略的同时能获得成本领先和差异化的竞争优势，那么企业就能获得更高的收益。因此，确定竞争战略是企业取得竞争优势的关键，通常企业必须在上述三种基本竞争战略中做出抉择。

【精选案例 7-1】　香江百货：区域零售商的差异化之道

香江百货位于湖南衡阳，是一家以百货命名，却做着超市生意的公司；也是一家没有APP，却做着全渠道业务的公司；更是一家没有做自有品牌，商品差异化程度却高达40%的公司。深耕二三线城市，凭借精细化运作、差异化发展，香江百货走在了国内超市行业的前列。

随着经济发展、消费升级，二三线城市的新兴消费者的消费能力正在追赶一线城市，再加上较低的生活成本，他们远比一线城市消费者更舍得消费。任何率先迎合消费需求的零售商，都更有机会成为当地消费者购物的首选。香江百货抓住二三线城市消费升级契机，对商品和服务进行全方位的升级。

首先，香江百货将其目标顾客定位为30～50岁，家庭年收入20万元左右，对生活品质有一定追求的女性顾客。其次，围绕这一目标顾客的定位，香江百货对商品结构、卖场环境、服务等方面进行全面调整。一是尽量做大商品的差异化；二是提出自己的消费主张——让顾客体味精致的"漫生活"。

转型的第一步是商品结构的调整。香江百货对食品类目和非食品类目的采购思路进行明确定位。对以家居日化百货为主的非食品类目，香江百货的主要思路是集中品牌，集中供应商。也就是说，选定最好的品质，或最好的品牌，结合最好的渠道供应商。对家居用品类，香江百货的策略是把功能性商品做齐，但在商品深度上，则是进行精选，即做宽品类宽度，做浅品类深度；在日化方面，由于全国日化品牌差异化并不大，因此香江百货的思路则是结合厂商资源，强化促销，给消费者提供最具性价比的日化商品。

针对食品类目，香江百货则要求与本地同业态相比，至少有40%的差异化，且一定要不断地给顾客带来惊喜，要把顾客的嘴巴"养刁"，不再仅仅满足于普通商超常见的常规品。为此，香江百货加快了商品更新和迭代速度。香江百货对采购部门的要求是，在食品类目的每个类别中，每个月至少淘汰3%以上的商品，每年商品迭代至少达到40%。按照香江百货商超业态食品类目的SKU为6 000～8 000来看，食品类目每个月至少有200种左右的商品上新。

如何找到从其他商超很难买到的差异化商品？香江百货给采购团队定了四个标准：第一，找到北上广深等一线城市同行超市正在流行的优质商品；第二，引入网红商品；第三，找到具有地方特色的差异化商品和专业店爆款商品；第四，常规采购中形成价格优势的商品。

资料来源　佚名．香江百货：区域零售商的差异化之道［EB/OL］．［2019-09-05］．http://www.linkshop.com.cn/web/archives/2019/430564.shtml.

7.2　商业模式创新

7.2.1　商业模式创新的定义及特点

商业模式，是指企业价值创造的基本逻辑，即企业在一定的价值链或价值网络中如何向客户提供产品和服务，并获取利润的模式。商业模式概念的核心是价值创造，有效的商业模式建立在对企业内、外部资源的统筹把握和优化配置的基础上。

互联网使大量新的商业实践成为可能，一批基于互联网的新型企业应运而生，诞生了众多创新型商业模式。商业模式创新改变了企业价值创造的基本逻辑，有效提升了顾客价值和企业竞争力。

商业模式是一个系统，由不同的组成部分、各部分之间的连接关系及系统的动力机制三个方面所组成。商业模式创新既可以包括多个商业模式构成要素的变化，又可以包括要素间关系或者动力机制的变化。商业模式创新被认为能为企业带来战略性的竞争优势，是新时期企业应该具备的关键能力。

相对于传统的创新类型，商业模式创新有几个明显的特点：

（1）商业模式创新更注重从客户的角度思考，从根本上满足"客户价值最大化"是商业模式创新主要的追求目标 。

商业模式创新的出发点，是如何从根本上为客户创造附加价值。因此，商业模式创新的起点是客户的需求，根据客户需求，考虑如何有效满足客户，这点明显不同于许多技术创新。一种技术可能有多种用途，技术创新的视角，常从技术特性与功能出发，看它能用来干什么，去找它潜在的市场用途。商业模式创新即使涉及技术，也多是与技术所蕴含的经济价值及经济可行性有关，而不是纯粹的技术特性。

（2）商业模式创新表现得更为系统和根本。它不是单一因素的变化，它常常涉及商业模式等多个要素同时变化，需要企业组织较大的战略调整，是一种集成创新。

商业模式创新往往伴随产品、工艺或者组织的创新；反之，则未必足以构成商业模式创新。例如，开发出新的产品或者新的生产工艺，就是通常认为的技术创新。技术创新是对有形实物产品的生产来说的。但如今是以服务为主导的时代，因此商业模式创新也常体现为服务创新，表现为服务内容及方式、组织形态等多方面的创新变化。

（3）从绩效表现来看，如果商业模式创新提供全新的产品或服务，那么它可能开创了一个全新的可盈利产业领域，即便提供已有的产品或服务，也能给企业带来更持久的盈利能力与更大的竞争优势。

虽然商业模式创新也表现为企业效率的提高、成本的降低，但是由于它更为系统和根本，涉及多个要素的同时变化，因此它也更难以被竞争者模仿，能给企业带来战略性的竞争优势，而且优势可以持续数年。

7.2.2 商业模式创新的主要维度

"淘宝"电商平台靠免费和体验赢得卖家、靠支付宝和广告赢得买家、用集市和旺旺打通买家卖家，最终淘汰了"老大哥"eBay（易趣）；"去哪儿"网打破旅游票务市场老大哥携程的"整进散出"方式，采取了平台模式；"Uber"以共享概念介入传统的出租车行业，通过数据和算法来实现司机与乘客之间的最优匹配；"小米"利用消费者的热情参与实现了C2B的反向定制，完成了去中介的革命，成为第一家不打广告、不做渠道就能实现盈利的手机品牌……数字经济时代，仅有好的产品已经无法撼动行业的格局，几乎所有对旧有格局的颠覆都需要在商业模式上做出创新。

企业可以通过改变价值主张、目标客户、分销渠道、顾客关系、关键活动、关键资源、伙伴承诺、收入流和成本结构等多种因素来激发商业模式创新。归纳起来，主要是从四个维度，即战略定位创新、资源能力创新、商业生态环境创新，以及由这三种创新方式结合产生的混合商业模式创新（如图7–2所示）。

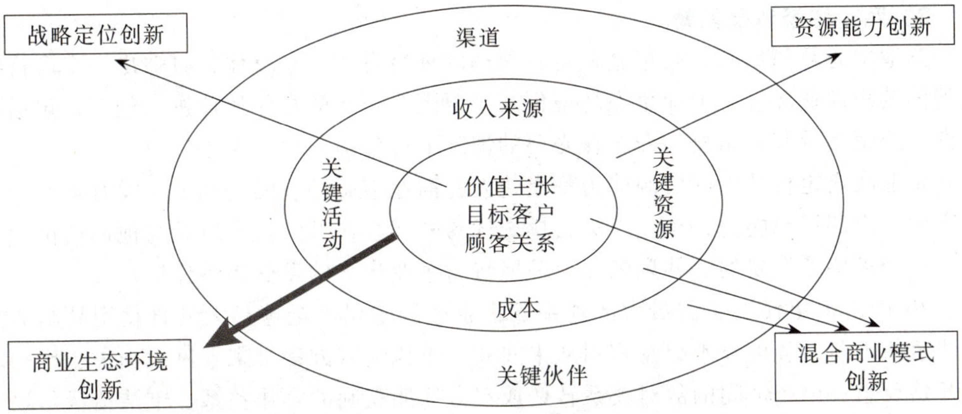

图7–2　商业模式创新的维度

1）战略定位创新

所谓战略定位创新，是指围绕企业的价值主张、目标客户及顾客关系方面的创新。在激烈的市场竞争中，没有哪一种产品或服务能够满足所有的消费者，战略定位创新可以帮助我们发现有效的市场机会，提高企业的竞争力。

在战略定位创新中，企业首先要明确自己的目标客户是谁，其次是如何让企业提供的产品或服务在更大程度上满足目标客户的需求。在前二者都确定的基础上，再分析选择何种客户关系。合适的客户关系可以使企业的价值主张更好地满足目标客户。

日本原宿个性百货商店打破了传统百货商店的经营模式——每层经营不同年龄段、不同风格的服饰，专注打造以少男少女为对象的时装商城，最终成为最受时尚年轻人和海外游客欢迎的百货公司。

“王老吉”将企业的产品定位于“饮料+药饮”这一市场空隙，为广大顾客提供可以“防上火”的饮料，正是这种不同于以往饮料行业只在产品口味上创新，而不在产品功能上创新的竞争模式，最终使王老吉获得商业成功。

2）资源能力创新

所谓资源能力创新，是指企业对其所拥有的资源和能力进行整合和运用的创新，主要是围绕企业的关键活动，对商业模式所需要的关键资源进行创新。所谓关键活动，是指影响企业核心竞争力的行为；关键资源，是指能够让企业创造并提供价值的资源，主要是指那些其他企业不能代替的物质资产、无形资产、人力资本等。在确定了企业目标客户、价值主张及客户关系之后，企业可以进一步进行资源与能力的创新。

20世纪90年代，当通用电气发现传统制造行业的利润越来越低时，它试图改变行业中为其关键活动提供产品的商业模式，创新性地提出以利润和客户为中心的“出售解决方案”模式。在传统的经营模式中，企业的关键活动是为客户提供能够满足其需求的机械设备，但在“出售解决方案”模式中，企业的关键活动是为客户提供一整套完整的解决方案，而设备则成为这一方案的附属品。这一创新带来了通用电气业绩的快速提升，在20世纪80年代中后期，通用电气年收入增长率达到了18%。

3）商业生态环境创新

商业生态环境创新，是指企业将其周围的环境看作一个整体，打造出一个可持续发展的共赢商业环境。商业生态环境创新主要围绕企业的合作伙伴进行创新，包括供应商、经销商及其他市场中介，在必要的情况下还包括其竞争对手。

企业战略定位及内部资源能力都是建立在商业生态环境的基础上。没有良好的战略定位及内部资源能力，企业将失去挑选优秀外部合作者的机会以及与他们议价的筹码。一个可持续发展的、共赢的商业环境将为企业未来的发展提供保证。

20世纪80年代，美国最大的连锁零售企业沃尔玛和全球最大的日化用品制造商宝洁争执不断，各种口水战及官司从未间断。争执给双方都带来了巨大损失，后来双方开始反思，把产销间的敌对关系转变成双方均能获利的合作关系。宝洁给沃尔玛安装了一套“持续补货系统”，该系统使宝洁可以实时监控其产品在沃尔玛的销售及存货情况，然后协同沃尔玛完成相关销售预测、订单预测以及持续补货计划。生态环境的优化促进了双方业绩的提升，2004年宝洁514亿美元的销售额中有8%来自沃尔玛，而沃尔玛2 560亿美元的销售额中有3.5%归功于宝洁。

4）混合商业模式创新

混合商业模式创新是一种战略定位创新、资源能力创新和商业生态环境创新相结合的方式。一般而言，企业的商业模式创新都是混合式的，因为在商业模式的构成要素中，战略定位、内部资源、外部环境之间是相互依赖、相互作用的，每一部分的创新都会引起另一部分的相应变化。

苹果公司的巨大成功，不单单在于其独特的产品设计，还源于其精准的战略定位创新。苹果看中了电子产品终端内容服务的巨大潜力后，将其战略从“单一出售电子产品”转变为“以终端产品销售为基础”的综合服务提供商。从“iPod+iTune”到后来的“Iphone+APP”都充分体现了这一战略创新。在资源能力创新方面，苹果突出表现在能够为客户提供充分满足其需求的产品上。例如，消费者所熟知的重力感应系统、多点触摸技术、视网膜屏幕显示技术等都是率先在苹果产品上使用的。

总之，商业模式创新既可以是战略定位创新、资源能力创新、商业生态环境创新三个维度中某一维度的创新，也可以是其中的两个甚至三个维度的结合创新，有效的商业模式创新正在成为企业家重塑企业、追求超值价值的有效工具。

7.2.3 商业模式创新的常见形式

微课：共享经济模式

1）平台式商业模式

平台式商业模式，是指将供应商和消费者联系起来，成为连接供给和需求的市场。平台商业模式最核心的功能就是作为市场的中介，将市场中的各方资源整合起来，吸附大量市场信息，快速高效沟通买卖双方的关系，从而促进交易的达成（如图7-3所示）。

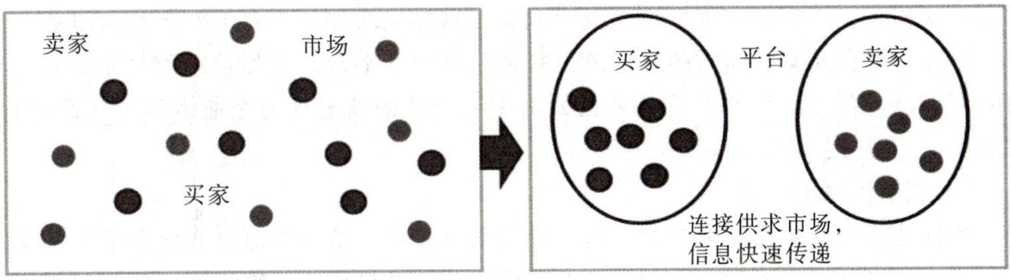

图7-3　平台式商业模式

（1）平台式商业模式的三要素。

平台式商业模式的三要素，即平台方、供给方（卖家或商家）、需求方（买家或消费者）。供给方和需求方一起构成平台的主要利润来源，平台向供给方收取费用，包括广告费、服务技术费、交易抽佣、资源费、数据方面的客户管理费、促销管理费等，还可以通过巨额的流动资金进行金融变现；平台上，供给方提供产品和服务，通过产品利差实现盈利；而需求方是产品和服务的最终买单者，只有迎合了需求方喜好的平台才能留住用户，实现平台的持续发展。

平台式商业模式是一种无边界、多元整合资源的模式，即构建多个主体共享的商业生态系统，并且产生网络效应，实现多个主体共赢。平台式商业模式的消费关系具体表现为：平台上卖方越多，对买方的吸引力越大；同样，卖方在考虑是否使用这个平台的时候，平台上买方越多，对卖方的吸引力也越大。实质上，平台的经济功能就是提供或实体或虚拟的交易环境，从而降低消费市场中各方寻找交易伙伴的成本。

（2）平台式商业模式的运营。

平台盈利方式转变会引起平台式商业模式的演化。通常，平台式商业模式的运营要经历两个阶段：

第一阶段，吸引并积累用户阶段。

平台运营初期，选择平台战略的企业需要为用户提供有黏性的服务，需要满足以下三个条件：

① 为用户提供一个强需求产品，并根据用户体验进行改进、提升。例如，腾讯针对的是社交需求，推出即时沟通产品。

② 能实现信用运营。例如，淘宝的点评功能、第三方支付中介支付宝、商家认证等。

③ 形成行业壁垒。平台式商业模式的缺点就是容易复制，只有形成自己企业的核心价值和行业壁垒，才能避免用户大量流失。例如，在社交方面对用户心理的把握，就是腾讯平台的核心优势，腾讯用QQ和微信培养出用户在PC端和智能手机端的使用习惯，聚集了大量的活跃用户。

第二阶段，平台演化阶段。

当平台式商业模式有了一定数量的稳定用户后，围绕平台产品进行演化：从寄生到共生再到衍生，形成一个庞大而稳定的生态系统。平台发展到衍生阶段，产品更为多元化和多样化，对消费者的吸引力会增大，消费者的活跃度也会提升，从而提高交易成功率和商家的收益，吸引更多商家入驻，这样又增加了平台上的产品和服务。

因此，平台式商业模式的核心就是打造足够大的平台，更加重视用户体验和产品的闭环设计。如今，以平台式商业模式为主要特征的新涌现的企业多涉足交通出行、旅游住宿、劳务技能等领域。

2）社群式商业模式

社群是基于传播媒介聚合到一起，进行信息传播、情感交流、文化和价值共享的用户群体。社群经济作为一种创新型商业模式，借助科技、逻辑思维、颠覆式创新研习社等社群的成功案例，掀起一股社群经济热潮，传统企业借助社群转型，互联网企业借助社群革新，社群式商业模式越来越受到企业的重视。

社群按照传统的理解，是以血缘或地理位置为划分标准的一种传统人际关系结构。而互联网带来了超越地域的联系与连接，社群成为一种拥有强关系、相同兴趣爱好或者价值认同感的人共同组成的群体。

（1）社群式商业模式的类型。

①产品型社群。典型企业为小米科技，小米科技初创时精心挑选了100位超级用户，参与MIUI的设计、研发、反馈等。借助这100位用户的口碑传播，MIUI得以迅速推广。这100位用户就是社群的第一批种子用户，具有极高的参与度，与企业是一种平行的关系，而不是单纯的消费者与商家的关系。

单纯的消费者想要更多的利益（如打折，优惠券等），而这100位用户更加具有包容性，包容企业的过错，参与企业产品的研发。它们之间有朋友间“患难与共”的联系。例如，小米科技若有最新版本的体验、研发成功的配件等，都会第一时间告诉这群用户，形成一种朋友间的连接。同时，当小米科技的软、硬件出现问题时，这群用户则会尽力去帮助、包容它，而不是离开。因此，小米科技的成功和最早的这批用户有着莫大的关系。

②自媒体社群。典型自媒体社群是罗振宇的“逻辑思维”，它是社群经济最早的定义者和实践者，尤其是罗振宇在4个月内两次招募付费会员，入账会员费近千万元的故事，让人们对社群商业的力量惊叹不已。而他要做的就是每天发一段语音，每周推出一期视频脱口秀，和当下生活联系紧密，接地气，能够引人深思、给人启发，持续而优质的自媒体内容，塑造了他的人格魅力。

这种人格魅力，产生了铁杆用户，他们支持罗振宇，愿意付出金钱。而罗振宇也向这些用户提供“逻辑思维”的定制图书，各种活动的优先权，一起游山玩水等。他们之间的关系是相互的，没有粉丝，只有朋友。

③学习型社群。典型的学习型社群为颠覆式创新研习社。颠覆式创新研习社是具有互联网思维的学习型组织。该社群以每年收取会费的形式聚集了一些爱学习的人。进入该社群的社员有着相同的学习爱好，都是想改变自己或者有创业梦想的人。颠覆式创新研习社主要为社员找名师，提供大课供社员学习。社员在社群学习知识的同时，还可以与志同道合的朋友进行交流。二者间的联系围绕着一个关键词就是学习。以学习为纽带聚集一帮人，形成一个学习社群。

总之，不管什么类型的社群都有几个相同的关键词：平等、兴趣、分享。每个人都拥有独立的想法，都需要被尊重与认可，而社群正好提供了这个平台。社群成员都拥有相同兴趣，如对小米手机的兴趣、对罗振宇分享内容的兴趣、对学习的兴趣等；互联网时代，早已经不是独享信息的时代，社群的伙伴都愿意分享，也只有分享才能把社群壮大，吸引更多的人。

（2）社群式商业模式的变革。

"社群经济"的出现，对整个商业，从生产到消费的各个环节都产生了革命性影响，形成了全新的商业模式，主要变革如下：

①用户参与的生产模式。阿尔文·托夫勒在2006年提出"产消者"的概念，即生产者和消费者的融合。而社群成员就像"产消者"的进化版，具有消费者、传播者和生产者三重身份。这类用户参与或协作生产的机制，正好符合了移动互联网求新求快的竞争需求。在移动互联网时代，用户需求越来越个性化和精细化，而社群的存在，正好解决了这些问题。

以小米为例，小米以用户参与为核心，建造了粉丝用户的自生产、自传播和自消费的循环式社群商业模式。如果MIUI是小米的护城河，那么米粉就是护城河里的鱼、草，使得护城河常年清澈。很多社群成员一般都崇尚一种精神，如米粉崇尚"发烧"、逻辑思维崇尚"求知"，不局限于一个产品或领域，由于小米社群的模式具有可复制性，因此造就了小米路由器、电视、电脑等"发烧"产品的成功，这也是社群的另一大优势——可复制性。

②品牌社群的营销模式。由于社群的特性，重新定义了传统的营销理论，将理论中的关系营销、情感营销、体验营销和口碑营销充分融合，重塑了品牌、社群、消费者之间的关系。

品牌社群营销相比传统营销，具有实时互动性。通过社群这座桥梁，企业可以与消费者进行一对一、一对多的实时互动。在社群互动过程中，有效增强消费者对品牌的情感体验和价值认同，提高品牌忠诚度和持续消费力，从而提升品牌价值。就像用户在公共社交平台上只要@小米，就会有工作人员进行回复。

③品牌社群营销注重参与性。互联网时代，最廉价、最有效的传播就是口碑传播，就像前不久刷爆"朋友圈"的《釜山行》，很难想象一部影片能有如此大的影响力。而社群中的成员正是天然的口碑传播者。因此，企业需要不断邀请用户参与，激发社群成员的积极性和创造力，弱化自身的"管理者""领导者"身份，满足用户需求，做到极致体验，才能给这些天然的口碑传播者以传播动力。

④体验至上的消费模式。情感体验和价值认同是社群特征，形成了体验至上的消费模式。传统的体验经济强调消费过程的服务体验，体验处于生产消费链条的下游环节；而社群经济促进体验经济的发展，将体验要素渗透到整个产业链条的生产、营销、消费等多个环节，包括了产品功能体验、情感体验、消费情境体验等。

社群经济的发展，改变了产品营销体系的各个环节，证明了以用户为中心的商业模式的重要性。在这个到处都倡导用户体验的时代，打造社群经济，无疑是通往极致体验的便捷之路。

3）免费式商业模式

正如当年360杀毒软件推出免费版，一举打败“瑞星杀毒软件”一样，今天的免费式商业模式也成为商业领域的猛虎，让许多传统商业模式一夜间倾覆倒塌。

免费式商业模式指的是通过向用户提供免费的服务或者产品功能来积累流量，再以流量为基础来构建自己的盈利模式，从而创造价值的一种商业模式。当运营商还指望靠给用户打电话、发短信赚钱的时候，“微信”通过图片、语音、视频等多种免费模式实现了与用户之间的关系交互。“微信”以免费方式直接把传统通信企业的客户带走，继而转化成流量，然后再利用其他渠道实现盈利。

（1）免费式商业模式的盈利方式。

“天下没有免费的午餐”，所有的免费最终都会通过其他渠道实现盈利，免费式商业模式的盈利方式可分为以下三点：

一是直接交叉补贴。这种方式是指企业和商家等卖方为了在一种产品上盈利，而降低另一种产品的价格或免费进行销售的行为，从而以高获利产品补贴亏损产品。例如，中国移动或者联通公司向顾客免费送手机，条件是之后几年每个月都要消费一定金额；或者向顾客赠送一笔话费，但前提是要购买指定的某款手机等。

二是第三方市场。这种方式是最常见的免费式商业模式，第三方付费参与前两方之间的免费商品交换。企业向特定的消费群体提供免费的服务、体验或者商品，并吸引对这部分消费者感兴趣的相关品牌来投放广告，所得收入一部分用于再投入，其余作为盈利。例如，很多手机游戏，除了提供增值服务来盈利之外，还通过在游戏中直接插入广告，或者通过让玩家观看广告以获得一定游戏奖励的形式来投放玩家可能感兴趣的广告，收取广告收益作为盈利。

三是免费+收费。这种方式在互联网背景下十分常见，向全部用户提供免费的最基础的服务，并开发部分增值服务让用户付费使用。例如，支付宝对个人客户有条件免费，对第三方收取转账费用；个人客户邮箱免费，企业客户邮箱收费等。

（2）免费式商业模式的关键要素。

免费式商业模式打破了固有的“交易”一次的概念，体现了互联网的一个核心概念——用户体验至上，创造机会让用户去体验，在这个过程中感受价值，把商业价值建立在用户价值之上。要想将用户价值创造到最大来实现更多的商业价值，则需要考虑免费式商业模式的三个关键要素：

① 规模。如果想要做到交叉补贴，免费式商业模式就必须拥有足够的规模，没有规模就无法接纳足够的付费人群来维系运营。就像“微信”把用户群规模做得如此庞大，任何一种盈利方式都可以给“微信”团队带来可观的盈利。

② 优质。对于免费的产品和服务，用户的选择成本和抛弃成本很低。虽然产品和服务免费，但是产品和服务自身还是要足够优质，甚至应该比过去的付费产品和服务更加优质，这样才具有足够的竞争力。

③ 资金。因为前期推出的产品和服务都是免费的，基本可以说是零收入；为了实现交叉补贴的预期，免费式商业模式不得不在前期投入足够的资金来进行规模推广，要不然想要的免费就会变成“速死”。例如，苏宁易购在推出0元购书时，一方

面与出版社谈判希望出版社能多出让利润，另一方面苏宁自身也补贴了大笔的资金，承担着大量的运营成本。

思政园地　**《美国新闻与世界报道》：中国商业模式走向世界**

中国在科技创新领域已经成为开拓者，全球各地企业都在从中国的商业模式和技术创新中寻求灵感。从集各种功能于一体的“超级应用”到“社交+短视频”，再到人工智能和5G技术，中国企业的创新已走在世界前列，成为了全球其他企业模仿学习的对象。超级应用“提供从购物、打车、转账到机票预订等一站式服务”，印度尼西亚骑行巨头Go-Jek，日本即时通信平台Line甚至美国的“脸书”现在都在转向“超级应用模式”，而该模式最初由中国企业腾讯旗下的“微信平台”创立。

中国在社交电商和短视频领域也处于领先地位。中国企业“字节跳动”旗下的应用TikTok如今在全球掀起了短视频热潮。美国variety网站称中国的互联网正变得规模更大、更年轻和更智慧。中国互联网企业不再是追随者，而是越来越多地成为被“复制”的技术先驱。

来源：佚名．中国商业模式走向世界［EB/OL］．［2019-07-30］．http：//jnec.jnbusiness.jinan.gov.cn/content-27-20305-1.html.

本章小结

连锁企业战略是对连锁企业的谋略，对连锁企业长远规划、标准化运营等方面的整体性、系统性、根本性问题的谋略，直接影响连锁企业能否稳定发展。连锁经营战略的确定是连锁企业战略管理的核心，关系到连锁企业的生死存亡，有了正确的战略定位，经营活动才有意义。经营战略决定了连锁企业如何赢得客户与市场；发展战略决定了连锁企业如何成长，落实规模化经营；竞争战略决定了连锁企业战胜竞争对手的能力。

商业模式创新改变了企业价值创造的基本逻辑，提升了顾客价值和企业竞争力。商业模式创新主要是从四个维度，即战略定位创新、资源能力创新、商业生态环境创新以及这三种创新方式结合产生的混合商业模式创新。在四个维度的创新下，出现了三大典型商业模式，即平台式商业模式、社群式商业模式、免费式商业模式，要理解三大典型商业模式的创新点和竞争优势。

基础训练

一、填空题

1.连锁企业战略管理包括________、________、________三种。

2.免费式商业模式的关键要素，即________、________、________。

3.平台式商业模式的运营要经历两个阶段，即________和________。

4.商业模式创新的四个维度，即________、________、________以及这三种创新方式结合产生的混合商业模式创新。

5. 由于社群的特性，重新定义了传统的营销理论，将理论中的关系营销、情感营销、体验营销和口碑营销充分融合，重塑了________、________、________之间的关系。

二、选择题

1. 以下属于连锁经营战略涵盖的内容有（　　）。

A. 顾客满意战略　B. 市场化战略　C. 规模经营战略　D. 总成本领先战略

2. 连锁企业主要竞争战略包括（　　）。

A. 总成本领先战略　B. 市场化战略　C. 目标集聚战略　D. 差异化战略

3. 社群式商业模式常见类型有（　　）。

A. 产品型社群　B. 市场拓展型社群　C. 自媒体社群　D. 学习型社群

4. 企业发展战略的制定要做好（　　）的选择。

A. 资本来源　B. 发展方向　C. 发展方式　D. 发展速度

5. 免费商业模式的盈利方式总结起来可分为（　　）。

A. 直接交叉补贴　B. 第三方市场　C. 免费+收费　D. 电商收益

三、简答题

1. 简述连锁企业发展战略的类型。

2. 简述商业模式创新的特点。

3. 简述连锁企业主要竞争战略之间的关系。

4. 如何实现顾客满意的价值？

5. 社群式商业模式的出现给生产和消费带来了哪些变革？

四、案例分析题

阿里巴巴八大新零售战略布局完成，迎来全产业聚力新阶段

阿里巴巴自2016年全面启动新零售战略以来，已形成基于家电数码、快消商超、服饰百货、餐饮美食、家装家居的新零售全业态布局。阿里新零售战略从单点破局已发展到跨界融合、全产业聚力的新阶段。阿里新零售组成的八路纵队分进合击、由点到线，推动消费和供给双升级，并贯穿衣、食、住、行，聚力成面，成为提升城市商业基础设施和提高社会服务水平的关键动能。

1. 由点到线，新零售八路纵队分进合击

阿里新零售布局，是从点的突破开始，在各种零售业态分头跃进，探索数据驱动的抓手下，优化线上线下的通路，实现业态创新。

自2016年年底马云提出包含“新零售”在内的“五新”战略起，在家电数码连锁领域，阿里巴巴入股苏宁云商；在百货商超领域，银泰商业、三江购物、高鑫零售成为其重要力量；全业态综合体则有百联集团与阿里巴巴的战略合作；与此同时，依靠淘宝、天猫两个新零售基座，以及包含蚂蚁金服、菜鸟网络、阿里云等在内的新商业基础设施的夯实，阿里巴巴在无人零售、智慧门店、品牌快闪店等方向积极创新，更创造出盒马鲜生这样的全新零售业态。

这些“点”的突破，深刻而全面地启动了互联网时代下的零售业整体升级。而且，它们正在构成丰富的连接、贯穿，在行业的维度上进展到了“线”的态势，其具体形态是阿里新零售的八路大军。

阿里巴巴已经形成了以原来的淘宝为天，以菜鸟为地，全市场、全渠道的新零售各路大军，包括在天猫及线下一体化运营的品牌店；与银泰集团打造的新购物体验的百货大军；与苏宁合作的从城市到农村的数码电器大军；以盒马鲜生和大润发为代表的，包括跟天猫超市结合在一起的食品快消领域大军；用技术、数据和整个经济体资源驱动消费者独特体验的口碑大军；能够打通城市和农村双向供应链和消费链路的村淘；让所有的小店变成用互联网技术来赋能的智慧小店；现在又加上第八路，以居然之家为代表的家居生活类场景，着力打造“家经济”。

2.聚力成面，提升城市商业基础设施

“点”和“线”的交织，聚力成面，阿里新零售正在展现出一种全新的发力路径，推动城市商业基础设施的整体升级。

在衣、食、住、行各个维度，阿里新零售都在日益助力消费升级。这当中既包括消费水平的升级，也包括消费体验的升级。“3公里理想生活区”便是其具体表现，从各行业的零售新业态向餐饮、旅游、文化等其他行业跨界融合，“天猫超市1小时达”“盒马半小时达”构筑了全新的城市消费需求响应网络，加上数据打通、线上线下贯穿一体，一张城市新商业的大协同网络正在形成。

如果阿里巴巴所引领的新零售是用大数据重构传统商业的“人、货、场”，那么“新零售之城”则遵循了“天、地、人”的布局——以天猫、淘宝为代表的线上平台不断给用户带来惊喜；以盒马鲜生、银泰、苏宁以及智慧门店为代表的“地面部队”，通过重构消费场景刷新人们对新零售的感知；而最终的核心是人，传统的城市商业格局以大商业综合体、核心商圈等为中心化地标。在新零售的城市商业格局中，人在哪里，周围3公里就是每个人专属的理想生活区。

这就是新零售的“点”“线”聚力成“面”的过程，正在成为“城市让生活更美好”的中坚力量。正如阿里巴巴张勇所说，新零售的战略布局始终遵循三个标准，即是否能推进行业与市场的发展与革新、是否能激发新技术与商业的紧密融合，以及是否能提升用户的消费体验。阿里巴巴所引领的新零售战略具备清晰的步骤和实施路径，这源于阿里巴巴的互联网基因、在大数据领域多年深耕积累、对零售行业的深刻理解，以及合作伙伴的零售基因、门店管理基因、高效率基因。

资料来源　佚名. 阿里巴巴八大新零售战略布局完成，迎来全产业聚力新阶段！[EB/OL]. [2019-11-27]. https://www.sohu.com/a/222509748_813950.

请思考：

阿里巴巴新零售战略布局的特点有哪些？

实践训练

上网查询某一知名连锁企业在不同发展阶段的战略特点。

主要参考文献及主要参考网站

（一）主要参考文献

［1］赵明晓．特许加盟的理论与实践研究［M］．北京：九州出版社，2020.

［2］人力资源社会保障部教材办公室，中国连锁经营协会.连锁经营管理师（二级 一级）［M］．北京：中国劳动社会保障出版社，2023.

［3］马瑞光．商业新突破：万利连锁［M］．北京：中华工商联合出版社，2020.

［4］窦志铭，杨叶飞．连锁经营管理理论与实务［M］．5版．北京：中国人民大学出版社，2023.

［5］马凤棋，时应峰．连锁经营管理原理与实务［M］．3版．大连：大连理工大学出版社，2019.

［6］陆影，高皖秋．连锁门店营运与管理实务［M］．5版．大连：东北财经大学出版社，2021.

［7］成光琳，杜柳．中国商贸文化［M］．北京：高等教育出版社，2019.

［8］高道友．特许经营实务［M］．北京：教育科学出版社，2015.

［9］强敏．专卖店经营管理实务［M］．大连：东北财经大学出版社，2019.

［10］居长志，操阳．连锁经营管理原理［M］.2版.北京：高等教育出版社，2018.

［11］吴崑．管理学基础［M］．北京：清华大学出版社，北京交通大学出版社，2022.

［12］刘常宝.品牌管理［M］．4版．北京：机械工业出版社，2022.

［13］高皖秋.特许经营与加盟创业［M］．大连：东北财经大学出版社，2020.

［14］马浩.战略管理：商业模式创新［M］．北京：北京大学出版社，2015.

［15］董晓松，刘容，尧军文．数字商业管理［M］．北京：社会科学文献出版社，2021.

［16］赵明晓.特许加盟创业管理要领［M］．延吉：延边大学出版社，2022.

［17］赵明晓.连锁企业配送实务［M］．2版.北京：高等教育出版社，2017.

［18］赵明晓.连锁企业商品采购［M］．北京：清华大学出版社，北京交通大学出版社，2010.

（二）主要参考网站

［1］中国联商网：www.linkshop.com.cn

[2] 新浪财经：finance.sina.com.cn
[3] 网易财经：money.163.com
[4] 中国连锁经营协会官网：www.ccfa.org.cn
[5] 中国商网：www.zgswcn.com
[6] 中国零售业博览会：www.chinashop.cc
[7] 价值中国网：www.chinavalue.net
[8] 销售与市场网：www.cmmo.cn
[9] 百度文库：wenku.baidu.com

附录 《零售数字化术语》(T/CCFAGS 028—2021)

1.范围

本文件规定了零售数字化的相关术语及定义。

本文件适用于统一零售数字化核心点的基本概念和用语，提高行业沟通效率。

2.通用术语

2.1 数字化转型 digital transformation

数字化：用数字化的理念、技术和方法，对零售企业的业务模式、运营流程和管理方式等进行简化、优化、一体化的变革，实现降本增效、商业模式转型，以及对整个组织体系的赋能和重塑。

2.2 数字化成熟度 digital maturity

对零售企业实现数字化转型以及持续改进能力的连续性、可持续性、有效性和可信度的评估。数字化成熟度是相对指标，可以从战略与文化、体验、服务、运营和平台等维度来衡量。

2.3 新零售 new retail

以互联网为依托，通过运用大数据、人工智能等先进技术手段，对商品的生产、流通与销售过程进行升级改造，进而重塑业态结构与生态圈，并对线上服务、线下体验以及现代物流进行深度融合的零售新模式。

2.4 全渠道零售 omni-channel retail

零售企业通过整合线上线下多种渠道，实现一体化的经营闭环的零售形式。

2.5 客流量 customer flow

一段时间内进入线下零售门店的人数，是反映门店人气和价值的重要指标。

2.6 来客数 buyer flow

一段时间内进入线下零售门店且具有购买行为的人数。根据到店的来客数，可以预估营业额。

2.7 流量 traffic

一段时间内网站的访问量，常用的指标包括独立用户数量（一般指IP)、总用户数量（含重复访问者)、页面浏览数量、每个用户的页面浏览数量、用户在网站的平均停留时间等。

2.7.1 独立访客 unique visitor；UV

独立用户数量：一段时间内线上渠道所有页面（包括主页、单品页、会员主页等）被访问的去重人数。一个人在筛选时间范围内访问多次只记为一个用户。

2.7.2 页面浏览量 page view；PV

一段时间内线上渠道页面的访问数量或浏览数量，是评价线上渠道流量最常用的指标之一。页面被刷新一次，页面浏览数量就会增加一个。

2.7.3 页面停留时间 time on page；TP

页面停留时间指用户一次访问的持续时间，计算方法为在一次访问中，用户在页面上最后一次操作发生的时间减去第一次操作发生的时间。

2.8 客单价 average transcation value；ATV

平均每位顾客的单次购物金额。根据销售渠道不同，可分为线上客单价和线下客单价。[来源：SB/T 10465—2008，10.13，有修改]

2.9 转化率 conversion rate

一段时间内，完成转化目标行为的次数占推广信息总点击次数的比例。转化率是任何产品都要关注的核心指标，分为点击转化率、购买转化率、订单转化率等。

2.10 净推荐值 net promoter score；NPS

推荐用户数量占总样本数量的比例，用于计量某个用户会向其他人推荐产品、品牌、服务等的可能性。

2.11 个人信息 personal information

以电子或者其他方式记录的能够单独或者与其他信息结合识别特定自然人身份或者反映特定自然人活动情况的各种信息。

注：个人信息包括姓名、出生日期、身份证件号码、个人生物识别信息、住址、联系方式、通信记录和内容、账号密码、财产信息、征信信息、行踪轨迹、住宿信息、健康生理信息、交易信息等。[来源：GB/T 35273—2017，3.1]

2.12 个人信息安全影响评估 personal information security impact assessment

针对个人信息处理活动，检验其合法合规程度，判断其对个人信息主体合法权益造成损害的各种风险，以及评估用于保护个人信息主体的各项措施有效性的过程。[来源：GB/T 35273—2017，3.8]

3. 管理与运营术语

3.1 用户运营

3.1.1 新增用户 new user

首次联网使用应用的用户，卸载再安装不会被算作新增用户。

3.1.2 活跃用户

3.1.2.1 日活用户 daily active user；DAU：线上每日活跃的用户数量。

3.1.2.2 月活用户 monthly active users；MAU：线上每月活跃的用户数量。[来源：T/CCFAGS 021—2021，3.11]

3.1.3 用户触达 user contact

基于有效渠道针对目标客群发送的指定内容，让用户感知到企业运营内容变化的行为。

3.1.4　触达效率 contact efficiency

下单人数占触达人数的比例，指在触达动作完成后，用户基于触达形成的一系列下单动作，从而产生的页面点击率、下单率、加购率以及人均GMV贡献值等一系列具有经营参考性的企业经营指标。

3.1.5　获客成本 customer acquisition cost；CAC

获得新用户所投入的成本总和，获客成本由广告营销、人员等成本之和除以获取的用户数量而得，是评价能否长期可持续增长的关键指标之一。

3.1.6　留存率 retention rate；RR

一段时间内用户留存的比例，通过期末用户数除以期初用户数量计算。根据时间维度进行分类，留存率通常分为次日留存、3日留存、7日留存以及30日留存等。

3.1.7　用户平均收入 average revenue per user；ARPU

一段时间内企业的营业收入除以用户数量，用于衡量单个用户为公司带来的营业收入。

3.1.8　每用户平均成本 average revenue per cost；ACPU

一段时间内企业的营业成本除以用户数量，用于衡量公司在每个用户上所花费的成本。

3.1.9　数字化会员 digital membership

数字化会员指拥有会员身份，并可被在线识别、可触达的会员。数字化会员是数字化营销的基础，通过数据、数字来呈现会员的消费情况和消费属性，能够让零售企业更加了解用户需求，从而实现精准营销。

3.1.10　数字化会员占比 digital membership ratio

数字会员占全部会员的比例，以百分数形式表示。[来源：T/CCFAGS 021—2021，6.1]

3.1.11　全渠道会员增长率 rate of omni-channel user growth

统计周期内新增全渠道购物的会员数量占期初全渠道购物的会员数量的比例，以百分数形式表示。统计周期可分为年度、季度、月度。全渠道会员增长率衡量统计周期内有全渠道购物行为的会员数量增长情况。[来源：T/CCFAGS 021—2021，6.2]

3.1.12　用户终身价值 life time value；LTV

生命周期总价值：零售企业从用户所有的互动中所得到的全部经济收益的总和，用于衡量用户对企业所产生的价值。

3.1.13　会员生命周期管理 user lifetime management

根据会员生命周期对客户进行分阶段管理，以实现会员价值最大化的运营方式。通常将用户划分为新客、成长、稳定期、沉默、流失五个阶段。

3.2　渠道

3.2.1　渠道 channel

商品从生产企业流向最终用户之间的所有环节，包括线下渠道和线上渠道。线下渠道根据中间商介入的层次分为批发、零售渠道。线上渠道包括平台、APP、小程序、公众号、直播、社群等。

3.2.1.1 应用软件 application software；APP：针对智能移动终端设备开发的可触达终端用户的渠道。

3.2.1.2 小程序 mini program：应用软件中无须单独下载安装、不占手机内存即可触达终端用户的渠道。小程序可通过扫描二维码，或是应用软件中搜一搜等功能找到使用。

注：小程序包括微信小程序、支付宝小程序等。

3.2.1.3 公众号 official account：开发者或商家在应用软件平台上申请的可触达终端用户的应用账号。通过公众号文章、图片、语音、视频的全方位推广、沟通、互动，形成线上线下互动营销方式。

3.2.1.4 视频号 video channel：以短视频为载体的可触达终端用户的内容记录、创作、分享渠道。

3.2.2 智慧商店 smart shop；smart store

运用现代信息技术（互联网、物联网、5G、大数据、人工智能、云计算等），支撑门店商品展示、促销、结算、管理、服务、客流、设施等场景及采购、物流、供应链等中后台，实现全渠道、全场景的系统感知、数据分析、智能决策、及时处理等功能，推动线上线下融合、流通渠道重构优化，以更优商品、更高效率和更好体验满足顾客便利消费、品质消费、服务消费需求的商店。

3.3 营销

3.3.1 数字化营销 digital marketing；DM

数字化营销是指企业应用数字技术，实现营销目标的一种营销方式。数字化营销的精髓是精准，关键是互动，数字技术是驱动力。

3.3.2 公域流量 public domain traffic

商家通过搜索优化、参加活动、花费推广、促销活动等方式可以从电商、内容、社区、视频、搜索等类型平台进行销售所获取的流量。

3.3.3 私域流量 private domain traffic

拥有完全自主支配权的账号、平台等所沉淀的流量。私域流量包括自媒体、用户群等。

3.3.4 坑位 pit location

线上可以承载内容信息并且可以通过运营提升商品销售的展示位置。

3.3.5 关键意见领袖 key opinion leader；KOL

拥有更多、更准确的产品信息，且为相关群体所接受或信任，并对该群体的购买行为有较大影响力的用户。

3.3.6 关键意见消费者 key opinion consumer；KOC

关键意见消费者指能影响自己的朋友、粉丝产生购买行为的用户。

3.3.7 营销付费

3.3.7.1 按销售付费 cost per sales；CPS：以实际销售额来计算广告费用的营销付费形式，可以通过推广和销售平台上的商品从而赚取佣金。

3.3.7.2 按点击付费 cost per click；CPC：以广告或推广网页被点击次数计算收费

的营销付费形式，可以显示广告或推广网页的效果，用于衡量用户关注度和兴趣点。

3.3.7.3　按展示付费 cost per mille；CPM：以千次曝光或展示进行计算收费的营销付费形式，可以有效增加曝光率。

3.3.7.4　按行为付费 cost per action；CPA：以推广之后的用户行为进行的营销付费方式，投放广告之后按照订单数量等方式进行统计。

3.3.8　线上促销转化率 online promotion conversion rate

完成支付的线上促销订单数除以实际触达人数，以百分数形式表示。线上促销转化率衡量线上促销活动效果，转化率越高越好。[来源：T/CCFAGS 021—2021，4.8]

3.3.9　复购率 repurchase rate

统计周期内有复购行为的用户数除以周期内全部购物用户数，以百分数形式表示。统计周期可分为月、周。复购率衡量可识别身份的顾客复购情况。[来源：T/CCFAGS 021—2021，6.5]

3.4　线上交易

3.4.1　商品交易总额 gross merchandise volume；GMV

网页、移动端等线上成交总额，包含付款和未付款的部分，无论商品是实际出售、交付还是退货。具体包含销售额、取消订单金额、拒收订单金额、退货订单金额。[来源：T/CCFAGS 021—2021，4.1.3]

注 1：GMV 是线上渠道端（平台企业）重点的考核指标；

注 2：全渠道零售企业重点考核指标为 ture GMV，即 GMV 减去下单未付款金额、履约前退款金额和商品促销金额。商品促销金额为商家补贴金额（3.4.7），不包括平台补贴金额（3.4.8）和支付优惠等。

3.4.2　线上销售占比 online sale ratio

线上销售额占全渠道销售额的比例，以百分数形式表示。线上销售含 APP、小程序、官网及第三方平台等线上渠道产生的销售。[来源：T/CCFAGS 021—2021，4.9]

3.4.3　O2O 订单 online to offline order；O2O order

用户通过线上下单，由零售门店进行履约配送的订单，包括到家订单和到店自提订单。

3.4.4　C2M 订单 customer to manufacturer order；C2M order

用户通过线上下单，工厂接收用户的个性化需求，然后根据需求设计、采购、生产、发货的订单。

3.4.5　订单转化率 order conversion rate

完成支付的线上订单数除以访客点击数，以百分数形式表示。线上订单转化率衡量线上商品对顾客的吸引力，转化率越高越好。[来源：T/CCFAGS 021—2021，4.7]

3.4.6　平台应结金额 amount to be settled

使用第三方线上渠道销售后，线上渠道应该结算给商家的实际金额。

3.4.7　商家补贴金额 store subsidy

参与线上营销活动，零售商需要承担的补贴金额。

3.4.8 平台补贴金额 platform subsidy

参与线上营销活动，线上渠道需要承担的补贴金额。

3.4.9 平台服务费 platform fee

使用第三方线上渠道销售后，零售商需要付的服务费。

3.4.10 线上订单核销金额 online order write off amount

使用第三方线上渠道销售后，传输给零售商的线上订单营业收入金额。

3.5 履约

3.5.1 到家业务 home delivery services

到家服务：零售企业从门店、仓储中心、前置仓等网点将用户在线订单商品送至指定地点的服务。［来源：T/CCFAGS 021—2021，3.6］

3.5.2 自提业务 click and collect service

自提服务：零售企业为满足顾客一定时段内自行取货的需求，将顾客在线订单商品放至指定门店、仓储中心、前置仓、社区自提点或服务站等网点的服务。［来源：T/CCFAGS 021—2021，3.7］

3.5.3 仓店一体 store-warehouse integration

以门店为中心，门店既是线下门店，又是线上配送的仓储中心，能同时提供到家服务和自提服务。

3.5.4 前置仓 forward distribution center；FDC

可提供仓储、拣货、配送等功能的小型仓储中心，离用户距离更近，配送范围通常为3公里内。

3.5.5 基于位置服务 location based service；LBS

通过电信移动运营商的无线电通信网络或外部定位方式，获取移动终端用户的位置信息，在地理信息系统的支持下，为用户提供相应服务的一种增值业务。

3.5.6 电子围栏 electronic fence

应用技术手段在电子地图上形成基于位置、配送时间等限制条件下的区域范围。通过电子围栏让配送人员根据区域划分获得配送任务，以确保履约时效。

3.5.7 妥投 correct-distribute

在承诺送达时间内将订单商品送达至指定地点。因顾客原因产生的拒收、订单取消等订单异常情况不包括在内。［来源：T/CCFAGS 021—2021，3.14］

3.5.8 履约及时率 timely performance rate

顾客期望时段内和早于期望时段的妥投订单数量占当日应送达的全部订单数量的比例，以百分数形式表示。订单以子单数量计算。履约及时率衡量期望时段订单的妥投效率。［来源：T/CCFAGS 021—2021，7.3］

3.5.9 配送效率 distribution efficiency

在统计周期内，一个人配送每小时完成的单量，或一个人配送一天的订单量。

3.5.10 拣货效率 picking efficiency

一段时间内，平均每小时拣货的SKU总数。影响拣货效率的因素包括拣货策略、拣货区布置合理性、拣货移动距离等。

3.5.11　履约客诉率 customer complaint rate

统计周期内有投诉记录的订单数占周期内所有妥投订单数及顾客拒收订单数合计的比例，以百分数形式表示。客诉率用于衡量顾客投诉占比。[来源：T/CCFAGS 021—2021，6.7]

3.6　商品运营

3.6.1　单品 stock keeping unit；SKU

保存商品的最小分类单位。

注：在连锁零售门店中通常称单品为一个 SKU。[来源：SB/T 10465-2008，8.1.1]

3.6.2　标准化产品单元 standard product unit；SPU

商品信息聚合的最小单位，是一组可复用、易检索的标准化信息的集合，该集合描述了商品的特性。属性值、特性相同的单品可以称为一个 SPU。

3.6.3　商品源数据 product source data

商品源数据是商品实物的数字化信息。以全球贸易项目代码为关键字，包括商品图片、标签文字、包装尺寸、商品重量等，并符合 GS1 全球数据模型（GS1 Global Data Model）定义的数据结构和规则。

3.6.4　动销率 shelf sales ratio

当月实现销售的单品数占当月在架单品数的比例，以百分数形式表示。衡量商品品类的销售活跃程度。[来源：T/CCFAGS 021—2021，5.7]

3.6.5　品效 sales per category；sales per sub-category；sales per SKU

单品销售额占本品类商品销售额的比例，以百分数形式表示。衡量该单品在商品结构中的重要程度。品效越高，表示该商品销售贡献越大。[来源：T/CCFAGS 021—2021，5.1]

3.6.6　商品贡献率 goods contribution rate；merchandise contribution rate

商品周转率乘以毛利率，衡量商品对利润贡献程度，结果以百分数形式表示。[来源：T/CCFAGS 021—2021，5.2]

3.7　门店运营

3.7.1　平效 sales per square foot；sales per square meter

门店平效：平均每平方米营业面积实现的全渠道销售额。[来源：SB/T 10465—2008，7.17，有修改]

3.7.2　人效 sales per employee

3.7.2.1　平均人效 average employee effect：平均每人工在统计周期内实现的销售额。统计周期可分为年、月、星期、日、小时等。人效衡量零售企业单位人工产出效率。[来源：SB/T 10465—2008，7.18，有修改]

3.7.2.2　工时人效 hourly employee effect：平均每工时实现的销售额。工时数包含正式员工和灵活用工的工时总数。[来源：T/CCFAGS 021—2021，4.11.2]

3.7.3　门店缺货率 stock-out rate

门店缺货率是指统计周期内，门店缺货的在架单品数占全部在架单品数的比例。

门店缺货体现为陈列面缺货和店内库存缺货，缺货率与销售损失有直接关系，缺货率越低越好。[来源：SB/T 10465—2008，6.3.29，有修改]

3.7.4 商品上架率 on shelf availability；OSA

实际上架商品数占应上架商品数的比例，反映门店货架使用效率。

3.7.5 货架份额 share of shelf；SOS

单一品类或品牌占指定货架的比例，反映某品类或品牌的陈列醒目程度。

3.7.6 电子价签 electronic shelf label

一种具有显示定制化业务信息、感知、反馈自身状态和无线通信功能的低功耗电子装置。

注：业务信息如商品价格、商品促销、商品标志编码等。

3.7.7 自助购 self-service shopping

自助收银终端：用于零售门店，让顾客以自助方式扫描商品、结账付款的设备。通常由工作台、前端电脑扫码结算机和控制系统组成。

3.7.8 策略节能 energy conservation strategy

通过物联网技术实现分时段、分区域、分场景节能策略，降低门店能耗。

3.8 供应链管理

3.8.1 供应链 supply chain

生产及流通过程中，围绕核心企业的核心产品或服务，由所涉及的原材料供应商、制造商、分销商、零售商直到最终用户等上下游成员链接形成的网链结构。

3.8.2 供应链管理 supply chain management

从供应链整体目标出发，对供应链中采购、生产、销售各环节的商流、物流、信息流及资金流进行统一计划、组织、协调、控制的活动和过程。

3.8.3 数字化供应链管理 digital supply chain management

数字化供应链管理指通过数字技术，打通供应链各个环节中信息交流的壁垒，让供应链更加敏捷和协同，实现供应链全过程高效协同的活动和过程。

3.8.4 协同计划、预测与补货 collaborative planning forecasting and replenishment；CPFR

应用一系列的信息处理技术，提供覆盖整个供应链的合作过程，通过共同管理业务过程和共享信息来改善零售商和供应商之间的计划协调性，提高预测精度，最终达到提高供应链效率、减少库存和提高客户满意程度目的的供应链库存管理策略。

3.8.5 反向定制 reverse customized

针对用户个性化需求进行量身定做，精简流通环节，提供良好的服务体验。依托定制化形成的大数据，与众多供应商和品牌商联合预测用户需求及购买行为，实现整个供应链的智能化、柔性化管理，快速响应市场，促进供需匹配和动态平衡。

注：反向定制包括C2B反向定制、C2M反向定制。

3.8.6 端到端 end to end；E2E

从生产到消费的过程中，通过建立一个完整的解决方案，实现供应商、物流商、制造商和零售商的无缝衔接、统一标准和协作及时，提高供应链整体效率，形成以客户需求为中心，联合、可靠、快速高效的零供协作模式。

3.8.7 高效消费者响应 efficient consumer response；ECR

高效客户响应

有效客户反应：由供应链管理系统中的各种技术和方法集成的一种协调机制，通过及时、准确、无纸化的信息传输，实现根据销售数据组织生产、物流、营销，从而顺畅、连续地满足消费者需求。

4.技术应用术语

4.1 软件即服务 software as a service；SaaS

把服务器平台作为一种服务提供的商业模式，通过网络进行程序提供的云服务类别。在这种模式下，SaaS供应商将应用软件统一部署在自己的服务器上，客户通过互联网定购所需的应用软件服务，按定购的服务多少和时间长短支付费用，并通过互联网获得SaaS供应商提供的服务。

4.2 平台即服务 platform as a service；PaaS

将软件研发的平台作为一种服务，以SaaS的模式提交给用户的云服务类别。

4.3 基础设施即服务 infrastructure as a service；IaaS

把IT基础设施作为一种服务通过网络对外提供，并根据用户对资源的实际使用量或占用量进行计费的一种云服务类别。在这种模式下，用户不用自己构建数据中心等硬件设施，而是通过租用的方式，通过互联网从IaaS服务提供商获得计算机基础设施服务，包括服务器、存储和网络等服务。

4.4 销售时点系统 point of sale；POS

利用光学式自动读取设备，按照商品的最小类别读取实时销售信息以及采购、配送等阶段发生的各种信息，并通过通信网络将其传送给计算机系统进行加工、处理和传送的系统。

4.5 客户关系管理 customer relationship management；CRM

客户关系管理指企业应用数字技术，协调企业与用户间在销售、营销和服务上的交互，从而提升其管理方式，向用户提供创新式的个性化的用户交互和服务的过程，目标是吸引新用户、保留老用户以及将已有用户转为忠实用户，增加市场。

4.6 智能选址 smart site selection

应用数字化技术和智能OS系统，根据人群分布、商圈、行为等预测到店人流量达到智能化选址目的的功能模块。

4.7 智能选品 smart merchandising

通过数据驱动的方法判断趋势，从而展开有效商品售卖选择，帮助发现问题，推动创新或解决方案出现的功能模块。

4.8 智能排班 smart scheduling

应用数字化技术和智能OS系统，为倒班、值班工作人群设计的考勤备忘录软件，解决企业对门店正式工、小时工的排班工时管理等问题的功能模块。

4.9 智能支付 smart payment

提供智能云销售终端、自助收银系统、自助购（移动智能支付）或无感支付等多种智能支付渠道，用户可以根据需求自由选择支付方式，实现快速便捷支付的功能模块。

4.10 智能陈列 smart merchandise display

利用数字化功能，采用自动成图技术的功能模块。结合总部对不同商圈的陈列规则输出，门店根据店铺属性选择对应规则，一键成图，实现千店千面陈列。

4.11 智能订货 smart ordering

替代门店日常订货，根据品类定义、历史销量测算以及现有库存数量，实现持续动态管理，降低订货损失的功能模块。

4.12 数据埋点 data tracking

数据埋点是一种常用的数据采集方法，基于业务需求、产品需求对用户行为的每一个事件对应的位置进行开发埋点，并通过软件系统上报埋点的数据结果，记录数据汇总后进行分析，推动产品优化或指导运营。

4.13 数据管理平台 data management platform；DMP

把分散的多方数据进行整合纳入统一的技术平台，并对这些数据进行标准化和细分的平台。

4.14 商业需求文档 business requirement document；BRD

基于商业目标或价值所描述的产品需求内容文档或报告，核心用途是产品投入研发前，作为企业高层决策评估的重要依据。商业需求文档主要包括项目背景、产品介绍、市场分析、产品路线、财务计划、竞争对手分析等。

4.15 市场需求文档 market requirement document；MRD

完成商业需求文档后，产品项目由准备阶段进入到实施阶段的文档或报告。市场需求文档面向商务、运营、市场等人员，主要包括项目背景、可行性分析、综合描述、功能详述等内容。

4.16 产品需求文档 product requirements document；PRD

将商业需求文档和市场需求文档用更加指标化和技术化的语言进行描述的文档或报告。产品需求文档面向开发、测试等人员，主要包括业务流程、业务规则、界面、详细功能说明、数据要求等内容。

4.17 机器人流程自动化 robotic process automation；RPA

一种智能化软件，通过模拟并增强人类与计算机的交互过程，实现工作流程中的自动化。